U0570117

橋
浯新橋
浯新庵
東
大浯壩
餘姚江
北

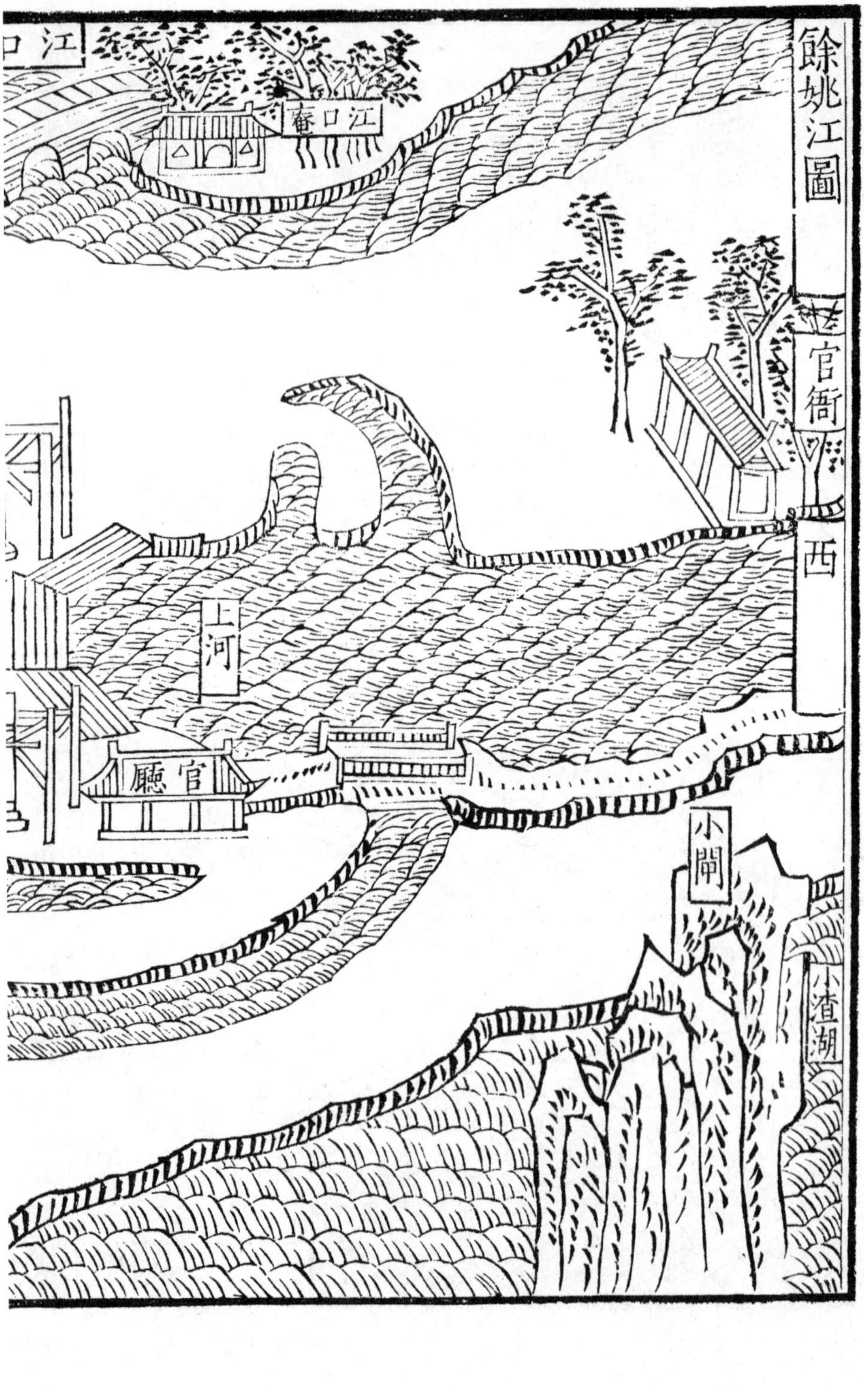
餘姚江圖
江口
江口菴
官衙
西
上河
官廳
小閘
小渣湖

紹興大典

史部

萬曆紹興府志

2

中華書局

鑑湖圖
秦望山
鑑湖亭
道士庄
和尚橋
鑑湖舖
則水牌
廣陵斗門
西墟斗門
新逕斗門
白樓閘
白樓堰
中堰
石堰
胡桑堰
沉釀堰
蔡家堰
黃家堰
許堰
章家堰
賓舍堰
抱姑堰
陶家堰
西小江
西
南
北

南
東
東山江
天柱山
南鎮
會稽山
山川壇
禹陵
方千島
三橋閘
曹娥斗門
樊家堰
許家堰
曹娥廟
彭家堰
王家堰
夏家堰
陶家堰
正平堰
樊江堰
大隸堰
石堰
則水牌
小陵閘
東郭堰
東郭閘
都泗閘
都泗堰
曹娥江

湘湖圖
德惠祠
望湖亭
蕭山
東斗
石湫口
教場
小山
石岩山
黄家窰
厭烏山
斗門
韓家嶺
眉山
荷山
箬山
董家湫
上湘
廟山
鳳林穴
亭子頭

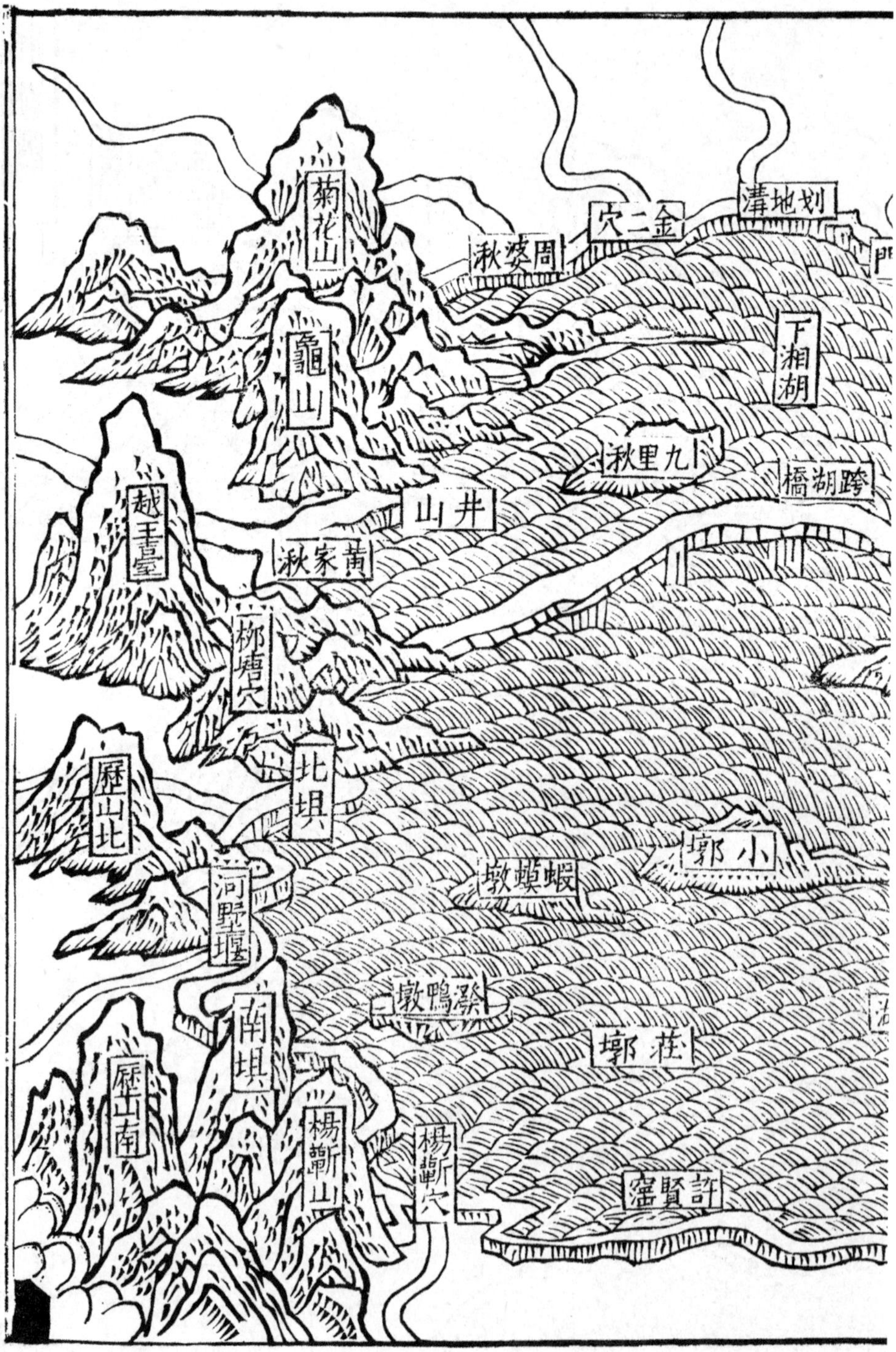
菊花山
周婆湫
金二穴
划地溝
龜山
下湘湖
九里湫
跨湖橋
越王臺
井山
黃家湫
柳塘穴
歷山北
北埧
河墅堰
小墎
蝦蟆墩
溪鴨墩
莊墎
南埧
歷山南
楊蘄山
楊蘄穴
許賢窰

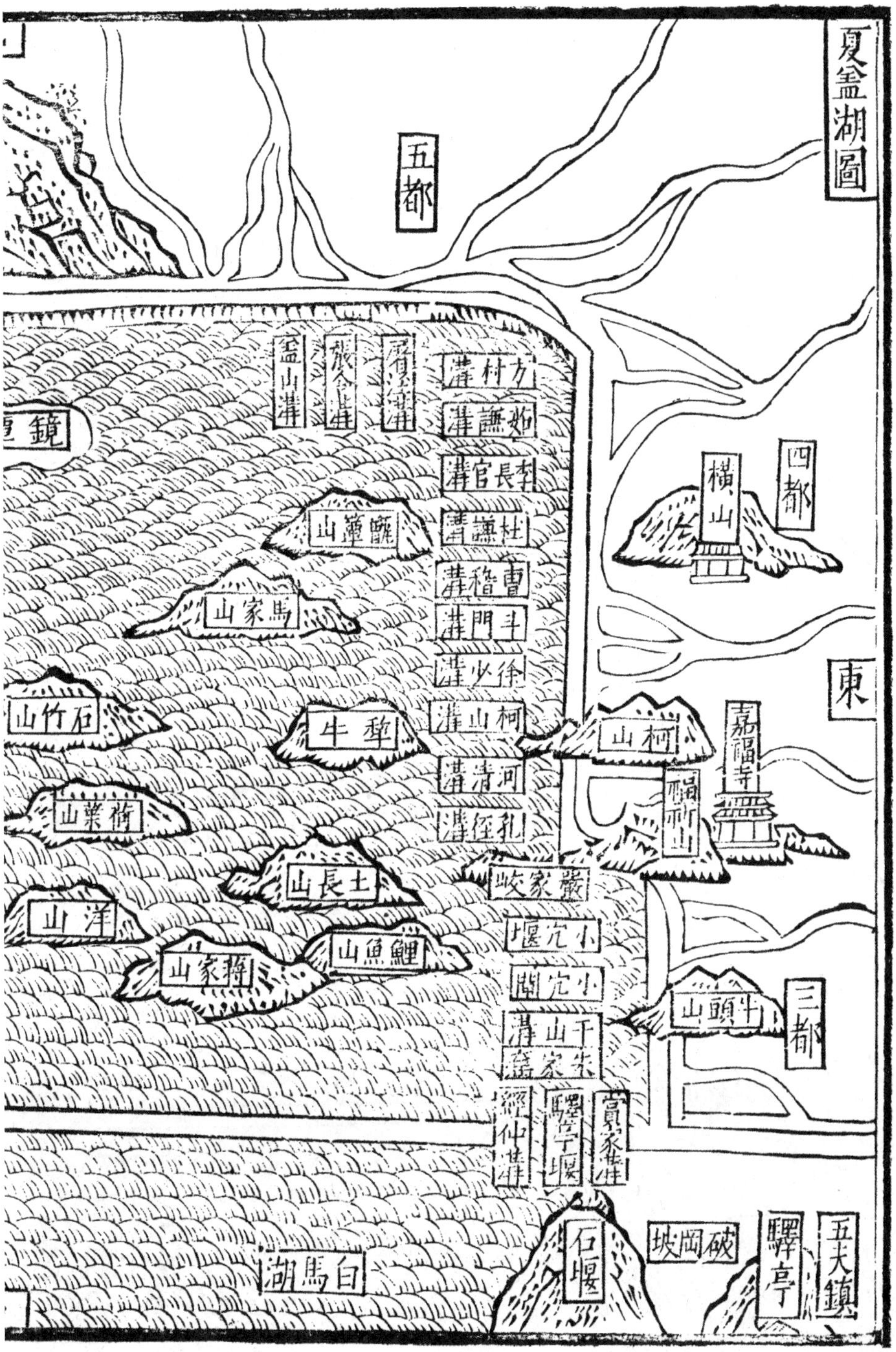
夏蓋湖圖
五都
四都
橫山
東
嘉福寺
三都
五夫鎮
驛亭
破岡坡
石堰
方村溝
李長官溝
曹稽溝
斗門溝
徐少溝
柯山溝
河清溝
孔徑溝
柯山
牛頭山
小穴堰
小穴閘
千山溝
白馬湖
鏡
石竹山
馬家山
荷葉山
土長山
洋山
鯉魚山
盃山溝

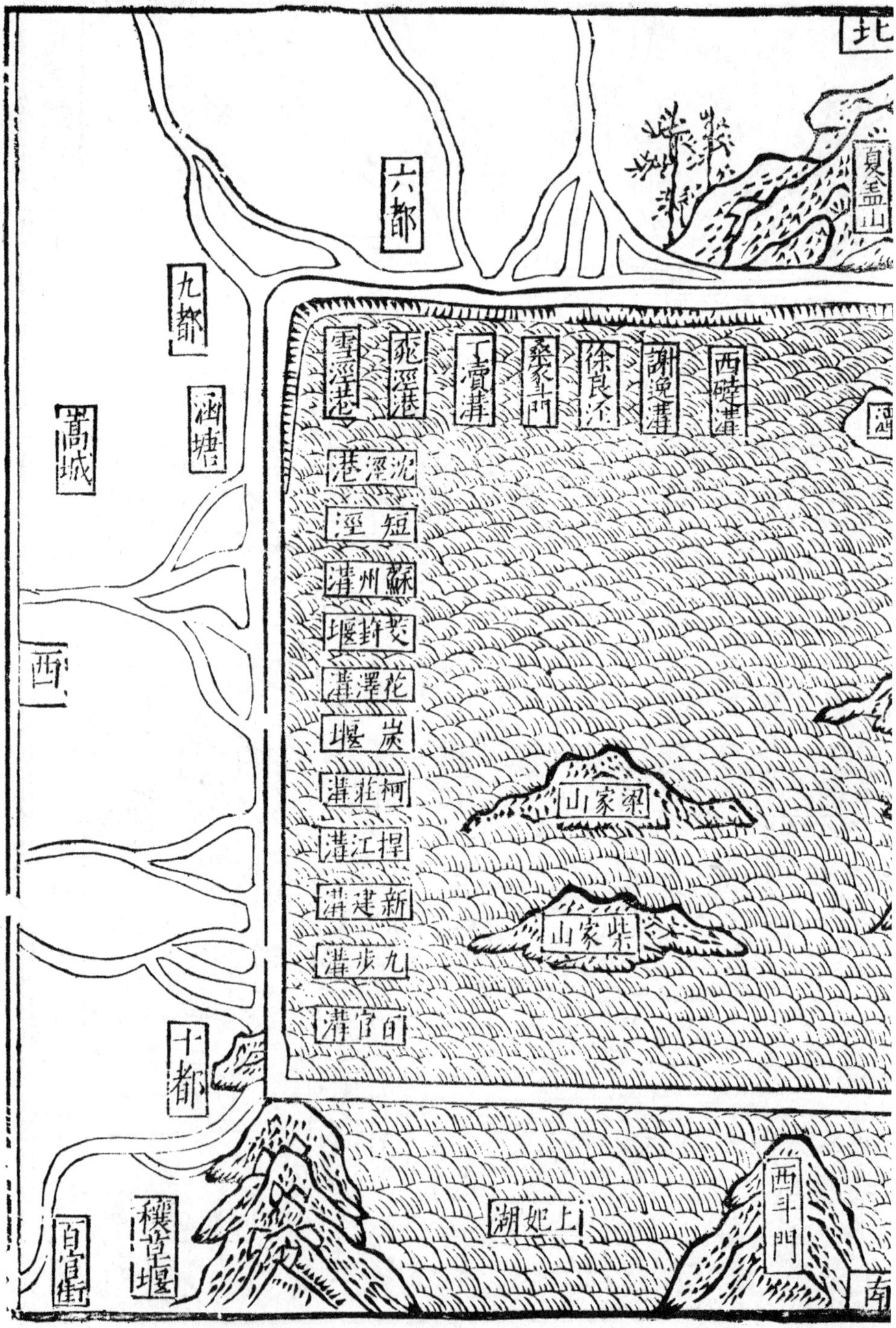
北
夏蓋山
六都
九都
西
十都
西磧溝
謝逸溝
桑家斗門
蘇州溝
花澤溝
炭堰
柯莊溝
捍江溝
新建溝
九步溝
白官溝
梁家山
柴家山
上妃湖
西斗門
南
穰草堰
白官街

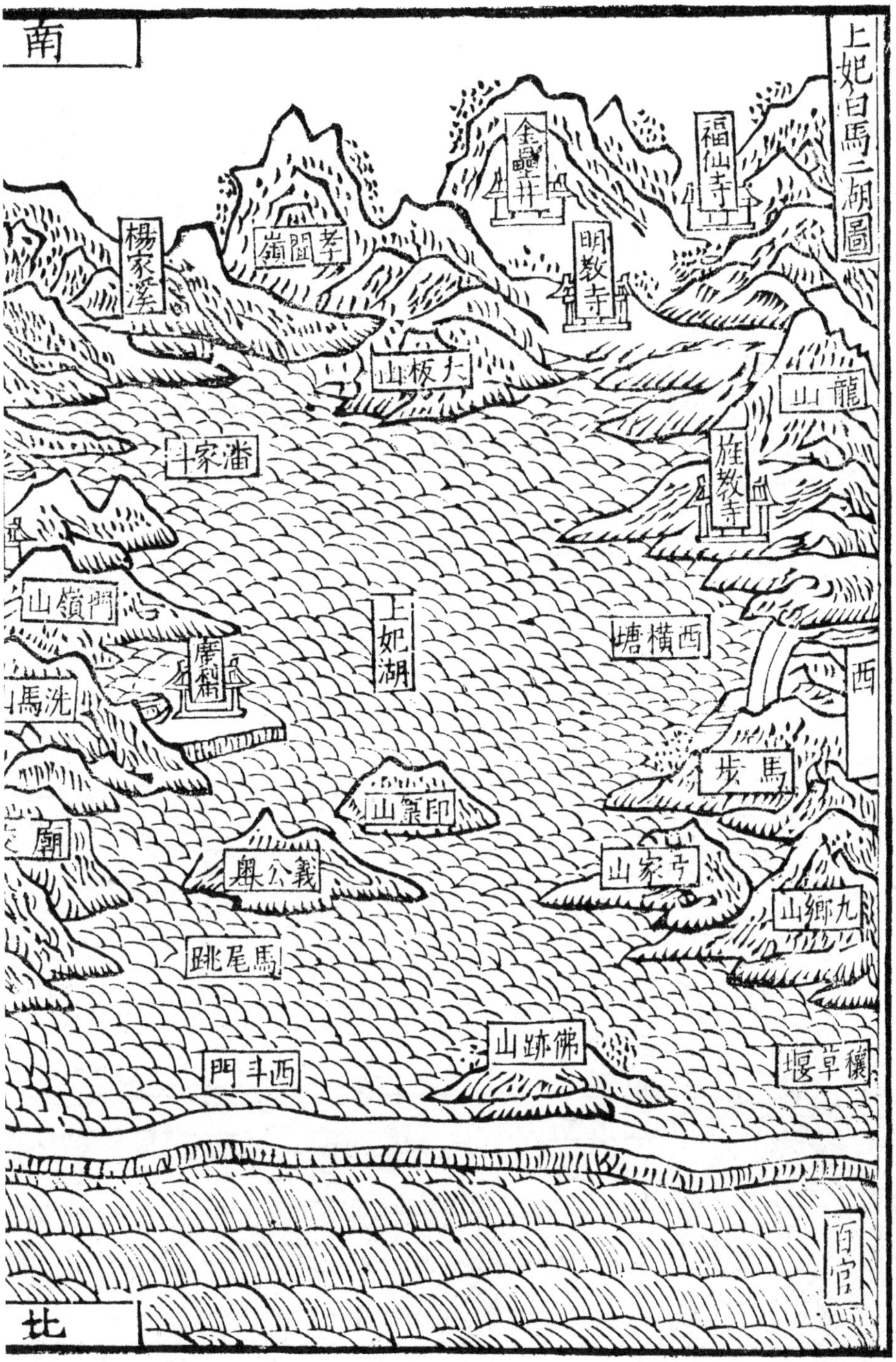
上妃白馬二湖圖
南
金罍井
福仙寺
明教寺
楊家溪
孝閭嶺
大板山
龍山
潘家斗
旌教寺
門嶺山
西橫塘
上妃湖
洗馬山
西
馬步
義公舉
弓家山
九鄉山
馬尾跳
廟
佛跡山
西斗門
穰草堰
百官
北

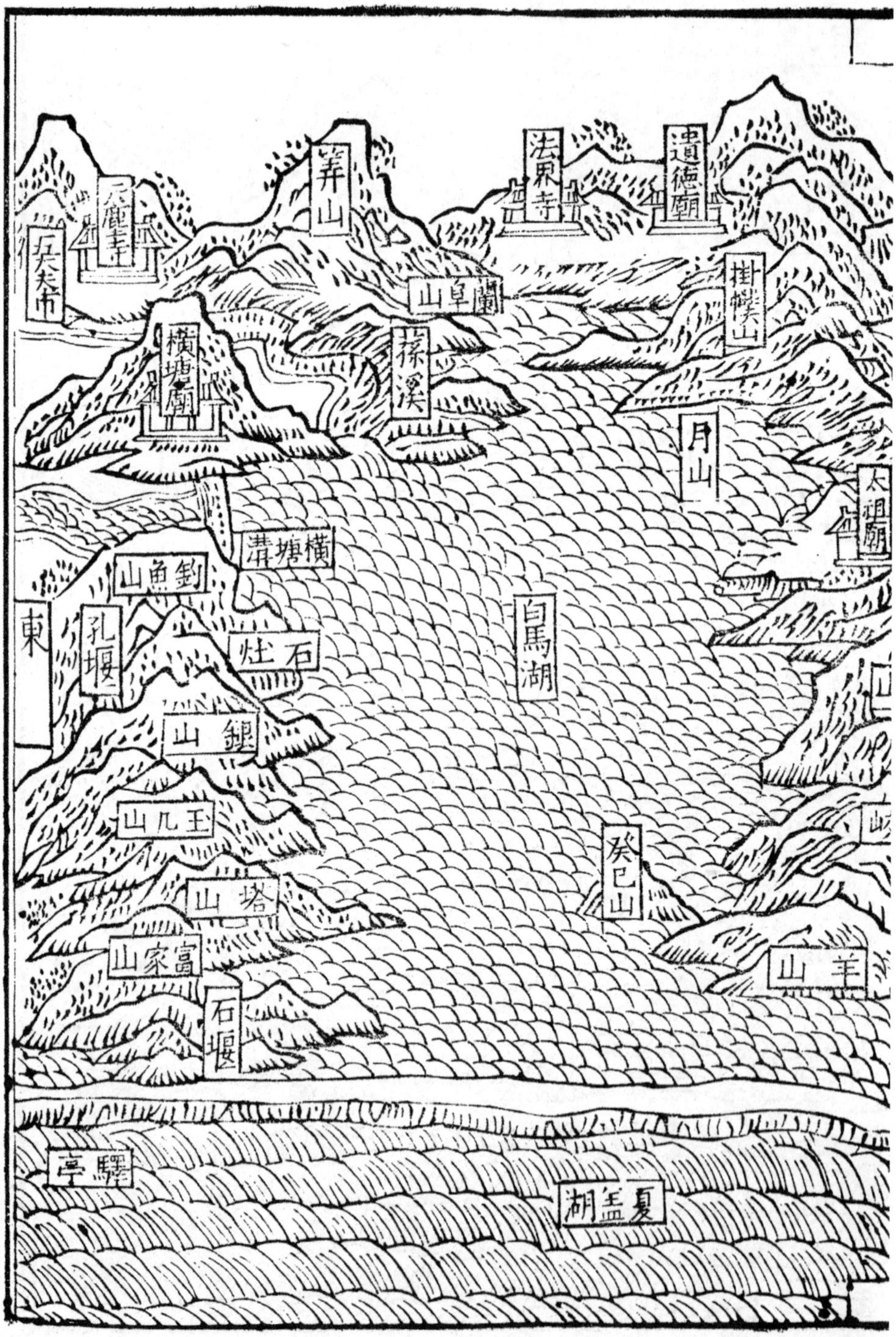
法界寺
遺德廟
蘭臯山
横塘廟
月山
太祖廟
釣魚山
東
孔堰
石灶
白馬湖
鎮山
王几山
塔山
富家山
石堰
癸巳山
羊山
驛亭
夏盖湖

紹興府志卷之七

山川志四

海　江　河　湖

海府境北邉海所屬五縣蕭山去海二十里山陰去海四十里會稽去海二十里上虞去海六十里餘姚去海四十里博物志天地四方皆海水相通地在其中蓋無幾四海之内皆復有海也初學記凡四海通謂之禆海外乃復有大瀛海環之一曰百谷王又曰朝夕池曰天池亦云大壑巨壑海中山曰島洲曰嶼今紹興北海乃海之支港猶非禆海也王粲海賦云

蠹激爲風而長驅集會稽而一睨是也北流薄於海鹽東極定海之蛟門西歷龕赭入鱉子門抵錢塘而江湖之水宗焉商賈苦內河勞費或泛海取捷謂之登潬潬者海中沙也遇風恬浪靜瞬息數百里狂飈忽作亦時有覆沒或漂流不知所往若暑薄涼微天雨初霽海中則有蜃氣夾雲而興倏忽變幻千態萬狀大爲奇觀秋冬值風雨之候又時有海氛彌望蓊鬱云宋謝景初觀氛詩海上風與雨未朕先氣升澤鹵雜山浸蓊鬱相薰蒸交語面已障安辨丘與陵衣襦帶革緩臭腥殊可憎自非昌其陽安免疾癘秉君子卻陰邪何必醫師能

海潮晝夜凡再至朝曰潮夕曰汐卯酉之月特大於

餘月朔望之後特大於餘日大即洶湧卬高十餘丈其非時而大者謂之海溢宋朱中云適遇巨風推之而來後浪擁前故忽大而且久不退又夏則晝小而夜大冬則夜小而晝大俗謂潮畏熱畏寒云蕭山潮候率遲於餘姚昔人謂餘姚平來蕭山者必登潬而後至非也地勢高下然耳唐盧肇海潮賦文太多且不專越地今不載

海潮賦後序

竊以海潮之事代或迷之今輒依洛下閎張平子何承天等以渾天為法水與地居其半日月繞乎其下以證夫激而成潮之理幷納華夷郡國環以二十八宿黃道所交及立北極為上規南極為下規以正乎日月之所由升降其理昭然可辨謂之潮圖施諸粉繢庶將無闕

日至海成潮入圖法

八月之望日在翼軫之間此時潮最大今立此望之夕日入於時在戌見潮初生之候

渾天載地及水法

地浮於水

天在水外天道右轉七政左旋日入則晚潮激於左日出則早潮激於右潮之小大則隨於月月近則小遠則大西溪叢語舊於會稽得一石碑論海潮陰陽依附極有理不知其誰氏觀古今諸家海潮之說者多矣或謂天河激湧亦云地機翕張盧肇以日激水而潮生封演云月周天而潮應挺空入漢山湧而濤隨析木大梁月行而水大源殊派異無所適從索隱探微宜伸確論大中祥符九年冬奉詔按察嶺外嘗經合浦郡沿南溟而東過海康歷陵水涉恩平住南海迨由龍川抵潮陽泊出守會稽移莅句章已上諸郡俱沿海濱朝夕觀望潮汐之候者有日矣得以求之刻漏究之消息十年用心頗有準的大率元氣噓翕天隨氣而漲歛溟渤往來潮隨天而進退者也以日者衆陽之母陰生於陽故潮附之於日也月者太陰之精水乃陰類故潮依之於月也是故隨日而應月依陰而附陽盈於朔望消於朏魄虛於上下弦息於輝朒故潮有小大焉今起月朔夜半子時潮平於地之子位四刻一十六分半月離於日在地之辰次日移三刻七十二分對月到之位以日臨之次潮必應之過月望後東行潮附日而又西應之至後朔子

時四刻一十六分半日月潮水俱復會於子位其小晝亦然惟次日移三刻七十三分半是知潮常附日而右旋以月臨子午潮必平矣月在卯酉汐必盡矣或遲速消息之小異而進退盈虛終不失其期也蕭山新志以此爲龍圖學士燕肅海潮論豈今威所云誰氏者即燕公耶或後人誤以屬燕也元吳亨壽答巖豈論潮書坎本月之體月本水之精月與水一而已矣月一晝夜凡一加午故潮一日再生月一日退天十三度十九分度之七故潮日遲於一日所以初二之潮晝遲而入十八之夜十八之潮夜遲而入初三之晝也一月之間生明生魄潮亦再盛焉生明之潮則自前月二十六長水謂之起信歷晦朔至月三日謂之大信初四潮勢漸殺謂之落信歷上弦至月十日謂之小信生魄之潮則自十一始長歷望至十八而盛自十九始殺歷下弦二十五而衰其起落大小之信亦如之天下之至信者莫如潮生落盛衰各有時刻故曰潮信月於一月之間漸遲而縮一日潮於兩信之內漸遲而縮兩潮秋月最明秋潮最盛亦其理然也或曰月之說然則潮之候亦宜月半以前由微漸大月半以後由大漸微今乃於明魄之生兩

盛焉何哉曰月一月一週天而一日之內則一加子一加午者也潮於月加子午之時一日再至故亦於月生明晁之日一月再盛月之一潮之再若不相似而實相感召非深於理者未易語此潮晝夜再上杭人有爲詩括之者曰午未未未申寅卯卯辰辰巳巳巳午午朔望一般輪此晝候也初一日午未初二日未初十六日如初一夜候則六時對衝其大槩如此若夫交澤起水大小之度則四時不同春三月初一十六午末大夜子正初二十七未初大夜子末初三十八未正大夜丑初初四十九未末大夜丑末初五二十申正下岸夜寅初初六廿一寅末漸小晚申末初七廿二卯初漸小晚酉初初八廿三卯末漸小晚酉正初九廿四辰初小晚酉末初十廿五辰末交澤晚戌正正十一廿六巳初起水夜戌末十二廿七巳正漸大夜亥初十三廿八巳末漸大夜亥正十四廿九午初漸大夜亥末十五三十午正極大夜子初秋與春同夏初四十九夜丑正初五二十申初下岸夜丑末初六廿一寅初下晚申正初七廿二寅末小晚申末初八廿三卯初小晚酉初九廿四卯末小晚酉正初十廿五辰初交澤晚酉末十一廿六辰末起水

夜戌初十二廿七巳初漸大夜戌末十三廿八夜亥
初十五三十午末大餘亦同春冬初一十六夜子初
初二十七未正大初三十八未末大初四十九申初
大初十廿五夜戌初十二廿七十三廿八夜同夏十
四廿九夜亥正十五三十午
正漸大夜亥末餘亦與春同

凡水之入于海者無不通潮而浙江之潮獨稱奇初來僅若一線漸近則漸大頭高十數丈亘如山嶽奮如雷霆銀崖橫飛雪檻脅起噌吰澎湃觀者目眩涉者心悸漢枚乘七發所云觀濤乎廣陵之曲江即此枚爲吳濞郎中浙江時正屬吳易吳曰廣陵浙曰曲騷客語固然每八月十八日遠近人聚視之然大率多在西岸錢塘境會潮者泝濤出沒謂之弄潮宋治

平中杭州守蔡襄作戒弄潮文熙寧中兩浙察訪李承之奏請禁止然終不能遏至今猶競爲之會稽石碑或問曰四海潮平皆有漸惟浙江濤至則亘如山岳奮如雷霆水岸横飛雪崖傍射澎騰奔激吁可畏也其漲怒之理可得聞乎曰或云夾岸有山南曰龕北曰赭二山相對謂之海門岸狹勢逼湧而爲濤耳若言狹逼則東溟自定海吞餘姚奉化二江侔之浙江尤甚狹逼潮來不聞濤有聲也今觀浙江之口起自纂風亭北望嘉興大山水闊二百餘里故海商舶船畏避沙潬不出大江惟泛餘姚小江易舟而浮運河達于杭越矣盖以下有沙潬南北亘連隔礙洪波蹙遏潮勢夫月離震兊他潮以生惟浙江潮水不同月經乾巽潮來已半濁浪堆滯後水益來於是溢於沙潬猛怒頃湧聲勢激射故起而爲濤耳非江山淺逼使之然也宋朱中潮賾錢塘潮燕公所謂沙潬已盡其理諸論盡廢夫水盈科而後進未及潬則錢塘之江尚空空也及既長而冒之自潬斗瀉入江又江沙之漲或東或西無常地潮爲沙岸所排助其激湧震天動

地峩峩而來水之理也龕潬中高而兩頭漸低高處適當錢塘之衝其東稍低處乃當錢清曹娥二江所入之口錢清江口潬最低潮頭甚小曹娥江口潬稍高於錢清故潮頭差大【元聚伯宣浙江潮候圖說】龕赭山並峙下有沙潬跨江西東三百餘里若伏檻然潮之入于浙江也發乎浩渺之區而頓就斂束逼礙沙潬回薄激射折而趨於兩山之間拗怒不洩則奮而上躋龕赭取山潬兩說云潮隨文太繁不盡載【枚乘七發】客曰將以八月之望與諸侯遠方交游兄弟並往觀濤乎廣陵之曲江至則未見濤之形也徒觀水力之所到則邺然足以駭矣觀其所駕軼者所擢拔者所揚汩者所溫汾者所滌汔者雖有心略辭給固未能縷形其所由然也怳兮惚兮聊兮慄兮混汩汩兮忽兮慌兮俶兮儻兮浩瀇瀁兮慌曠曠兮秉意乎南山通望乎東海澒洞兮蒼天極慮乎崖涘流攬無窮歸神日母汩乘流而下降兮或不知其所止或紛紜其流折兮忽繆往而不來臨朱汜而遠逝兮中虛煩而益怠莫離散而發曙兮內存心而自持於是藻槩胷中灑練五臟澹澉手足頮濯髮齒揄棄恬怠輸寫淟濁分決狐疑發皇耳目當是之時雖有淹病

滯疾猶將伸傴起躄發瞽披聾而觀望之也況直眇小煩懣酲醲病酒之徒哉故曰發蒙解惑不足以言也太子曰善然則濤何氣哉客曰不記也然聞於師曰似神而非者三疾雷聞百里江水逆流海水上潮山出內雲日夜不止衍溢漂疾波涌而濤起其始起也洪淋淋焉若白鷺之下翔其少進也浩浩溰溰如素車白馬帷蓋之張其波涌而雲亂擾擾焉如三軍之騰裝其旁作而奔起也飄飄焉如輕車之勒兵六駕蛟龍附從太白純馳浩蜺前後駱驛顒顒卬卬椐椐彊彊莘莘將將壁壘重堅沓雜似軍行訇隱匈磕軋盤涌裔原不可當觀其兩旁則滂渤怫鬱闇漠感突上擊下律有似勇壯之卒突怒而無畏蹈壁衝津窮曲隨隈踰岸出追遇者死當者壞初發乎或圍之津涯荄軫谷分迴翔青篾銜枚檀桓弭節伍子之山通厲骨母之場凌赤岸篲扶桑橫奔似雷行誠奮厥武如振如怒沌沌渾渾狀如奔馬混混庉庉聲如雷鼓發怒庢沓清升踰跇侯波奮振合戰於藉藉之口鳥不及飛魚不及迴獸不及走紛紛翼翼波涌雲亂蕩取南山背擊北岸覆虧丘陵平夷西畔險險戲戲崩壞陂池決勝乃罷瀄汩潺湲披揚流灑橫暴之極

魚鱉失勢顛倒偃側沇沇溰溰蒲伏連延神物怪疑不可勝言直使人踣焉洄闇悽愴焉此天下怪異詭觀也太子能強起觀之乎太子曰僕病未能也［唐李白］横江詞海神來過惡風迴浪打天門石壁開浙江八月何如此濤似連山噴雪來［劉禹錫］浪淘沙詞八月潮聲吼地來頭高數丈觸山回須臾却入海門去捲起沙堆是雪堆［羅隱］江潮詩怒聲洶洶勢悠悠羅刹江邊勢欲浮漫道往來存大信也知翻覆向中流任抛巨浪疑傾底猛過西陵似有頭至竟朝昏誰主宰好騎赤尾問陽侯［朱慶餘］看濤詩不知來遠近但見白峩峩風雨驅群玉魚龍迸上波聲長勢未盡曉去夕還過要路横天塹其如造化何［又詩］木落霜風天氣清空江北里見潮生鮮飈出海魚龍氣晴雪噴山雷鼓聲雲日半陰川漸瀟客帆皆過浪難平高樓遠望無窮意丹葉黄花繞郡城［宋范仲淹詩二首］何處潮偏盛西陵無與儔誰能問天意獨此見潮頭海浦吞來盡江城打欲浮勢雄驅島嶼聲怒戰貔貅萬疊雲纔起千尋練不收長風方破浪一氣自横秋高岸驚先裂郡源怯倒流勝凌大鯤化浩蕩六鼇遊北客觀猶懼吳兒弄弗憂子胥忠義者無覆巨川舟［又二

把酒問東溟潮從何代生寧非天吐納長逐月虧盈
暴怒中秋勢雄豪半夜聲堂堂雲陣合屹屹雪山行
海面雷霆聚江心瀑布橫巨帆連地震群楫望風迎
踴若蛟龍鬬奔如雨雹驚來知千古信見百川平
破浪功難敵驅山力可并伍胥神不泯憑此發威聲
蘇軾中秋看潮詩三首　萬人鼓譟懾吾儂猶似浮江
老阿童欲識潮頭高幾許越山渾在浪花中　又　吳兒
生長狎濤淵冒利輕生不自憐東海若知明主意應
教波浪變桑田　又　江神河伯兩醯雞海若東來氣吐
霓安得夫差水犀手三千強弩射潮低　陳師道詩二
首　潮頭初出海門山千里平沙轉面間猶有江神憐
北客欲將奇觀破衰顏　又　漫漫平沙走白虹瑤臺失
手玉杯空晴天搖動清江底晚日浮沉急浪中　齊唐
觀潮詩　何意滔天苦作威狂驅海若走馮夷因看平
地波翻起知是滄浪鬬沸時初似長平萬瓦震忽如
圓嶠六鰲移直應待得澄如練會有安流往濟時　元
仇仁近詩　一痕初見海門生頃刻長驅作怒聲萬馬
突圍天鼓碎六鰲翻背雪山傾遠朝魏闕心猶壯直
上嚴灘勢始平寄語吳兒休蹈浪天吳魍象正縱橫
貝瓊詩　山摧岸折晝冥冥動地西風帶蜃腥滄海倒

流吞日月青山中裂走雷霆欲招白馬今無迹莫信神魚尚有靈一氣匾空自升降乾坤與我亦浮萍張光弼詩世代消沉是此聲幾回東下復西傾翻騰日月迷朝夕簸蕩魚龍定死生斲石每憐精衛小投膠未見濁河清眼前波浪猶如此莫向蓬山頂上行

江山陰西小江在府城西北四十五里其源分自諸暨之浣江歷五十里入縣境初經天樂鄉西北入蕭山折而東北入于海舊記又云西通錢塘江後爲江潮湧塞舟至不能行或久雨則鄰田大受其害正統十二年　詔從山陰人王信奏命蕭山山陰二縣起役濬之天順元年知府彭誼建白馬山閘以遏三江口之潮閘東盡漲爲田自是江水不通於海矣嘉泰志云

越漁者楊父一女絕色爲詩不過兩句或問胡不終篇答曰無柰情思纏繞至兩句即思迷不繼有謝生求娶焉父曰吾女宜配公卿謝曰諺云少女少郎相樂不忘少女老翁苦樂不同且安有少年公卿耶翁曰吾女詞多兩句子能續之稱其意則妻矣示其篇曰珠簾半牀月青竹滿林風謝續曰何事今宵景無人解與同女曰天生吾夫遂偶之七年春忽題曰春盡花隨盡其如自是花謝曰何故爲不祥句楊曰吾不久於人間矣謝續曰從來說花意不過此容華楊即瞑目而逝後一年江上煙光溶曳見楊立於江中曰吾本水仙謫居人間後償思之即復謫下不得爲仙矣

錢清江在府城西五十里浦陽江下流漢劉寵投錢處也今通爲運河江廢嘉泰志云蕭山王兵部綵嘗發地得小青石版甚薄上刻詩三首八分小字甚工妙詩云搖漾越江春相將采白蘋歸時不覺夜出浦月隨人又曰家寄征河岸征人久遠遊不如潮有信毋日到沙頭又曰乘曉南湖去參差波浪痕前洲在何處孤恨與誰論不知何人

詩也［明高啓詩］夜辭西陵館霜谷猶叫歌津卒未具舟天險不可越漁商雜候渡寒立沙上月蒼烟隱遥汀盍覺潮長濶開榜散驚鳧海色曙初發朧朧前山來稍稍後嶺沒中流聞鼓角隔岸見城闕客路得奇觀臨風悶俱豁［又］錢清度頭船夜開黄茅苦竹聞猿哀客官釀酒水神廟風雨蕭蕭江潮正來蒸飯炊魚坐篷底不覺舟行兩山裏棹歌早過越王城東方未白啼鴉起

會稽東小江在府城東南九十里亦名小舜江西爲會稽東爲上虞其源出浦陽江東北流經陽浦入曹娥江［唐陸羽詩］月色寒潮入剡溪青猿叫斷緑林西昔人已逐東流去空見年年江草齊［皇甫冉詩］江上年年春草生津頭日日人行借問山陰遠近猶聞日暮鍾聲

曹娥江在府城東九十二里以漢曹盱女死孝名亦界會虞二縣中又名上虞江初學記凡江帶郡縣以

爲名者則會稽江山陰江上虞江是也其源自剡溪來東折而北至曹娥廟前又北上虞志云至龍山下名舜江又西北折入于海潮汐之險亞於錢塘坍沙陷溺常爲民患諺曰鐵面曹娥王稺登客越志微波鱗鱗一葦可杭然土人有鐵面之謡當是其風浪時耳中流有落星石

梁劉孝綽上虞鄉亭觀濤詩　昔余筮賓始衣冠仕洛陽無貲秖有任一命忝爲郎再踐神仙側三入崇賢旁東朝禮髦俊虛薄厠賢良遊談侍名理搦管創文章引籍陪下膳横經忝上庠誰謂服事淺契濶變炎凉一朝膠爲吏結綬去承光烹鮮徒可習治民終未長化鷄仰季智馴雉推仲康此城臨夏穴㰀植茂筠篁孝碑黄絹女神濤白鷺翔遨遊佳可望釋事上川梁秋江凍雨絕迈景照移塘纖羅殊未動駭水忽如湯乍出連山合時如高蓋張漂沙黄沫聚嚙石素波揚榜人不敢唱

舟子詎能航離家復臨水眷然思故鄉中來不可絕奕奕若人腸泝洄若無阻謝病返清障［唐蕭穎士越江秋曙詩］扁舟東路遠曉月下江濆瀲灧信潮上蒼茫孤嶼分林聲寒動葉水氣曙連雲瞰日浪中出榜歌天際聞伯鸞常去國安道惜離群延首剡溪近永言懷數君［元韓性詩］隔岸檣竿著暮鴉待舟人立渡頭沙數拳頑石生雲氣一半斜陽有浪花［明王稱登渡曹娥江詩］會稽逢夏至朝日散群峰問路有千里過江非一重空山祠粉黛古塚葬芙蓉寂寞無人問曹娥與蔡邕

蕭山浙江在縣西十里其源自南直隷徽州府黟縣來經富陽縣一百五十里入縣境北轉海寧入于海以有曲折之勢故曰浙江又名浙河莊子云浙河之水是也又江之西爲錢塘縣曰錢塘江水經注引錢塘記云郡議曹華信議立塘以防海水始開募有能致一斛土者即與錢一千旬月間來者雲集塘未成而不復取載

土石者皆棄而去塘成因號錢塘即捍江塘也浙通志及蕭山新志皆從此說謂江名本此按錢唐之名自秦時已著吳耑昭稱錢唐江爲三江之一亦在六代前謂本華信築塘事或未然江之中有羅刹石曰羅刹江縣八景羅刹潮聲即此石巉巖數破舟五代時潮沙漲沒今已不見又有定山曰定山江定山亦名浙山今全屬錢塘縣潮衝山即回說文云別流爲汜至山陰會爲浙江漢地里志穀水自太末東北至錢唐入浙江水經漸江水出三天子都北過餘杭東入于海注浙江一名漸江史記秦始皇三十七年至錢唐臨浙江水波惡乃西北百二十里從狹中渡徐廣曰蓋餘杭也江今爲錢塘蕭山二縣界舟楫渡處

江面舊可三十里近沙灘漲出漸狹不二十里其海口濶處乃七十里西湖志按酈道元水經注浙江水出丹陽黟縣南蠻中又東北經建德州又北至新城縣東北至富陽縣又東北過錢塘縣與今水道符合其云東經靈隱山下東合臨平湖又東經禦兒鄉又東經槎瀆注于海與今不合蓋槎瀆近臯亭山而海又在其東南相去甚遠非入海處也豈地勢移易而向之斥鹵漲成平陸耶梁任昉濟浙江詩昧旦乘輕風江湖忽來往或與歸波送乍逐翻流上近岸無暇目遠峯更興想綠樹懸宿根丹崖頹久壞劉孝綽還渡浙江詩秋季弦望後輕寒朝夕殊商人泣紈扇客子夢羅襦憂來自難遣況復阻川隅日暮愁陰合繞樹噪寒烏濛漠江煙上蒼茫沙嶼蕪解纜辭東越接軸騖西徂懸怳似馳驥飛棹若驚凫言歸游俠窟方從冠蓋衢唐駱賓王晚泊江鎮詩四運移陰律三翼泛陽侯荷香銷晚夏菊氣入新秋夜烏喧粉堞宿鴈下蘆洲激霧籠邊徼江風遶戍樓轉蓬驚別渚逖名謝蟻丘還嗟帝鄉遠空望白雲浮孫逖夜宿浙江詩扁舟夜入江潭泊露白風秋氣蕭

索冨春渚山潮未還天姥岑邉月初落烟水茫茫多苦辛更聞江上越人吟洛陽城闕何時見西北浮雲潮瞑深【孟浩然初下浙江舟中口號】八月觀潮罷三江越海尋回瞻魏闕路無復子牟心【濟江問同舟人】潮落江平未有風輕舟共濟與君同時時引領望天末何處青山是越中【浙江西上留別裴劉二少府】西上浙江西臨流恨解攜千山疊成嶂萬壑合爲溪石淺流難泝藤長險易躋誰憐問津者歲晏此中迷【薛據西陵口觀海詩】浙江漫湯湯近海勢彌廣在昔坏渾凝融爲百川決地形失端倪天色潛滉瀁東南際萬里極目杳無象山形乍浮沉潮波忽來往孤帆或不見棹歌猶嚮像日暮長風起客心空振蕩浦口霞未收潭心月初上林嶼幾遭迴亭臯時偃仰歲晏訪蓬瀛真游非外獎【馬戴浙江夜宿詩】落帆人更起露草滿汀洲遠狖啼荒嶠孤螢溺漫流積陰開片月爽氣入高秋去去胡爲戀寒芳時一游【劉滄浙江晚渡懷古詩】蟬噪秋風滿古堤荻花寒渡思淒淒潮聲歸海鳥初下草色連江人自迷碧落晴分平嶂外青山晚出穆陵西沙邉一見垂綸者郤憶舊居明月溪【盧綸渡浙江詩】前船後船未相及五兩頭平北風急飛

沙捲地日色昏一半征帆潮浪濕宋元遺山江漲詩江晴千里赤一雨垣屋敗浙故以江名暴與衆壑會初驚沙石捲稍覺川谷隘雷風入先驅大塊供一噫千帆鼓前浪萬馬接後派崩崖不暇顧拔木無留碍憑陵如藉勢洄伏各有態平分乍舒徐怒觸忽碎壞雲蒸楚樹杪雪映商嶺背髣髴千丈潮恍與海門對傾飛鬬蛟鼉然犀出鱗介五侯當陰旌萬首露光怪拏狌澹偃蹇鉦鼓亂碕礚永懷疏鑿力重歎神禹大乾坤海爲壑未碍變橫潰納汙非無處流惡聊自快投詩與龍盟滌蕩煩一再

浦陽江又名小江在縣東南十五里其源出金華府浦江縣北流一百餘里入諸暨縣與東江合流至官浦浮于紀家滙東北過峽山又北至臨浦注山陰之麻溪北過烏石山爲烏石江又北而東至錢清鎮則名錢清江又東入于海今開蹟堰以遏上流塞麻溪

以防泛濫而江分爲二嘉泰志禹貢三江既入震澤底定韋昭云三江者松江錢塘江浦陽江蓋江之名尚矣越絕云浦陽者越王句踐兵敗棲澨於此故曰浦陽去山陰五十里今土人以錢清爲古浦陽也酈道元水經注浦陽江導源烏傷縣東逕諸暨與泄溪合東回北轉逕剡縣縣開東門向江江廣一百餘步又云柯水東北逕永興與浙江合謂之浦陽江漢書潘水即浦陽江別名自外無水以應之又云浦陽江東北逕始寧縣嶀山其北即嶀浦又云東逕上虞縣南至王莽之會稽地名虞賓又云餘暨之南餘姚西北浙江與浦陽江同歸海又引闞駰十三州志江水至會稽與浙江合自臨浦南通浦陽江其說不一自相牴牾謝惠連西陵遇風詩昨發浦陽汭今宿浙江湄顏謂云水之相入爲汭又云水北曰汭汭自浦陽江北流入浙江二水參錯其名曰汭宜矣始寧今上虞縣嶀浦嶀山皆屬嵊縣虞賓屬上虞又接餘姚江臨平湖在浙江以西其源殊別餘暨即諸暨距餘姚二百餘里謂餘姚西北浙江入海非也蓋此江東北流自山陰會稽泝曹娥江始至上虞餘姚嵊縣謂東回北轉入上虞嵊縣斯可矣道

元未嘗身履浙東故其誤如此後人遂認此江爲上
虞江其失寖遠以地里考之自浦陽江至曹娥百餘
里豈當時曹娥之名未著亦名浦陽耶或陵谷遷變
舊流不循其故道耶十道志浦陽江有琵琶圻岸有
曹娥碑信此則曹娥江即浦陽爾文選注浦陽汭經
上虞謝康樂山居賦注浦陽江自嶀山東北逕太康
湖其說皆誤今山陰二十里有柯橋其下爲柯水然
則浦陽江與柯水一源由蕭山達于浙江古今不易
也今按上虞縣志曹娥江始寔名浦陽其源自東小
江亦由浦江來十道志婺州浦江江之導源出此是
知浦江一源而分二派一北由諸暨直下至山陰蕭
山間爲錢清江酈所謂逕諸暨與泄溪合餘暨之南
與浙江同歸海至會稽與浙江合自臨浦南通者皆
是也一則紆而東至嵊縣出始寧門乃折而北至上
虞會稽間爲曹娥江酈所謂浦東回北轉逕剡縣始寧
虞賓餘姚西北者皆是也謝康樂山居目擊爲賦文
自爲注不應有誤悳連謂昨發今宿若錢清似不須
隔宿餘暨乃蕭山舊名非諸暨曹娥未溺之前江固
當有名且今曹娥廟當運河渡口故其名特著若稍
南稍北又自不以曹娥名謂當時曹娥名未著亦名

浦陽似是酈說亦未甚牴牾但身則寔未
至浙東秪據籍隱括不免稍有淆錯耳

諸暨浣江在縣南五十步亦名浣浦又曰浣溪曰浣渚北過縣分爲東西下江中有浣沙石唐王昌齡詩錢塘江上是
誰家江上女兒全勝花吳王在時不得出今日公然
來浣沙元稹詩浣浦逢新艷蘭亭詫舊題于濆詩會
稽山上雲化作越溪人枉破吳王國徒爲西子身江
邊浣沙伴黃金扼雙腕倏忽不相期思傾趙飛燕妾
家基業薄空有如花面嫁
晝綠窓人獨自盤金線

上東江源出孝義鄉化二溪自東陽入縣界西北流東南諸溪皆會接超越溪下瀨溪合爲洪浦江四十餘里過洋湖經街亭港入浣江

上西江源出豐江自浦江入縣界東北流合黃沙溪

合南源西源二水合上瀨溪歷安華步八十餘里山澗小水六七支皆入其中過黃白山橋至了港口與東江合入浣江

下東江從浣江分自五浦宣家步缸竈步草湖港白塔陡亹無慮七十餘里至三港

下西江元天曆中州同知阿思蘭董牙所浚從浣江分由竹橋新亭晚浦長瀾浦至三港亦七十餘里與東江復合東西兩江既合名大江北流無慮二十里雜受湄池金浦諸水至兎頭石出縣界由尖山臨浦入錢塘江也舊由麻溪入錢清今不復通矣

餘姚江在縣南十步許又名舜江取義皆以舜亦歷山舜井之類也江橋西舊產蕙亦稱蕙江馬江潤四十丈孔靈符記發源於太平山過斷溪西至於上虞通明壩東折而北五十里中凡十餘曲東流過江橋又東過鹹池滙復十餘曲又東過慈谿之西渡又北入于海凡二百里海潮一日夜再至而水不鹹鄉諺曰四十日高晴鹹潮至丈亭丈亭東去姚江四十里不三四日鹹潮漸入姚境引以灌稼穡輒槁是惟大江勝千斛之舟王稱登客越志過壩即姚江水才一線是日夏至大熱行李圖書蒸蒸若甑中仰視翠壁夾岸溪流如東對之心凉舊藏趙承旨重江疊嶂

黄子久姚江曉色二圖每疑丹青過實今觀此景乃知良工苦心又云夜半乘潮過丈亭初八日雨姚江增濶數尺江上山半入雲中如白幘綦巾下羃綠髩處處流泉並出水銀匹練空中亂垂比來日風景益奇夜泊姚江驛石楔如林兩城夾江初九日大雨姚江驛發舟龍泉嵐氣盡在雉堞之上望孫忠烈祠拱立而過江橋湍水盤渦千尺爲機度絙始得進舟師頹色如土宋王安石詩山如碧浪翻江去水似青天照眼明喚取仙人來住此莫教辛苦上層城又軋軋櫓聲急蒼蒼江日低吾行有定止潮汐自東西明尚書孫文恪公蕙江春泛詩雨霽春山翠欲浮高人邀我恣行游烟堤繚繞鶯啼樹雲水縈迴鷺立洲雪鬢已增潘岳感江花更喚杜陵愁且拚酩酊

未歸去落日微風共泛舟［王稱登過姚江詩］白雲冊
嶂路盤盤千里都從枕上看何必雪中堪訪戴青山
五月自生寒［又］日日清江日日山看時曲曲聽潺潺
誰言江水如衣帶不繫鄉心一夕還［又］山縣行來不
見花扁舟一葉小如瓜柔腸已
作千迴結莫笑江流曲似蛇

菁江在縣西十五里受縣西諸鄉及上虞東鄉之水
滙于姚江［唐權德輿詩］越郡佳山水菁江接上虞［宋
王安石詩］村落蕭條夜氣生側身東望一
傷情丹樓碧落無處
所惟有江山照眼明

上虞通明江在縣東十里即餘姚江上流其西自運
河入于江

［河］運河自西興抵曹娥橫亘二百餘里歷三縣蕭山
河至錢清長五十里東入山陰逕府城中至小江橋

長五十五里又東入會稽長一百里其縱南自蕭壩北抵海塘亦幾二百里舊經云晉司徒賀循臨郡鑿此以漑田雖旱不涸至今民飽其利明王稺登客越志西興買舟已在蕭山境上此地舟行如梭捲篷蝸居不可直項揷一竹於船頭有風則帆無風則縴或擊或刺不間晝夜二十里蕭山縣聽潮樓甚偉日暮過剡溪山川映發水木清華陂深堰曲清波蕩漾數十里皆作碧瑠璃色新田綠漲若佛衣參差十樹一村五樹一塢門扉隔竹人面半綠憶吾鄉義興罨畫溪長若衣帶遊者比之武陵桃源而此處居人意殊

不覺所謂司空見慣耳吾宗子敬謂應接不暇良非過稱宜乎晉代名流考槃相望今其遺墟尚在精靈何之不知可能騎鶴翩翩雲中下來也四十五里山陰枕上過六十里紹興郡廿五日早過樊江去紹興五十里時朝旭初升郡峯盡出嵐容如沐紫翠濯濯與管建初指揮四顧鄰船皆驚又八十里渡曹娥江按蕭山至郡城不由剡溪味其所叙景物似是柯橋錢清處諸溪流瀉入運河耳又云暮抵紹興郡溪清木茂山水名都石壁插江二三里如翡翠舟行手押綠蘿而過月下過蓬萊驛篙師夜行唐人越中寒食詩綠楊陰轉畫

橋斜舟有笙歌岸有花盡日會稽山色裏蓬萊清淺水仙家〔明王穉登夜過山陰詩二首〕一曲清溪一曲歌風流其奈昔人何暮山非雪看皆白流水如琴聽亦多謝墅無棋那可賭蘭亭有酒且相過盤飡莫笑茅容饌明日書成好換鵞〔又〕剡溪新水綠漫漫曾酒銀甖并作寒白日無多容易落青山一半不曾看千年自欲同徐穉五月非關訪戴安不是風流堪應接舟中何得客愁寬〔會稽道中〕江東名郡古無雙處處青山照玉缸竹箭一流明客枕芙蓉兩岸夾船窻清猿夏斷稽山廟急雨朝平孝女江此地何須歎淪落買臣頭白始爲邪

府城中又有府河在府東一里跨山會界向爲市民所侵漸淤隘嘉靖四年知府南大吉疏闢之〔王守仁記〕越人以舟楫爲輿馬濱河而廛者皆巨室也日規月築水道淤隘蓄洩既亡旱澇頻仍商旅日爭於途至有鬬而死者矣南子乃決阻障復舊防去豪商之壅削勢家之侵失利之徒胥怨交謗從而謡之曰南守瞿瞿

實破我廬瞿瞿南守使我奔走人曰吾守其厲民瞰
何其謗者之多也陽明子曰遲之吾未聞以佚道使
民而或有怨之者也既而舟揖通利行旅歡呼絡繹
是秋大旱江河龜拆越之人收獲輸載如常明年大
水民居免於墊溺遠近稱忭又從而歌之曰相彼人
矣昔揭以曳矣今歌以揖矣旱之熇矣微南侯兮吾
其焦矣霪其彌月矣微南侯兮吾其魚鱉矣我輸我
獲矣我遊我息矣長渠之活活矣維南侯之流澤矣
人曰信哉陽明子之言未聞以佚道使民
而或有怨之者也紀其事于石以昭來者又聞之故
老河之在市其縱者自江橋至植利門其橫者自九
節橋至清道橋皆壅窄甚大弗利於舟南公盡撤斥
廬舍以廣河計所斥率六尺許真郡中一大利也而
豪右嚮侵爲世業者輒共譁以爲大不便會罷官而
止其後知縣張鑑稍濬學河固以爲士然民亦使之

「季本記」會稽儒學南北東界水水自植利門入北流經隆興橋東折爲南渠又自隆興橋北流過通市橋東折爲北渠皆會於東雙橋北流入海渠近市壓久無濬治北渠漸就淺隘僅通小舟南渠由儒學泮池至軍器局西則民間填而爲池淤而爲圃東亦如之故道盡失嘉靖丙申邑諸生上復渠議於諸司咸報曰可而豪右各便其私人持一說或曰軍器局故福果廢寺地寺本北向臨北渠局之南門寺後址也今廢渠當由局西南折而東直接毛家漊以合北渠水於東雙橋之南觀毛家漊見存形迹似一故道也或曰當由局南東折而北直接丘家宅池以入北渠而復東流以合東雙橋南之水觀丘家宅池見存形迹似亦一故道也然自元以來埋沒已久故老無復能知的處故當時議者惟據局西有三池東有四池如貫珠然謂故道宜在此乃遂因七池之勢橫貫珠局中而曲折以達於毛家漊議遂定而功則未興也會

府丞張侯鑑來尹

吾邑乃竣其事

簟醪河一名投醪河又名勞師澤在府西二百步山

陰境華鎮考古云勾踐謀覇與國人共甘苦師行之日有獻壺漿者跪受之覆水上流士卒承流而飲之人百其勇一戰遂有吳國也唐大和六年觀察使陸亘重浚華又云即府東大河然俗多以府學前西河爲是或又謂是新河北滙水水經注投醪即浙江盖自府河東西諸流皆達於浙江也總之莫得的也宋徐天祐詩往事悠悠逝水知臨流尚想報吳時一壺能遣三軍醉不比商家酒作池

縣河東自蓮花橋西通王公池縣者山陰縣也

山陰三江城河在三江所城下是各縣糧運船往來之道

江北河在西江之北大海之南每爲潮水灌入沙塗
壅積遇澇輒溢遇旱即涸
新河在府城西北二里唐元和十年觀察使孟簡所
浚
會稽御河在府城東南十五里自董家堰抵寶山宋
攢陵河也
蕭山西河在縣西一百五十步南通崇化諸鄉之水
北通運河東西兩岍相去約二丈
塘河在縣南一里北抵蘇家潭南抵白露塘
菊花河在縣南一百步受街衢之水南注蘇家潭今

湮塞

諸暨白水河在縣北二里源出縣湖穿城由北水門入于河沿城横入浣江

餘姚東横河在縣東北二十五里源出燭溪湖東至雙河東北至觀海西流過石堰南入于江嘉靖十五年縣丞金韶浚深之

西横河在縣西三十里源出牟山湖西流入于上虞北至臨山

長泠河在縣西北二十五里源出上虞之長壩又出牟山湖東至于菁江北至海塘

制河在縣東北三十五里游源銀塘諸溪之水出焉北流爲游涇東北溢於雙河西北會于東横河

上虞運河在縣治前通衢之南東接通明堰西距梁湖壩綿三十里源出百樓坤象諸山由溪澗會注于河瀦滀皂李西溪二湖水以通舟楫資灌溉終于孟宅清水二閘第河淺窄旱則涸潦則溢宋陸游詩鄭江久不到乘興過來游漲水崩沙岸歸雲抱縣樓舊有則水牌二一在九御橋側一在姜家橋南今皆湮没城内河向爲居民所侵嘉靖三年知縣楊紹芳歸河南侵地爲牽路約廣六尺自通明門抵萱錦門自後往來舟皆由城内頗稱便十

四年知縣張光祖因災餘復歸河北地自通濟橋至水館亭約長五十丈廣八尺連南者共二丈九尺矣然說者猶云歸官未盡也

新河在縣東北十里舊水道北由百官渡抵菁江南由曹娥渡抵通明江永樂九年鄞人郟度以通明江七里灘阻塞不便上言將縣後舊溝開濬名後新河置西黃浦橋直抵鄭監山堰復舊通明壩又開十八里河直抵江口壩官民船皆由之路雖不甚便然免潮候之難嘉靖三年知縣楊紹芳拆西黃浦橋作凳橋舟復由城中行而黃浦橋東至十八里河則仍郟

廢迹不改

省河在縣東十里說者云運河昔日積雨閼壅邑令浚此河欲以殺運河水勢然兩河止隔一小堤風濤上下撞擊其土易潰一決則如建瓴勢下流尤被害未見其利也

五夫河在縣東北三十五里納夏蓋白馬上妃湖水東達餘姚西橫河注于江

嵊新河在縣東北三里徃昔剡溪由西而北環城出艇湖及後水暴漲溪南徙不由故道古溪遺址尚存隆慶六年知縣朱一栢鳩工自東門外引河流迤北

入古溪兩岓築以石堤邑人立石題曰朱公河然盈涸靡常萬曆四年夏知縣譚禮復議濬治既祀告而以覲行署縣事教諭王天和縣丞林濟卿主簿鄭輅協力治之

湖　府城内錢湖在府東三里許周可二三畝俗呼爲觀音池上有興福院今廢

山陰鏡湖在府城南三里亦名鑑湖任昉述異記軒轅氏鑄鏡湖邊因得名或云黄帝獲寶鏡焉或又云本王逸少語山陰路上行如在鏡中游是名鏡湖又名長湖又名大湖水經注浙江又東北得長湖口湖

廣五里東西百三十里沿湖開水門六十九所下溉
田萬頃北瀉長江湖南有覆斗山周五百里北連鼓
吹山山西枕長溪溪水下注長湖山之西嶺有賀臺
又云石帆山北臨大湖水深不測傳與海通何次道
作郡常於此水中得烏賊魚其源出會稽之五雲鄉
綿跨山會二縣周三百五十八里總納二縣三十六
源之水東至曹娥西至西小江南至山北至郡城其
初本潮汐往來之區漢永和五年太守馬臻始築塘
畜水溉田九千餘頃又界湖爲二曰東湖曰南湖南
湖所灌田大約在今山陰境東湖所灌在今會稽境

自宋永和以來民咸利之唐玄宗時賜賀知章鑑湖一曲又名賀監湖宋祥符後民漸盜爲田二湖合爲一祥符中盜湖爲田者二十七户慶曆間爲田四百頃熙寧中盧州觀察推官江衍被遣至越不能建議復湖乃立牌於水以牌內之湖聽民入租爲田凡八十餘户爲田七百餘頃至郡守王仲嶷又并牌外者盡田之占湖爲田者二千四百餘頃今則皆爲起科田湖盡廢矣俗呼白塔洋爲鏡湖長十五里蓋其一處耳【宋謝惠連泛南湖至石帆詩】軌息陸途初枻鼓川路始漣漪繁波漾參差層峰峙蕭踈野趣生逶迤白雲起登陟苦跋䟦躃跨樂心耳即翫翫有竭在興興無已【唐賀知章採蓮曲】稽山罷霧鬱嵯峨鏡水無風也自波莫言春度芳菲盡別有中流采芰荷【又回鄉偶書】離別家鄉歲月多近來人事半消磨惟

有門前鏡湖水春風不改舊時波【李白子夜吳歌】鏡湖三百里菡萏發荷花五月西施採人看隘若耶回舟不待月歸去越王家【送王屋山人魏萬詩】遥聞會稽美且度耶溪水萬壑與千巖崢嶸鏡湖裏秀色不可名清輝滿江城人遊月邊去舟在空中行此中久延佇入剡尋王許笑讀曹娥碑沉吟黄絹語【越女詞】鏡湖水如月耶溪女如雪新粧蕩新波光景兩奇絶【孟浩然與崔二十一遊鏡湖寄包賀二公詩】試覽鏡中物中流見底清不知鱸魚味但識鷗鳥情帆得樵風送春逢穀雨晴將探夏禹穴稍背越王城府椽有包子文章推賀生滄浪醉後唱因子寄同聲【李頎寄鏡湖朱道士詩】澄霽晚流濶微風吹綠蘋鱗鱗遠峰見淡淡平湖春芳草日堪把白雲心所親何時可爲樂夢裏東山人【元稹和樂天早春見寄詩】雨香雲淡覺微和誰送春聲入棹歌萱近北堂穿上早柳偏東面受風多湖添水色消殘雪江送潮頭湧漫波同受新年不同賞無由縮地欲如何【又絶句】山翠湖光似欲流風聲鳥思却堪愁西施顔色今何在但看春風百草頭【又次樂天十八韻】鴈思欲回賓風聲乍變新各攜紅粉妓俱絆紫垣人水面波疑縠山腰紅似巾

柳條黃大帶葵葑綠文茵雪盡繞通展汀寒未有蘋
向陽偏曬羽依岸小游鱗浦嶼崎嶇到林園次第巡
墨池憐嗜學丹井羨登真雅歎游方盛聊非意所親
白頭辭北闕滄海是東鄰問俗煩江界蒐田想渭津
故交音信少歸夢往來頻獨喜同門舊皆爲列部臣
三刀連地軸一葦礙車輪尚阻青天霧空瞻白玉塵
龍因雕字識犬爲送書馴勝事無窮境流年有限身
懶將閑氣力爭鬬野塘春【白居易酬微之誇鏡湖詩】
我嗟身老歲方徂君更官高興轉孤軍門郡閤曾閒
否禹穴耶溪得到無酒盞省陪波卷白骰盤恩共彩
呼盧一泓鏡水誰能羨自有胸中萬頃湖【李紳江南
暮春寄家詩】洛陽城見梅迎雪魚口橋逢雪送梅劍
水寺前芳草合鏡湖亭上野花開江鴻斷續翻雲去
海燕差池拂水回想得心知寒食近潛聽喜鵲望歸
來【秦系題鏡湖野老所居詩】湖裏尋君去樵風往返
吹樹暄巢鳥出路細葑田移漚苧成魚網枯根是酒
卮老年惟自適生事任群兒【施肩吾遇越州賀仲宣
詩】君在鏡湖西畔住四明山下莫經春門前幾箇采
蓮女欲泊蓮舟無主人【僧皎然題湖上草堂詩】山居
不買剡中山湖上千峰處處閑芳草白雲留我住世

人何事得相關[方干詩二首]去歲離家今歲歸孤帆
夢向鳥前飛必知蘆筍侵沙井并被藤花古石磯雲
鳥採茶常失路雪龕中流不關扉故交莫問逍遥事
玄恍何曾勝葦衣[又]湖北湖西往復還朝昏出處自
田間暑天移榻就深竹月夜乘舟歸淺山湛砌紫鱗
欹枕釣垂簷野果隔窗攀古賢暮齒方如此多笑愚
儒鬢未斑[宋趙抃詩]春色湖光照錦衣岸花汀草自
芬菲若耶溪上遊人樂舉棹往歌半醉歸[秦觀詩]畫
舫朱簾出繚墻天風吹到芰荷鄉水光入座杯盤瑩
花氣侵人笑語香翡翠側身窺綠酒蜻蜓偷眼避紅
粧蒲陶力緩單衣怯始信湖中五月涼[王十朋詩]蒼
蒼涼涼紅日生葱葱鬱鬱佳氣横鏡湖春色三百里
桃花水漲扁舟輕花間春鳥傳春意聲落竹舟驚夢
篠胡牀兀坐心境清轉覺湖山有風味鑑中風物幾
經春身在鑑中思古人禹蹟茫茫千載後疏鑿功歸
馬太守太守湖成坐愳責後代風流屬狂客狂客不
長家鑑湖惟有漁人至今得日暮東風送棹回花枝
照眼入蓬萊回首湖山何處是欸乃聲中畫圖裏[陸
游詩]千金不須買畫圖聽我長歌歌鑑湖湖山奇麗
說不盡且復與子陳吾廬柳姑廟前漁作市道士莊

畔菱爲租一灣畫橋出林薄兩岸紅蓼連菰蒲村南村北鴉陣黑舍東舍西楓葉赤每當九月十月時放翁艇子無時出船頭一束書船尾一壺酒新釣紫鱖魚旋洗白蓮藕從渠貴人食萬錢放翁癡腹長便便暮歸稚子迎我笑遥指一抹西村烟 又同何元立賞荷花懷鏡湖舊游 少壯欺酒氣吐紅一笑未了千觴空凉臺下簾人似玉月色冷冷透湘竹三更畫船穿藕花花爲四壁船爲家不須更踏花底藕但嗅花香已無酒花深不見畫船行天風空吹白紵聲雙槳歸來弄湖水往往湖邊人已起即今憔悴不堪論賴有何郎共此樽紅緑踈踈君勿歎漢嘉去歲無荷看 湖上今歲遊人頗盛戲作二首 畫船鼓吹載凉州不到三更枉出遊忽有歌聲出雲漢誰家開宴小紅樓 又 臺府官醅歲歲新蘭亭春勝鏡湖春三山小甕雖堪笑也向湖邊作醉人 張惟中詩 昔年曾過賀家湖今日煙波太半無惟有一天秋夜月不隨田畝入官租 華鎮詩 水風不動清光合十里渾無一點瑕野客若尋湖上事不須臨水問荷花 李孝先詩 賀家湖裏見秋風放翁宅前東復東兩行雲樹忽遠近十里荷花能白紅行人濯足銀河上越女梳頭青鏡中我欲乘

帆上南斗扶桑碧海與天通［完韓性詩］鴉陣連空木葉疎西風裹柳半平蕪湖山照眼長奇麗不柱千金買畫圖［陳孚詩］鏡湖八百里水光如鏡明偶尋古寺坐便有清風生天濶鴈一點山空依數聲老僧作茗供笑下孤舟輕［明楊維禎詩］與客攜壺放畫船春波橋下柳如煙林間好鳥啼長晝席上高歌樂少年醉裏探書尋禹穴醒來訪隱過平川樵風逕上神僊窟知是陽明幾洞天［劉基詩］若耶溪上雨聲來秦望山前霧不開欲渡鏡湖尋禹穴蒼藤翠木斷猿哀［夏奐六言三首］南村北村桑畬東坂西坂田肥雲林自通樵逕烟水不没漁磯［又］昨來已著吟鞭今到還乘酒船花遶千秋觀裏樹遶九里山前［又］閑身喜伴沙鷗日向湖中泛舟水出若耶溪口雲橫小隱山頭［傅俊詩］重湖望斷水東西百折蓮塘曲曲堤楊柳暗藏茆屋小菰蒲遥應畫橋低採蓮歌去聲還杳載酒船來路欲迷幾度落花流出僾錯教人認武陵溪［王誼詩］春波橋外水連天一曲桑麻一曲烟僧磬遠聞松寺裏漁家多住柳塘邊雲深夏后藏書穴花艷知章載酒船回首蘭亭今寂寞流杯空説永和年［林雲同詩］湖水杳無際沿洄千嶂間秋風放舸去夜月送人還

屢酌情彌愜臨流性自閑越城何處是只在五雲灣

[沈鐈詩]鑑湖三月春水生烟波淼淼搖空明浮雲捲盡暮天碧落日正見孤舟橫道士莊臨湖水北堤邊春草年年綠古人不見今人悲千載空聞鑑湖曲

贔石湖撞石湖䃁山湖相湖並在城南乃鑑湖之別名今皆爲重科田

茭塘湖在府城西五十里多茭葑焉後產水芝更名芝塘湖

狹搽湖在府城北十里周迴約廣十餘里俗又呼爲黃鰷湖是舟楫往來之道鑑湖既廢此湖宜以畜水乃近稍爲有力者侵焉

白水湖在府城北十里旁通運河足資灌溉有菱芡

魚鰕之利

會稽回涌湖在府城東四里舊經云馬太守臻所築以防若耶溪溪水暴至抵塘而彎回故曰回涌一作囬踵南史會稽東郭有囬踵湖謝靈運求决以爲田太祖令州郡履行此湖去郭近水物所出百姓惜之太守孟覬執不與

浮湖在府城東二十里周圍二頃餘源出西山清淺可愛又名西湖舊有西湖寺

泉湖在府城東南七十里圍可十餘畝底有二竅寒泉湧出最清

蕭山西陵湖水經注西陵湖亦謂之西城湖湖西有湖城山東有夏架山湖水上承妖皐溪而下注浙江又逕永興縣

湘湖在縣西二里本民田低窪受浸宋神宗時居民吳姓者奏乞爲湖而政和二年楊龜山先生來知縣事遂成之四面距山缺處築堤障水水利所及者九鄉以販漁爲生業者不可勝計生蓴絲最美宣和中有議復以爲田者民咸不可遂寢乾道中奸民謀獻之恩平郡王邑丞趙善濟力爭之時史彌遠帥浙東榜禁不許　皇明永樂初豪族稍於近山處墾田宣

德中魏尚書驥賛有司盡革之公卒復有侵者弘治十二年邑人何競奏聞遣法司覈正後湖民吳賛等復私墾種正德十五年巡視都御史許庭光榜禁之

宋釋如蘭詩藕花風起脫凉多高處柴牀聽棹歌芳草不歸支遁鶴白沙惟見右軍鵞人家隱隱連桑梓僧梵悠悠出薜蘿今夜湖中好明月相思其奈故人何 明劉基詩君山洞庭隔江水彭蠡無風高浪起明窓曉晴圖畫開輿入湘湖三百里浙江兩岸山縱横湘湖碧遶越王城越王城荒陵谷在古樹落日長煙平遊子天寒孤棹遠七十二溪飛雪滿浩歌不見濯纓人沙鶴野猿相對睨湖東雲氣通蓬萊我欲從之歸去來蛟鼉塞川陸有虎兩臂無力令人哀 魏驥詩百里周圍注湫茫龜山遺愛許誰忘水能蓄潦容千澗旱足分流達九鄉荇帶荷盤從取市蓴羹芡實任求嘗邑侯鄉老休輕視圩岸時須督有方 鄒濬詩湘湖蓴葉大於錢千頃鷗波可放船一曲竹枝歌未了水禽飛散夕陽天 戴琥詩湖上春風雨乍晴湖中風

景最關情雲山掩映尚書墓石甃縈迴伯主城二十
四塘春水足八千餘頃晥田成循環導引均施利石
刻先賢
有法程
落星湖在縣西二十里舊經云後漢漢安二年星隕
湖中宋熙寧初詔以落星湖地高許墾爲田止存低
處潴水乾道九年盡以落星湖賜歸正大節度使張
氏張以水利及民者多辭不敢田淳熙十年朱察院
朝陵過邑審視奏復之慶元六年臨安府龍華寺僧
寶法復乞以爲田豪右孫華二姓利其有從臾成之
民遂失灌溉之利
諸暨上中下三湖在城中名縣湖又名學湖相傳以

長山勢逼鑒此當之由城南紫山下環儒學直抵北城宋淳熙中知縣事何喬浚之置二閘嘉靖中知縣徐履祥復浚之於西築一堤

泌浦湖在縣東北五十里周圍八十餘里最大近年召佃之議與豪右秉之大半廢

餘姚秘圖湖在丞廨之前初本石竇微出泉好事者因而廣之纔丈許巖石陡處鐫曰神禹秘圖

汝仇湖在縣西北四十里南距山又距喻格堰孟家塘北距海堤周九百七十一頃最爲大今爲豪右所侵不能半矣

羊山湖一名新湖在縣西三十五里三面距山北爲塘周五百頃近亦爲豪右所侵

余支湖在縣西北五十里周五百頃北距孟家塘與汝仇湖界

穴湖在縣東十里夏侯曾先地志吳時望氣者鑿斷山因以名湖水經穴湖之水沃其一鄉並爲良疇

燭溪湖在縣東北十八里三面界山東爲湖塘舊經云昔人迷失道忽有二人執燭夾溪而行因得路故名燭溪十道志昔人入山昏暗四塞迷惑悲泣山中忽有雙燭照之其說略合湖內有明塘溪一名明塘

湖俗又呼爲淡水海周二十餘里有東西水門兩鄉民每爭決水 皇明成化中詔從邑人胡禮言中築塘分湖爲兩由是爭始息湖邊人相傳有八景曰漾塘烟渺曰孤山雪梅曰顯沙聚鷺曰梅澳歸龍曰夾溪仙燭曰航渡漁舟曰白洋霽月曰翠屏晴嵐明倪懷敏遊燭湖詩序吾餘姚燭湖在邑治之東北萬山四環巨浸數百里予友孫君思穎諸昆弟隱居其傍與予有泛舟之約亦數年矣一日載酒殽邀予遊合童冠十有七人沿流歌詠歷航渡眄暘池憇于楊氏精舍抵翠屏之寺而止觧衣盤桓入坐慶師方丈嵐霏襲衣爽氣砭骨凡諸洪陂列嶂爭獻奇怪無少與長皆陶陶焉湛湛焉其樂葢與蘭亭諸會同矣因取杜少陵丈八溝納凉詩分韻以賦屬予爲序詩不盡工今摘錄二首蹤樞得浪字平湖萬頃碧波漲發興攜朋遊幌漾吾宗兄弟亦好奇挈榼提壺能饋餉短屐徐行泥活活楊柳陰中乘畫舫群公相看總黑頭得意嘶盃極踈放長風萬里掃輕雲數朶芙蓉列晴嶂中流擊楫忝爾何銀屋

高低隨蕩漾招招舟子捷有神一篙直入荷花蕩白日亭午登招提遠近青山歷瞻望老禪相邀供茗椀也復開筵悅情況楊家果出珊瑚珠竹裏行厨送春釀座中賔客盡能文豈愁下筆供詩帳分題賦就日將曛再詠再歌成放浪孫述得凉字殿閣薰風生爽氣燭湖旭日漾晴光探奇梅塢雙山最覽勝蓮塘一野航有客帶經來泮水携朋載酒泛滄浪東林淨社知何在北海深樽樂未央艤棹遠尋松下寺鳴琴更坐竹間床禪僧出定談清况詩侶分題賦短章酩酊不知歸渡晚藕花風透葛衣凉孫尚書文恪公湖上詩湖上携尊坐翠微山芳冉冉襲人衣春來水漲桃花發社後風和燕子飛一艇斜維垂柳岸群鷗閒傍釣魚磯故鄉好景不知翫何用天涯每憶歸

梅澳湖即燭溪湖航渡西南之一曲北與燭溪湖通舊經云昔有梅樹吳時採爲蘇臺梁今湖側猶多梅木俗傳水底梅梁根也巨木湛卧湖心雖水涸不露

秋七八月雷雨交作有聲如鼉吼震徹數里土人相傳謂梅龍顧母亦曰湖窟事雖近不經然水寔自北倒流而南入航渡橋波濤洶湧中高起一帶如脊常衝墮橋石一二塊亦大異也八景所云梅澳歸龍即此是也又十道志吳造建業宮使匠人伐材至明塘溪口梅下俄見長木堪爲梁伐材還都會梁已足更別無用梁一夜梅忽飛還土人異之號曰梅君今在湖中隨水浮沉一云用爲會稽禹廟梁

上林湖在縣東北六十里周五十八頃有竒明岑襲祖詩九月晦日風景妍南湖棹歌晴滿川兒童作隊溪頭坐鷗鳥忘機沙際眠山堂昔書載一束市橋羨酒沽十

千勝遊如此良不惡
後夜月明還放船

上虞夏蓋湖在縣西北四十里北枕大海海岸有夏蓋山湖直其南唐長慶二年永豐上虞寧遠新興孝義五鄉之民割己田爲之周一百五里滀白馬上妃二湖之源地勢東低而西高中有鏡潭有九墩曰楓樹墩偏墩周師墩長墩黄蘗墩白牛墩馬墩楝樹墩西晒墩十二山曰梁家山柴家山刺山鯉魚山董家山洋山土長山石竹山荷葉山犁山馮家山甑箄山又有三十六溝引灌五鄉田十三萬畝兼有菱芡芙蕖茭葦及魚蝦之利俗謂日産黄金方寸云宋熙寧

中縣尉張漸廢爲田元祐四年吏部郎中章粢奏復之政和中明越二守樓异王仲嶷專務應奉爲事又廢湖爲田建炎四年給事中山陰傅崧卿守鄉郡餘姚陳槖上書陳利便紹興二年縣令趙不搖言於朝吏部侍郎李光復力奏乃得復爲湖嘉熙元年或獻於福王民張康等爭之得免元元貞間傍湖之民輒於高處塡爲田漸蔓延至數十畝不止至正十二年縣尹林希元定墾田數餘悉爲湖十六年或乘間竊種尹李睿復之十七年建南臺于越兵田于湖湖竭如焦釜御史察知即令勿田十八年或獻於長鎗軍

尹韓諫言於督軍郎中劉仁本巳之古語能積三湖之水可防兩年之憂又古諺上妃白馬群山繞夏蓋湖寬江海連三夜月明爭告旱一聲雷動便行船

白馬湖在夏蓋湖南刱自東漢周四十五里三面皆壁大山三十六澗水悉會於湖中有三山曰癸巳山羊山月山相傳縣令周鵬舉出守鴈門志務幽閒思上虞景物之勝乘白駒泛鐵舟全家溺於此特人以爲地仙白馬之名由此山頂有祠又名漁浦湖水經注縣之東郭外有漁浦湖中有大獨小獨二山又有覆舟山覆舟山下有漁浦王廟今移入裏山北三山派立水中湖外有青山黃山澤蘭山重岫疊嶺參差

入雲澤蘭山頭有深潭山影臨水水色青綠山中有諸塢有石楗數所右臨白馬潭潭之深無底傳云創湖之始邉塘屢崩百姓以白馬祭之因以名水湖之南即江津也江南有上塘陽中三里隔在湖南常有水患太守孔靈符遏蜂山前湖以爲埭埭下開瀆直指南津又作水楗二所以舍此江得無淹潰之患夏侯曾先志驛亭埭南有漁浦湖深可二丈唐貞元中置湖門三所別於北門置放水塘四百歩元以來豪民稍侵爲田 明王冕詩十八里河船不行江頭日日問潮生未同待詔沉金馬却輿看花在錦城萬里春風歸思好四更寒雨客燈明故人湖海襟懷古能話舊時鷗鷺盟

上妃湖在夏蓋湖南白馬湖西與白馬同紉於東漢周三十五里中有三山曰弓家山印祿山佛跡山水經謂之上陂今名上妃者相傳之訛也唐地理志上虞西北有任嶼湖又會稽志有謝陂湖皮湖皆上妃別名重出者蓋誤元末時亦稍爲豪民所侵　皇明萬曆十年丈出爲田者五百五畝剗之不充知縣朱維藩方復西溪湖乃相與易之

江湖在縣西南五十里嘉泰志昔有尼寺一夕陷於湖有寺鐘墮水底相傳人或見之頃歲旱涸湖水竭忽見鐘鼻鄉人共挽出之俄頃風雨暴至鐘復沒

太康湖在縣西南四十里四明孫氏曰太康湖雖化爲田山下澄泓可數頃宋謝靈運於南山往北山經湖中瞻眺詩朝夕發陽崖景落憩陰峰舍舟眺迴渚停策倚茂松側徑既窈窕環洲亦玲瓏俛視喬木杪仰聆大壑淙石横水分流林密蹊絶蹤解作竟何感升長皆丰容初篁抱緑籜新蒲含紫茸海鷗戲春岸天鷄弄和風撫化心無厭覽物眷彌重不惜去人遠但恨莫與同孤遊非情歎賞廢理難通謝連運詩曰落泛澄瀛星羅遊輕橈憩榭面曲汜臨流對回潮輟策共騁篷並坐相招邀哀鴻鳴沙渚悲猿響山椒亭亭映江月飂飂出谷飇斐斐氣羃岫泫泫露盈條近矚祛幽蘊遠視蕩喧囂晤言不知罷從夕至清朝

西溪湖在縣西南門外三十六湖之水鍾焉昔縣令戴延興築塘七里又名七里湖所灌田甚多宋慶曆中歸縣學爲養士之費紹興初詔割三分之一爲功

臣李顒忠牧馬地李挾勢侵據僅以緡錢七百歸學治平中朱文公遊始寧見西溪湖山水之勝講學湖上後提舉浙東因浚治虞人德之迨元時盡廢爲田至正十二年縣尹林希元復之後復湮浚　明嘉靖十六年知縣陳大賓圖規復以內召不果後總憲浙江復移文董成又以擢官去萬曆十二年民苦旱甚知縣朱維藩請於上官復之

元縣令林希元西溪湖賦　縣居東北湖坐西南縣乃虞舜之故鄉湖是越王之遺跡上枕千山連九溪聚此萬源之水下通兩涇注二閘灌彼三鄉之田歸利於漁耕獲便於商賈九條橋過夏風清芰荷馥郁七里塘邊春日麗梨杏芬芳一秋來蘋蓼滿洲紅間白三冬裡竹松夾路翠雜青侵晨雲罩嶺梅向暮烟迷堤柳浪連天鵁鶄出沒波漾月鷗鷺浮沉高高

下下鶯擲金梭圍圃洋洋魚拋玉尺東有秦樓楚館得清風明月可聞鳳笛鸞笙北達驛路運河通玉勒牙檣堪聽鼓聲角韻菱舟滿載月明歸去櫓咿啞牧笛遠聞曉霽出來聲嫋娜八面山疊青疊翠十里景爭白爭紅李公曾爲牧馬之塲彭王亦作蓄魚之蕩所聞勝景此其大都文俚而蕪不盡載

嵊艇湖在縣東五里王猷返棹之地

紹興府志卷之七

剡溪圖
剡山
子猷橋
剡

嶀山
戴公宅

柯橋圖

柯橋寺
柯亭新市

紹興府志卷之八

山川志五

溪　澗　浦　涇　滙　川　瀆　渚　港

水　洲　汀　灘　瀨　潭　池　泉　井

渡　津　橋　步　塘

溪　山陰餘支溪在府城西四十七里源有二一温一凉相滙而不雜水經注山陰縣西南四十里有二谿東谿廣一丈九尺冬煖夏冷西谿廣三丈五尺冬冷夏煖二谿北出行三里至徐村合成一谿廣五丈餘而温凉不雜蓋山經所謂茗水也嘉泰志云亦鏡湖

之別派

巧溪在府城西南七十五里崇山之下有微泉不見其有混混之勢而入崖間則盛大亦大奇

相溪一名西溪在府城西八十里發自藏山嶺折流北至鎖秀橋下分爲二派

會稽若耶溪在府城東南三十五里北流入鏡湖古歐冶子鑄劍之所越絶書若耶之溪涸而出銅戰國策涸若耶以取銅吳越春秋若耶之溪深而莫測歐冶鑄以成五劍水經注溪水上承譙峴麻溪下注大湖後漢時太守劉寵去郡若耶父老人持百錢出送

寵各受一文因名劉寵溪唐徐季海嘗游歎曰曾子不居勝毋之閭吾豈游若耶之溪改爲五雲溪梁王籍八

若耶溪詩艅艎何泛泛空水共悠悠陰霞生遠岫陽景逐廻流蟬噪林逾靜鳥鳴山更幽此地動歸念長年悲倦遊梁書云籍除輕車湘東王諮議參軍隨府會稽郡境有雲門天柱山籍嘗遊之或累月不返至若耶溪賦詩云蟬噪林逾靜鳥鳴山更幽當時以爲文外獨絕顔氏家訓曰王籍入若耶溪詩江南以爲文外獨絕物無異議簡文吟咏不能忘之孝元諷味以爲不可復得詩云蕭蕭馬鳴悠悠旆旌毛傳曰言不諠譁也吾每歎此解有情致籍詩生於此意耳釋

洪偃詩蕭蕭物色晚肅肅天氣清旅人聊策杖登高傷客情川原多舊跡墟里或新名宿烟浮始旦朝日照初晴遠行乏徒侶徐步寡逢迎信矣非吾托賞心何易开唐獨孤及

同徐侍郎五雲溪新庭重陽宴作萬峯蒼翠色雙溪清淺流已符東山趣況值南江秋白露天地肅黃花門館幽山公惜美景肯爲芳樽留五馬照池塘繁絃催獻酬風前孟嘉帽乘興李膺舟

騁望傲千古，當歌遣四愁。豈今永和人，獨擅山陰遊。

孟浩然耶溪泛舟詩　落景餘清暉，輕橈弄清渚。澄明愛水物，臨泛何容與。白首垂釣翁，新粧浣沙女。相看未相識，脉脉不得語。又六言二首　舟泊有時垂釣，舟行不礙閑吟。沿山寺寺花木，枕水家家竹林。又　鴛鴦晝飛溪靜，鴝鵒夜囀林深。忽聞風動月落，起看波間月沉。

李白採蓮曲　若耶溪傍採蓮女，笑隔荷花共人語。日照新粧水底明，風飄香袖空中舉。岸上誰家遊冶郎，三三五五映垂楊。紫騮嘶入落花去，見此踟躕空斷腸。

越女詞　耶溪採蓮女，見客棹歌迴。笑入荷花去，佯羞不出來。

綦母潛春泛若耶詩　幽意無斷絕，此去隨所偶。晚風吹行舟，花落入溪口。際夜轉西壑，隔山望南斗。潭烟飛溶溶，林月低向後。生事且瀰漫，願爲持竿叟。又若耶溪逢孔九　相逢此溪曲，託勝在烟霞。潭影竹裏動，巖陰天際斜。人言上皇代，犬吠武陵家。借問淹留意，春風滿若耶。

儲光羲酬綦母校書夢遊耶溪見贈之作　校文在仙掖，每有滄洲心。況以北窓下，夢遊清溪陰。春看湖口漫，夜入回塘深。往往纜垂葛，出舟望前林。山人松下飲，釣客蘆中吟。小隱何足貴，長年固可尋。還車首東道，惠言若南金。以我採

薇意傳之天姥岑　崔顥入若耶溪詩　輕舟去何疾已到雲林境起坐魚鳥間動摇山水影巖中響自答溪裏言彌靜事事令人幽停橈向餘景　丘爲泛若耶溪詩　結廬若耶裏左右若耶水無日不釣魚有時向城市溪中水流急渡口水流寬每得樵風便往來殊不難一川草長緑田時那得辨短褐衣妻兒餘糧及鷄犬日暮鳥雀稀稚子呼牛歸住處無隣里柴門獨掩扉　劉長卿若耶溪酬梁耿別後見寄六言　晴川落日初低惆悵孤舟解攜鳥去平蕪遠近日隨流水東西白雲千里萬里明月前溪後溪獨悵長沙謫去江潭春草萋萋又　上巳日與鮑侍御泛若耶遊雲門詩　蘭橈漫轉傍汀沙應接雲峯到若耶舊浦滿來移渡口垂楊深處有人家永和春色千年在曲水鄉心萬里賒更見漁舟時借問前村幾路在烟霞　項斯詩　清溪繚繞出無窮兩岸桃花正好風恰是扁舟堪入處鴛鴦飛起急流中　許渾詩　此溪何處路遥問白髯翁佛廟千巖裏人家一島中魚傾荷葉露蟬噪柳枝風急瀨鳴車軸微波漾釣筒石苔縈棹緑山果拂舟紅更就前溪宿村橋與剡通　方干詩　慵拙幸便荒僻地縱聽猿鳥亦何愁偶斟藥酒飲梅雨却著寒衣過麥秋

歲計有時添豫栗生涯一半在漁舟世人若便無知
已應向此溪成白頭[僧]皎然詩春生若耶水雨後漫
流通芳草行無盡清源去不窮野煙迷極浦斜日起
微風幾處乘流望依稀似剡中[宋]范仲淹詩越水乘
春泛船窻掩又開好山沿岸去驟雨落花來林影樵
人渡歌聲浣女囘滄浪無限意日暮更悠哉[王]安石
[詩]若耶溪上踏莓苔興盡張帆載酒囘汀草岸花渾
不見青山無數逐人來[蘇]軾詩若耶溪上雲門寺賀
監荷花空自開我恨今猶在泥滓勸君莫棹酒船囘
[謝]景溫詩若耶溪出若耶山浪裏溶溶入醉閑仙客
曾因一箭贈樵風長到五雲關數峰蘸碧輕清外雙
舸浮春上下間料得當年乘興子爲貪煙水宿前灣
[陸]游絕句四首微官元不直鱸魚何况人間足畏途
今日溪頭慚愧處自尋自石養菖蒲[又]九月露風吹
客衣溪頭紅葉傍人飛村場酒薄何妨醉菰正堪烹
蠏正肥[又]蘸水朱扉不上關採蓮小舫夜深還一尊
何處無風月自是人生苦欠閑[又]雲散青天掛玉鈎
石城艇子近新秋風鬟霧鬢歸來晚忘却荷花記得
愁[元]薩天錫詩越溪春水清見底石罅銀魚搖短尾
船頭紫翠動清波俯看雲山溪水裏誰家越女木蘭

橈髻雲墮耳溪風高採蓮日暮露華重手滴溪水成蒲陶盈盈隔水共誰語家在越溪溪上住蛾眉新月破黃昏雙櫓如飛剪波去〔韓性詩〕一川暝色鎖烟蘿蕭洒禪關偈獨過薝蔔香中詩夢遠芭蕉葉上雨聲多九重闕下心猶戀二十年前事總訛畫舫蘭橈待明發若耶溪溪水夜增波嘉泰志三鄉題云予家本若耶溪東與閩中同志者紉蘭佩蕙趨幽閑人境不得已從人不幸良人已失邈然無依命筆聊書絕句名姓二九子爲父後玉無瑕弁無首荆山石往往有以筆墨非女子之事名姓故隱而不書詩曰昔逐良人西入關良人身沒妾東還謝娘衛女不相待爲雨爲雲歸舊山李罸解曰二九十八也十加八木字子爲父後木下子李字玉無瑕去其點也弁無首存其廾也王下廾弄字也荆山石往往有者荆石多韞玉當是姓李名弄玉也

南溪在鑑湖南亦若耶支流也〔唐宋之問泛鏡湖南溪詩〕乘興入幽棲舟行日向低叢花候冬發谷鳥作春啼沓嶂開天小叢篁夾路迷猶聞可憐處更在若耶溪〔劉長卿尋南溪

常山道人隱居詩一路經行處莓苔見屐痕白雲依靜者春草閉閑門過雨看松色隨山到水源溪花與禪意相對亦忘言戴叔倫詩年來爲客寄禪扉多病幽居在翠微黃鳥數聲催榔變清溪一路踏花歸空林野寺經過少落日深山伴侶稀貧米到家春未盡風蘿閑掃釣魚磯

寒溪在府城東南三十里源出日鑄嶺水極清冷

上竈溪在府城東南二十里嘉靖初知府南大吉濬之沿溪之田遂穫更有中竈下竈相隔不數里世傳歐冶子鑄劍更此三竈而後成也

諸暨石瀆溪在縣西南六十二里上下源各有二井相聯合流

干溪在縣東北六十里吳干吉所居俗以其水常涸

呼乾溪非也

上虞玉帶溪在縣城中納南山諸澗之水環繞若帶北滙楊橋下入運河

洗藥溪在西莊山葛仙翁嘗滌藥於此水底石如碎丹砂流去復生他水皆受穢惟此溪澄徹纖塵不棲亦一異也

飲牛溪在縣南五十里白道猷巖下石上隱然有牛足跡宋江公亮詩好是道人巖畔月夜深清照飲牛溪

嵊剡溪在縣南一百五十步剡以溪有名清川北注遠與曹娥江接舊經云潭瑩鏡徹清流瀉注惟剡溪

有之宋樓鑰云剡溪上山水俱秀邑之四鄉山圍平野溪行其中其來之源有四一自天台山北流會於新昌入于溪一自東陽之王山東流會於縣城南門入于溪一自奉化由沙溪西南轉北至杜潭出浦口入于溪一自寧海歷三坑西繞爲三十六渡與杜潭合入于溪無四大流而又境内如顧凱之所謂萬壑爭流之水四面咸湊或奔或滙淺而爲灘瀨深而爲淵潭驟急而爲湍瀾曲折廷迴凡五十里餘越嶀嵊二山之峽巨石突踞水上若將禦之過嶀浦而後達于江巖巒奇聳下爲潛鱗之窟江潮自此返其過峽

處東嵊山西清風嶺相向壁立甚近而崪山自西來若護若遮舟行距二三里外望之恍然不知水從何出也傳云此爲一山禹鑿而兩之以决水邑舊志所謂絕壁束流是也剡之水得雨而易於漲澇者以此然水口氣聚所以壯縣也自晉王猷訪戴而溪名乃顯故一時名流爲山水勝遊者必入剡有愛而移家者有未及遊而憶之者或稱剡江剡川剡汀或稱嵊水或稱戴灣戴家溪戴逵灘云唐賀知章乞爲道士詔賜鑑湖剡川一曲縣舊志云剡溪之景春漲桃花溶溶漾漾多白魚錦鯉之遊躍岸芷汀蘭之馥郁鵁鶄鸂鶒眠沙戲水不驚不猜猶入武陵桃源也暑雨數日千巖飛瀑驟漲瀰漫不流

若驟觸堤走石奚啻乎瞿塘灩澦也霜露水潔憂無纖滓白沙鋪玉澄波拖練舟帆掩映日光滉漾天水一色不減乎斷磯赤壁也嚴冬雪霽峯巒玉潔萬象寥闃禽鳥無聲漁歌絕唱梅影横斜倒浸寒碧恍若羅浮境界也

唐李白將避地剡中贈崔宣城詩　忽思剡溪去水石遠清妙雪晝天地明風開湖山貌闊爲洛生詠醉發吳越調赤霞動金光日足森海嶠獨散萬古意閑垂一溪釣猿近天上啼人移月邊棹無以墨綬若來求丹砂妙華髮長折腰將貽陶公誚

秋山寄衛尉張卿及王徵君　何以折相贈白花青桂枝月華若夜雪見此令人思雖然剡溪興不異山陰時明發懷二子空吟招隱詩

又　興從剡溪起思繞梁山發

又　多酤新豐醁滿載剡溪船

杜甫壯遊詩　剡溪蘊秀異欲罷不能忘

崔顥舟行入剡詩　鳴棹下東陽回舟入剡鄉青山行不盡綠水去何長地氣秋仍濕江風晚漸凉山梅猶作雨溪橘未知霜謝客文逾盛林公未可忘多慚越中好流恨閱時芳

朱倣剡溪行　潺湲寒溪上自此成離别回首望歸人移舟逢暮雪頻行識草樹漸老傷年髮惟有白雲心爲何東山月

又六言　月在沃洲山上人歸剡縣江邊漠漠黄花覆水時

將白鷺鷥船丁仙芝剡溪館聞笛詩夜久聞羌笛寒參
寥應客堂山空響不散溪靜曲宜長草木生邊氣城
池逗夕涼虛然異風出髣髴宿平陽賈島憶貝處士
詩半夜長安雨燈前越客吟孤舟行一月萬水與千
岑島嶼夏雲起汀洲芳草深何當折松葉拂石剡溪
陰戴叔倫詩風軟扁舟穩行依綠水堤孤樽秋露滑
短棹晚烟迷夜靜月初上江空天更低飄飄信流去
誤過子猷溪僧皎然詩雲泉誰不賞獨見爾情高投
宿輕舫窟臨流笑鷺濤折荷爲片席灑水靜方袍剡
路逢禪侶多應問我曹張籍詩春雲剡溪口殘月鏡
湖西陸龜蒙詩客鴻吳島盡殘雪剡汀銷方千路入
剡中作戴灣衝瀨片帆通欹枕微吟到剡中掠草並
花憐燕子停撓獨卧學漁翁波濤漫撼長潭月楊柳
斜牽一岸風便擬乘槎應去得仙源只恐接星東宋
潘閬自諸暨抵剡詩莫歎塵泥汨且圖山水遊維峯
天姥岑一舸剡溪秋不見戴安道有懷王子猷西風
無限意盡屬釣魚舟又二首曉泛剡溪水晚眺剡溪
山徘徊任行棹待月思再還漁唱深潭上鳥棲高樹
間應當金石友念我無暫閑又吏猶雙槳去莫不辨
東西夕照偏依樹秋光半落溪風高一鴈小雲薄四

天低莽蕩孤舟卸水村楊栁堤[錢昭度剡溪雨霽詩]
剡溪風雨霽航蓆重行行到處楊花色幾家荷葉聲
槩鞞金鼎沸游水王壷清最喜魚梁伴歸帆的的輕
[盧天驥詩]愁呵龜手冷揺鞭乘興來登訪戴船解事
篙師小鳴艣恐驚寒鴈入晴天[又]故園生事只銜茅
不管方兄久絕交攜食枯椽吾易足鷦鷯只占一枝
巢[又]山鳥逢春恰恰啼桃花流水路猶迷何時鼠子
膏齋釜笑頒白雲歸剡溪[李易剡溪幽居詩]勝絕剡
溪邊巢枝度半年燕囬銜落絮魚涌接飛泉冊鼎山
頭氣茶爐竹外煙幽居已成趣佳致若爲傳[王十朋
剡溪春色賦]地屬甌越邑爲剡溪氣聚山川之秀景
開圖畫之齊雖禹穴之小邦樓臺接境實仙源之勝
地桃李成蹊切原清環戴水之流翠列姥岑之岫登
樓而望也南接台温之左按圖而察也北據越杭之
右謁極目之雲霄簇連甍之錦繡一十八里春風城
郭觸處爭新二十七鄉暮雨溪山望中發秀時其爲
千室之壯觀非七縣之同班臺榭入萬家之風月簾
籠捲百里之江山雕鞍驟兮落花亂香陌晴兮芳草
閑畫槳遶溪揺蕩緑波之上流鶯剡塢緡蠻紅樹之
間豈不以栁暗東門梅肥西嶺実地秀王山之嶂洞

天麗金庭之景酒旗搖翠幙之風池水浸紅樓之影滌塵僧舍瀑飛二鹿之泉泛雪茗甌香汲五龍之井大抵繁華之地莫美於西蜀尊貴之地莫盛於京師何此一邑名皆四馳蓋念地雖僻而物甚美勢皆壯而人不畀非獨一時之秀實爲千古之竒琴跡不存尚垂芳於安道墨池猶在更留譽於羲之自是雨中橫東渡之舟月下引南樓之笛淒然而瀟渚莫並宮矣而洛陽可敵青山東望曾經安石之遊綠水南流尚有阮仙之蹟雨過烟墟叢叢綠蕪渭水依稀之景輞川彷彿之圖或氣融於廣莫或嵐霽於虛無翠滴嵊峰多步花朝之履碧分越水曾囬雪夜之棹嗚呼新昌臨而風物踈上虞歸而林麓險謂姚江曁陽之足亢雖會稽山陰而曷憮信乎此地誠有可觀者焉然則蕭山之瀟洒莫過於古剡

林槩詩

谿連嵊水輿何畫路接仙源人自迷

齊唐詩

春樹深藏嶀浦曲夜猿孤嘯戴逵灘

明趙寬詩三首

行役曾何補江山似有緣雨餘天姥展月下剡溪船遊興塵勞外歸期日至前乘流更風便飛鳥欲爭先

又

片月流清淺千巖鎖翠微子猷如對此乘興定忘歸

又

山色朝來得雨新船頭爭獻王嶙峋人間圖畫應無數誰信丹青自

有真鄭善夫詩曹娥江接剡溪流亂石幽花只漫愁剡曲尚疑安道宅山陰誰上子猷舟何景明剡溪歌溪之水兮幽幽誰與子兮同舟舟行暮入山陰道月濛濛兮雪皜皜千載重尋戴逵宅溪堂無人夜歸早乘興而來興盡休君不見王子猷

晉溪在縣東五十里晉王右軍所經歷處

了溪在縣北十五里舊經云禹鑿了溪人方宅土

長橋溪在縣北八十里自會稽改隸延袤十里許達于江昔年爲林樾土石所淤居民鄭鏵捐貲疏之自是舟楫可通而沿溪之田因爲砩磧引流入洫歲旱不害苗其田價倍於昔矣

新昌東溪在縣東一里其源東南來自天台石橋瀑

布水北逕石笥出青檀別一源出南州北經小將與
青檀合流入羽林又一源南出黄杜北逕天姥山出
羽林合流入縣至虎豫嶺折小派入茭湖南流爲碑
其正派從北流過縣後西北流爲三溪出嵊縣爲剡
溪
王宅溪在縣北三十里源出奉化由沙溪西南入嵊
轉北至杜潭別一源出寧海由三坑西逕唐家洲紆
繞三十六渡北流滙杜潭出嵊縣浦口
澗嵊滌巾澗在縣西北五十里有白道猷滌巾舊迹
新昌放馬澗在縣東三十二里支道林放馬之所或

譏道林養馬不韻答曰貧道賞其神駿[宋]華鎮詩春草茸茸澗水清路人猶記昔時名金羈縱後雙啼逸想見風前蹀躞聲

[浦]山陰射浦在府城南五里越王句踐使陳音教射處音死葬浦西五里一名射瀆

查浦在城西一百里越王句踐陳兵處又一在新昌

會稽鑄浦在府城東南三十里與若耶溪接一名錫浦上有橫梁人家聚落有歐冶祠齊唐家山記事云昔歐冶子鑄神劍之所今爲里俗所祠

炭浦在府城東六十里一名炭瀆越絕書句踐稱炭聚載從炭瀆出吳越春秋吳封越百里東至炭瀆

蟶浦在府城東北四十里俗蓋云多蟶焉先時與海通後築塘隔海淤積成田東自稱山西至宋家漊接山陰界凡二十六里

蕭山漁浦在縣西三十里十道志云舜漁處也宋謝靈運詩宵濟漁浦潭梁丘希範旦發漁浦詩漁浦霧未開赤亭風已颺櫂歌發中流鳴鞞響沓嶂村童忽相聚野老時一望詭怪石異象嶄絕峰殊狀森森荒樹齊淅淅寒沙漲藤垂島易陟崖傾嶼難傍信是永幽棲豈徒暫清曠坐嘯昔又委卧治今可尚唐常建詩春至百草綠陂澤葺鶬鶊別家投漁翁今世滄浪情漚苧爲縕袍折麻爲長纓榮譽失本真怪人浮此生碧水月自澗安流歸而平扁舟與天際獨往誰能名陶翰乘潮至漁浦詩艤棹早乘潮潮來如風雨樟臺忽已隱界峰莫及覩崩騰心爲失浩蕩目無主豗憒浪始開漾漾入漁浦雲景共澄霽江山相吞吐偉哉造化靈此事從終古流沫誠足誡高歌調易苦頗因忠

信全客心猶栩栩【宋】潘閬經漁浦渡詩漁浦風水急龍門烟火微時聞沙上鴈一一皆南飛【陸游詩】桐廬處處是新詩漁浦江山天下稀安得移家常住此隨潮入縣伴潮歸【又】漁翁持魚入船賣烱烱綠瞳雙臉丹我欲從之逝已遠菱歌一曲暮江寒

諸暨槩浦在縣北十九里吳王闔閭弟夫槩所封

山遐浦在縣東八十里舊經山遐斷高公湖爲浦取魚所集千艘後人思之號山遐浦按晉書遐嘗爲餘姚長有聲遺跡乃在此殆不可曉

餘姚呵浦今莫知在何所按南史宋高祖征孫恩虞丘進戍句章城被圍數十日大戰身被數創至餘姚呵浦乃得破賊張驃馬

上虞姚浦水經注縣下有小江源出姚山謂之姚浦逕縣下西流注于浦陽茯山下注此浦浦西通山陰浦而逹於江江廣一里狹處二百步高山帶江重陰被水江閟漁商川交樵隱故桂棹蘭栧望景爭途

杜浦顧墅浦俱在縣西南四十里齊杜景産顧歡授學之地

嵊嶀浦在嶀山下水經注成功嶠以北有嶀浦浦口有廟甚靈

新昌杳浦在縣北水經注浦陽江邊有杳浦浦東流二百餘里與句章接界浦周六里有五百家並夾浦

居列門向水甚有良田有青溪餘洪溪大𤼵溪小𤼵溪六溪列溉散入江夾溪上下崩崖若傾山下衆流前導湍石激波浮嶮四注嘉泰志云昔嘗過之今尚如水經所言可避世如桃源也舊志所述如此不言去縣里數然云嘗過之則非誤矣今縣新志不載縣内水亦別無以浦名者豈遺之耶山陰志有查浦則與蕭山接壤去此殊遠

〔涇〕齊唐云越人謂水道爲涇

會稽逍遥涇在府城東六里相傳潘逍遥所居

樵風涇在府城東南二十五里舊經漢鄭弘少時採薪得一遺箭頃之有人覓箭問弘何所欲弘識其神

人也答曰常患若耶溪載薪爲難願朝南風暮北風後果然世號樵風水經注鄭弘少以苦節自居恒躬采伐用貿糧膳每出入溪津常感神風送之憑舟自運無杖楫之勞村人貪藉風勢常依隨往還有淹留者徒輩相謂汝不欲及鄭風耶其感致如此唐宋之問詩歸舟何處遠日暮使樵風

滙山陰紀家滙在府城西南一百里是錢清江上流餘姚鹹池滙在縣東南十里即餘姚江也至此紆迴數曲折而西南復折而東北每一曲約十餘里數曲間陸行不過十里而舟行則四十餘里東流入慈谿

界旱甚鹹潮來大約亦滙此止耳罕復西也

【川】會稽沉釀川在若耶溪東十道志鄭弘舉送赴洛親友餞於此以錢投水依價量水飲之各醉而去一名沉釀埭

上虞釣川在縣西南七里陶隱居乗槎垂釣於此華鎮云仙馭不返沉槎無迹謂此

【瀆】山陰官瀆在府城西北十里越絕書越王句踐設土官於此

杳瀆吳志王朗攻會稽分軍夜投杳瀆道襲高遷屯

會稽炭瀆水經注句踐鍊冶採炭於南山故其間有

炭瀆吳王封句踐於越百里之地東至炭瀆是也

石瀆在府城東四十八里田坂中有石突起焉

蕭山祖瀆在縣西水經注浙江又東逕祖塘謂之祖瀆昔太守王朗拒孫策策數戰不利孫靜果說策曰朗負阻守難可卒拔祖瀆去此數十里亦是要道也若從此出攻其無備破之必也策從之破朗於固陵今遺跡不可考

渚 山陰離渚在府城西三十里發源自唐里六峰諸山縈廻盤旋合于離渚溪唐康使君所居

新昌梅渚在縣西三十里地多梅傍聚落名梅渚村

港　會稽浪港在樵風涇北天無風亦時有浪北循山逕有一石甚巨嘉泰志云頃歲里人因開逕得石鑪鐵鈴疑爲仙人煉丹之所

嵊故港在縣東北三十里有謝康樂遺跡港在遊謝鄉自港以東爲康樂鄉港東即四明山東鄮山港傍有高冢曰小相公墓

水　山陰名水即冷煖溪

會稽照水在府城東南三里舊經云源出五雲鄉經縣界九十里西南入山陰

平水在府城東南三十五里鏡湖所受三十六源之

水平水其一也水南有村市橋渡皆以平水名元韓性詩

小溪分綠遶平田

隱隱遥遥林淡淡烟

餘姚白水在西四明是瀑布泉

攬水在縣東南二十里亦是四明之東支其山名牛塲山甚高峻山顛溪四抱會爲巨澗而北爲杳湖山其顛有龍潭焉澗北流皆入于潭潭南有池一泓中有小石山如珠曰噴珠池池下懸崖千仞水飛下四時不絕宛若虬龍空中翔又下則如散珠如垂簾激於巖石噌吰有聲似吼似吟無晝夜盈滿人耳是云攬水盖姚邑東南奇觀也山險僻人罕至宋元嘉中

李信自兖避地來家于會稽甞搆亭其間今遺趾尚存凡李氏之裔多葬于是李信噴珠池亭詩并序山從絕頂分澗數十交會中隈滙而爲池池中孤石獨出水面水澄且碧四包孤石望隙下流當隙之口逡巡而立則懸崖千百丈獻奇足下俯瞰山趾前滕不能尺寸而高下相懸如從天漢戶見平地究客南遷登覽樂之搆一草亭于石之上讀書求志對景慨然幽思不已爰賦此章詩山巔瀑布懸龍唫冲入山根無極深若箇手持千斛杓挽升雲漢作甘霖老夫結茅消白晝坐待後人慰我心

嵊二折水在縣西三十里涌沙迴旋繞居民屋舍舊有樓屢興屢廢盖水勢悍急所搏射也

洲府城內翁洲在府學之東是會稽境舊經云徐偃王居翁洲即此今有天慶觀焉

范蠡洲舊經云蠡泛五湖去後人思之名其洲也不知何地

上虞琵琶洲在東山下小江口一名琵琶圻水經注江有琵琶圻圻有古塚墮水甓有隱起字云筮吉龜凶八百年落江中謝靈運取甓詣京咸傳觀焉乃如龜繇固知塚已八百年矣

汀　上虞横汀在東山下

灘　餘姚子陵灘在縣少東江瀨粼粼潮汐上下常有聲盒甚矜釣遊處也宋孫應時客星橋記云然

上虞七里灘在縣東七里通明壩下沙積水淺舟常

待潮而行

瀃 上虞石瀃不知何所南史上虞令王晏起兵攻郡將軍行會稽郡事孔顗以東西交逼不知所爲其夕率千餘人聲云東討寔趨石瀃

潭 山陰月潭在鏡湖三山之西廣袤數畝觀月爲宜然不知其得名之始

懽潭在府城西南百三十里水清味甘

清潭在府城西八十里水清瑩如玉又名碧潭

潮止潭在府城西八十里廣二十餘畝小江潮至此而止其水冬温夏寒

會稽麻潭在若耶溪側舊經云潭深而清孤石聳出水經注麻溪之下孤潭周數畝甚清深有孤石臨潭乘崖俯視猨狖驚心寒木被潭森沉駭觀上有一櫟樹謝靈運與徒弟惠連常游之作連句題刻樹側麻潭下注若耶溪水至清照衆山倒影窺之如畫唐人徵故事聯句古寺思王令孤潭憶謝公

嫡耳潭在府城東十五里一作的耳今呼爲織女潭在董家堰西有董永墓織女鋪獨樹村凡堰之董姓者云悉永後俗傳永賣身葬父遇織女爲永織絹以償傭錢既罷浴於潭而上升按董永遇織女事摘收

於爲善陰隲又見湖廣山東兩志中並云青州千乘人寓楚之孝感其遇織女止曰道遇不言會稽而今邑中盛傳永事於鋪所似非其實縣新志云先輩言吾鄉某昔游太學祭酒丘公濬見問曰會稽有識女鋪汝知之乎對曰不知公具語之則董永事也於是人駭公博學一至此果如文莊言必有所據愚謂文莊涉獵傳記偶記此事漫問之未必即有據意者董姓寔永後上人因其上世有此事相傳言後人因即其地指點久之稍加傅會遂爲古蹟若舜井象田等類耳

白波潭在鏡湖東唐方干陪五大夫遊鏡湖詩白波潭上魚龍氣江樹林中鷄犬聲

射的潭在仙人石室下其深叵測

龍潭在靜林山祈雨屢應

餘姚竹山潭在竹山

鬼嘯潭在游源山邵縣內神龍是宅大旱禱之輒雨傍有龍王廟

上虞彈潭在昇相山之顛垂瀑百餘丈滙於潭潭上巨石隱隱有足迹號仙人迹

黑龍潭在縣東南四十五里兩山外夾潭界其中其山名潭山山之上下凡三潭一潭居山腰前有禮拜石平如掌遇旱禱之恍忽有黑龍見其上潭在山顛人跡罕至土人云每至第二潭則已眩暈不能支矣餘姚輿夫爲余言萬曆十一年嘗傭耕烏山是年大旱烏山鄉民相聚迎龍於茲潭渠亦與焉共舁一木

桶貯水到潭邊拜禱畢則有小青虵見桶中衆舁歸至中途失之急奔往禱而虵仍來比舁至村中大雨滂沱矣凡往迎者其田皆霑足餘田則否靈應如此次日送還潭致敬以謝須臾虵不見

嵊石將軍潭在縣東五十里潭深澄澈中有石突立如勇士

下鹿苑潭在縣西鹿苑寺西源出山顛二小石穴湧流至葛仙翁祠下出二石甕間又一里許石崖壁立瀑布十餘丈下瀦爲潭嘉泰志云頃歲旱投簡潭內劃有聲俄頃水盡黑電自潭發雨驟至如響

響巖潭在縣西四十五里定林寺北雨下則巖響

大湖潭在大湖山頂古稱赤水冊池深可二三丈餘水色赤勺之則清潔神龍居也禱有應

新昌四相潭在縣南七里相傳石氏開義塾時文彥博杜衍吕公著韓絳皆來學曾浴於此蓋傳會甚

長潭在縣西南三十里一名槐潭其源西南自東陽北出夾溪過穿巖別一源南自天台出蓦門溪東轉韓峰逕西與穿巖水合流入于潭又西北流入剡西門唐方干詩波濤漫撼長潭月

雪潭在鰲峰下上有瀑布水高掛巖端可二三丈瀉

于潭潭廣一畝餘清徹可愛

嚴春潭在水瀌北有石澗自東岬山來滙于潭潭深不可測兩傍石壁高數丈水流無聲上有椿樹甚恠覆潭上

夫人潭在縣東五十里棠洲之側石壁高峻下臨深淵過者心怖洪武中僉事唐方之妻死節於此名盖因之

池

府城內王公池舊在西園內景頗佳勝今園廢而池存賤民雜居其傍一洿池耳

龍噴池在卧龍山前

石家池在織染局後

司馬池在如抵倉一名賀家池以上四池近多佃爲民業

龜山魚池[唐元稹詩]勸爾諸生好護持不須垂釣引青絲雲山莫厭看經坐便是浮生得道時[李紳詩]汲水添池活白蓮十千鮮佛盡生天凡庸不識慈悲意自葬江魚入九泉後有題云微之詩戒僧以護生之意及公垂見而笑之未幾果有寺僧罟於池中者故公垂因形之於詩云

鵞池在蕺山戒珠寺前舊經云是王右軍養鵞之所

華鎮考古云逸少既善筆札性復好鵞所在穿池滌墨其傍必有牧鵞之所此池是也一在城外文一在嵊金庭觀側以上隸山陰

洗硯池在白馬山下舊經云是王右軍洗硯處今人

指戢山潢汙爲池非也宋蕭昱詩鳳翥龍蟠萬紙竒墨花堆積幾臨池只今雲影徘徊處猶見當年洗硯時

日月二池相傳錢武肅王有目疾乃浚此二池月池在縣北日池今入縣治中

東大池在東府東坊通廣寧河宋嘉定十七年理宗即位封其父希壚爲榮王以母弟與芮襲封奉祀開府山陰戢山之南曰福王府東大池其臺沼也今府城釀酒者多用此水以上隸會稽

山陰王右軍墨池在府城西南二十五里蘭亭橋東宋華鎮記云聞右軍上巳日脩禊在天章寺有墨池

鵞池皆遺迹池不甚深廣引溪爲源毎朝廷恩命至池墨必先見皇祐中忽三日連發未幾御書至趙清獻公嘗親到池上與僧約曰池墨果見當爲聞于朝既焫香致禱須臾池面墨光黒色倍常因貯於罍獻之任屯田布罷任游山以香酒祭地倏忽墨色見任紹【詩】田曹郎吏何多幸親見池中墨水生【復齋漫録】臨川王右軍墨池毎貢士之歲或見墨汁點滴如潑出水面則必有登第者何右軍多靈異如此

鵞池與墨池相近華鎮記云聞鵞池有白魚長數尺有捕者魚則騰躍而起其鬣如銀下前池而去後復見於池中盖異物也

會稽禹池古放生池也在禹陵前今呼爲禹池舊蓋名永周湖唐天寶二年祕書監賀知章表乞湖數頃爲放生池明年春以黃冠歸賜鏡湖剡川一曲敕永周湖爲放生池府有池放生始此歲久浸湮廢爲民田宋隆興二年郡奏析舊池廢爲田者二百七十頃復爲放生池詔從之池側刱咸若亭後又增明遠閣懷勤亭取宋高宗懷哉夏禹勤之句今並廢自唐乾元後沿江諸州各置放生池一所宋天禧元年又詔江浙等諸州放生池廢者悉興之元無池處沿江淮近城上下五里並禁採捕天聖二年復詔未置者於

附郭三里浚之紹興十三年敕有司以時省視網罟入者以盜論於是放生池所在而有郡屬邑諸暨則在縣東二里其周四十里亦名放生湖池心有小山狀如龜號龜山東有虹梁扁放生橋餘姚即縣南大江東西各一百五十步立石爲界所謂沿江近城上下禁採捕者是也上虞在縣南二百步譙樓前坐道左右嵊有二一在通越門外一在縣西南五十里普會寺東山陰附郭想同會稽一池蕭山新昌舊志不載然不應獨無或習爲常事翻漏記耳

南池在會稽山池有上下二所舊經云范蠡養魚於

此又云句踐棲會稽謂范蠡曰孤在高山不享魚肉之味久矣蠡曰臣聞水居不乏乾熇之物陸居不絶深澗之寶會稽山有魚池於是修之三年致魚三萬今古塘尚存而池皆廢爲田相傳破塘村乃其上池云宋華鎮詩君王旦暮方嘗膽猶築池塘長紫鱗

浴龍池在五雲門外

方千池在府城東十里舊澄波坊唐方處士干所居華鎮考古云雄飛門巷雖改故池未湮即此也干盖字雄飛

鰻池在府城東二十里周圍數頃其北岸有社廟祀

皋陶不知其始
賀家池在府城東二十二里周四十七里南通鏡湖北抵海塘旁有支港四達一名賀家湖
餘姚鴈池在縣南五里雙鴈送虞國歸於此棲宿焉
郗家池在羅壁山晉郗愔池也
阮家池在縣西南三十五里梁文宣太后令嬴故宅池也
向家池在縣南一里許莫考其世今在陳叅政塏宅内不二三丈四面石甃之鄉人云是向敏中家池今城南有向丞相墓慈谿何姓是其子孫按敏中開封

人不應餘姚有墓想其子孫隨南渡者陳參政云高曹向孟四姓俱來餘姚向后是敏中孫女國戚隨從意或近之嘉泰志有項家池在縣南十里

上虞朱公洗硯池在縣西北四十里池側有讀書堂西有朱侍中廟侍中是東漢朱雋舊縣志云買臣遺跡者誤也

謝公洗屐池在東山

嵊王右軍墨池養鵞池在金庭山右軍舊居處也又獨秀山亦有右軍墨池

【泉】府城清白泉在府治內清白堂側范文正公記西

巖下獲廢井泉甘而色白淵然丈餘引不可竭

三汲泉在卧龍山麓泉甚淺不過有水數斗然汲盡已復滿未嘗竭也二泉俱隸山陰

山陰子真泉舊記云在梅山今祠前有井甚洌疑即此泉也山在城北十五里而放翁銘曰東北七里或有誤

宋陸游銘 距會稽城東北七里有山曰梅山山之麓有泉曰子真泉遊者或疑焉智者及道人求笠澤漁父爲之銘銘曰梅公之去漢猶鴟夷子之去越也變姓名棄妻子舟車所通何所不閲彼吳市門人偶傳之而作史者因著其説儻信吳市而疑斯山不幾乎執一而廢百梅公之去如懷安於一方則是以頸血丹莽之斧鉞也山麓之泉甘寒澄徹珠琲玉雪與子徘徊酌泉飲之亦足以盡公之高而歎其決也

半月泉在法華山天衣寺側姚氏叢語唐李紳題天衣寺詩殿湧全身塔池開半月泉此泉隱於巖下雖月圓池中只見其半最爲佳處紹興初僧法聰乃鑿開巖上易名爲滿月甚可惜也

會稽鄭公泉在若耶溪東去葛仙翁釣磯不遠水經注泉方數丈漢大尉鄭弘宿居潭側因以名泉輿地志弘雖居台輔常思故居曾病困思得此泉水家人馳取飲少許便差泉有二脉滴瀝出石罅味極甘宜茶石之上爲行路而泉注溪中非山僧野叟不能知其處宋華鎮詩溪上清泉玉色寒臨泉踏盡石苔斑爲憐北闕乘軒客白首高情在舊山

雲門泉在雲門山泉上舊有亭扁曰好泉取范文正山有好泉來之句今廢唐僧靈一詩泉源新湧出洞徹瘦纖雲稍落芙蓉沼初淹苔蘚文了將空色淨素與衆流分若對清霄月冷然夢裏聞

苦竹泉在秦望山曾文清墓傍林多苦竹泉出其下泓潔宜茶

惠泉在太平山二泉如帶大旱不涸宋晏殊詩稽山新茗綠如烟靜挈都籃煑惠泉未向人前殺風景更持醪醑醉花前

菲飲泉一名菲泉在大禹寺側可數十步

温泉在府城東南八十里

真珠泉在少微山齊祖之家山十詠泉其一也

傅公泉在射的山下傅給事崧卿先墓側初因地坎窪鑿池瀦水每上冢以前茗浣祭器縱五尺衡六尺深半衡之數泓潔甘美士夫謂足方公清德遂目曰傅公泉

蕭山香泉在石巖山方四尺深尺許

佛眼泉在城山

洗馬泉如池在城山

諸暨稻種泉在縣西二十五里源出范蠡潭山其流溉民田甚廣他鄉多求穀種於此一名靈泉溪

乾薑泉在乾薑山清潔殊異越王用此水造薑

餘姚龍泉在龍泉山之趾宋高宗飲之甘因取十甕以去宋王安石詩山腰石有千年潤海眼泉無一日乾天下蒼生望霖雨不知龍向此中蟠又人傳湫水未嘗枯滿底蒼苔亂髮粗四海旱多霖雨少此中端有卧龍無蘇軾詩餘姚古縣亦何有龍井白泉甘勝乳千金買斷顧渚春似與越人爭日注

華清泉在陳山之半一名旋井相傳昔有人得一鰻於井持歸爨而烹之俄而失鰻後數日見其游泳於井而有爨痕疑其龍云宋元豐中楊景謨顧臨同遊酌泉賦詩

姜女泉在姜山其水清冽有木葉蔽之去葉則濁寶慶志云俗呼爲姜女池姜女不知何時人傍有淨凝

寺池廣不及丈旱不涸雨不盈寺之飲濯皆取給焉池中草嘗蕪沒僧稍芟治泉即竭禱祈久之乃如故此頗爲異

上虞姥婆泉在五癸山西趾味清冽行人爭飲之

嵊偃公泉在縣北三里明心寺側僧仁偃施水於此

沸泉在石門山下溪坑其穴周四五尺常如湯沸自下交起四時不竭

新昌蒙泉在九巖山下慧雲寺東廡出石罅間唐姚祐詩飲鹿花間壯此山遊人多作慧泉看龍津有脉來無盡茶碗浮珠潤不乾在沼客扶雲漢自結冰深透滑瓶寒他年欲給千僧供更接蒼筤幾百年

醴泉在獨秀山麓味殊甘美

杖錫泉在沃洲山下唐僧靈徹之故迹

井

府城内鰻井在寶林山舊經云井有靈鰻或時出現墨客揮犀云越州應天寺鰻井在盤石上其高數丈井纔方數寸乃一石竅鰻時出遊人取之置懷袖間了無驚猜如鰻而有鱗兩耳甚大尾有刃迹相傳黄巢嘗以劍刺之凡鰻出遊越中必有水旱疫癘之災鄉人嘗以此候之華鎮考古云飛來山下石井大如盆盂無耗溢有二鰻文采煥爛世言下徹滄海好事者以綵綫懸錢探之極兩絍不得其所止

方井在卧龍山足今名卧龍泉宋齊唐有詩

烏龍井在卧龍山巔水甚冽宋淳祐間趙與傑浚以上俱隸山陰

山陰較井舊傳井有三較今人以爲温泉鄉銅井即是又一在嵊

梅福丹井在梅里尖

陸太傅丹井在府城西北法雲寺佛殿前少東太傅昔以直集賢院守鄉邦晩謝事居寺東舊墟故廬辟穀煉丹專汲此井十餘年容貌不衰嘉泰志云丹已八轉忽變化飛去太傅乃洗鑪鉢水飲之數口不疾而逝又以餘水分諸孫飲者三人中大必年八十六祠部傳年九十

承奉倚年八十三
其說近誕姑存之
浮丘公丹井在府城西一百二十里
會稽禹井在會稽山水經注山東有硎去廟七里深
不見底謂之禹井云
錢王井凡數十大抵多在五雲稽山門外甃以石水
高於地不溢不涸方暑時行道甚以爲惠相傳皆錢
鏐所浚
葛仙丹井嘉泰志云在雲門淳化寺佛殿西廡之外
僧房中泉味甘寒冠一山唐時有長松樹近已槁死
六十年前故老猶有見之者又云今有松偃蹇夭矯

如龍正覆井上若護此泉者眞可異也但僧輩頗戕其小枝爲可惜耳今殿廡已非故址而井在殿外竹林中［唐］顧況詩野人自愛山中宿況在葛洪丹井西門前有箇長松樹夜半子規來上啼［宋］陸游詩葛洪丹井一千年翁去丹飛餘此泉炯如古鏡不拂拭俯聽鈌甃時鏘然神龍受命護泉卧蜿蜒直空從天墮人言神物老愈靈夜半聲酣風雨過放翁還山亦何有閉門吟笑龍爲友客來相對聊曲肱但酌此泉勝酌酒［高似孫詩］竹屋虛明卧古松葛仙丹井尚遺蹤目長無事同僧話指點雲邊三四峯［明］吳駟詩團團石甃冷蒼苔仙客雲游竟不來寂寞斜陽叢壑底藥爐丹竈盡塵埃又一在禹穴側華鎮考古云葛稚川煉丹於宛委山下有遺井大如盆盂其深尺許清泉湛然［唐宋之問詩］著書惟太史煉藥有仙翁

何公井在雲門山西梁何胤所居也［唐宋之問詩］樵逕謝村北學井

何巖
東

巖裏九井在府城東南七十里巖口山下深不可測舊傳每震電時有巨魚揚鬐其中爭以網取之不可得山頂有巨石如塔高峻人不可至其左清溪瀉流上有石洞若大厦可容數十人景極幽勝

歐冶井在鑄浦齊唐錄鑄浦事云有淬劍大井存焉

蕭山金泉井在縣西一里嘉泰志云今爲居民徐氏園每縣務醖酒取汲於此士大夫家釀酒亦多用之故縣多名酒亦名酒泉縣新志云其色瑩潔今釀䋲用焉

瀋井在縣西南七里井高於路數尺其水可掬意瀋水源或出於此

石井在連山傍小山上上廣下曲秉燭而入不盡數十級相傳謂妃子墓

白龍井在航烏山巔

諸暨鴟夷井在城中翠峰寺

丁令威井在縣東北西巖山西岳寺相傳亦云是煉丹井

硯水井在縣東南光山永福寺梁武帝讀書堂側云是武帝遺跡

楊家井在盤龍山相傳飲之能已疾

餘姚葛仙井在龍泉山巔

上虞舜井在百官市舜帝廟北東西各一昔湮爲二墩吴越時錢王鏐復浚得識記寶物錢鏐記吳越寶正中旌教寺僧義恩奏云按圖經西北去三十五里有舜井二口深三丈舜子生時井爲湧泉即淘金之處也世傳秦始皇封塞今作兩墩存焉各高一丈相去三十餘丈晉宋以來僧爲佛寺鄉人或遇耕鋤多得古塼甃石南去半里有舜廟北去半里爲百官橋東去二百步有機證院唐僖宗朝賜額寶正三年閏八月初九日奏上當月十四日錢王差西都上直官五十人東都上直官五十人賫火粮畚鍤至井所開掘得識記寶物一百二十餘件都抽領西都上直廂虞候盛瑗東都上直廂虞候孫弘西都隨身虞候閭丘稔勾當拜祭内直殿十將于軒十六日鑿西井十九日得銀環六赤珠一金合一古文錢二千三百四十琥珀珠一當

十大錢三當五十大錢二十四太平百錢直百三銖二十四大錢二百五十四五銖錢九百六十貨泉錢二百八十半兩錢三十石獅子一鐫其背曰重華井天明可開腹内有水精珠一東井得銀塔一高一尺五層内有金瓶舍利二顆散金瓶二金鈴六銅鈴一銀環六銀鈴一水精珠十四琥珀珠九雜珠大小三十五小琥珀獅子三十瑪瑙珠七玉人一玉環一銅鏡三銅爐一小瑪瑙珠六玉瓶一以上共三十四件並有石匣盛之題云唐元徽四年於此造塔鎮井西井有重華石一片濶三尺厚九寸左右有索痕深二寸官中令造深沙神一軀足履四石寶正四年六月廿九日差錢文殷祭神鐫云吳越國王寶正三年八月十九日重開舜井收得重華石一片切恐年移代遠莫測端由特令鐫刻用記年月巳丑歲林鍾之月二十九日天下都元帥吳越國王記　又一在象田山南唐朱餘慶詩碧甃磷磷不記年青蘿深鎖小山顛向來下視千尋水疑是蒼梧萬里天　又餘姚歷山亦有舜井

金罍井在縣南半里許漢魏伯陽遺迹晉太康中浚

治得金罍上之於朝其下更有九小井泉甘而冽元時作亭其上後圮正德間新構石亭

焦家井在縣東通明門外舊經云昔焦贛卜地穿此井水味甚甘今名唐家井

蕭家井在縣東等慈寺西廡之側舊志云本梁蕭氏所捨宅也

龍頭山井在龍頭山崖石間水經注清泉常冽南帶長江北連上陂

磨劍井在伏龍山之陰世傳吳越王曾磨劍焉深可七尺廣半之

嵊趙廣信井在小白山俗呼趙仙湖亦煉丹遺迹

大士井在宣妙寺水味清美甚無底止

石井在寔性寺輿地志云城内有石井深五丈即此是也

明覺寺七井大者濶一丈深五尺有靈鰻大如椽常見

新昌七星井凡七眼布列於縣直街如七星然宋知縣林安宅浚

齊公井在石城山

天井在南明洞頂用以洗目愈目疾

鍾井在縣東三十里其地名鍾井村患痢及腹痛者飲之即愈

上虞

渡　會稽曹娥渡在府城東九十里絕江而過隔岸爲上虞

蕭山西興渡是爲錢塘江東岸在縣西十里吳越通津也有官舟水工二十四人其私舟姓名亦各隸於官有罹傾覆之變者官以法治之唐周匡物西陵待渡詩萬里茫茫天塹遥秦皇底事不安橋錢塘江上無錢渡又阻西陵兩信潮

上虞百官渡在百官市口宋李光詩曉雨微茫水接天隔江茅店有炊烟杖藜獨步沙頭路猶記當時趕渡船

嵊東渡西渡南渡水經注江水翼縣轉注故有東渡西渡焉東南二渡通臨海泛單舟爲浮航西渡通東陽連二十五舟爲橋航宋王性之雪後渡西溪詩雪後孤村一段煙晴光遠照王山川酒旗隔步招賢客獨上西溪渡口船按宋以前江水遶四門故有此三渡今則溪流直東下非舊道矣北門猶存古溪蹟云

新昌三溪渡在縣西二十里舊有石橋每春夏水暴漲即壞萬曆中知縣田琯置渡舟以濟之

津

上虞南津水經注孔靈符遏蜂山前湖以爲埭埭下開瀆直指南津

橋

府城内府橋在鎮東閣東寶慶志云舊以磚甃不

堅久守汪綱乃盡易以石橋既寛廣翕然成市

酒務橋在府南一里

鳳儀橋在府南百餘步俗呼爲懊來橋以近司獄司故

拜王橋在府西南獅子街舊傳錢王鏐平董昌郡人拜謁於此又名登瀛橋

北海橋在府西北二里許俗傳唐李邕寓居之地

火珠橋在火珠山下今名弘濟橋又名寶珠橋

萬安橋在府西北新河嘉泰志云蜀馮氏居於河之北築園於河之南作橋以通往來

王以成

江橋在府東北二里許山陰記云宋江彪所居之地今郡人以爲江文通故居非也

草貌橋在府東北嘉泰志云舊傳此地在州城外俗謂征稅之所爲貌此以在郊故名草貌

題扇橋在戢山下晉書羲之傳嘗在戢山見一老姥持六角竹扇賣之羲之書其扇各五字姥初有愠色因謂姥曰但言是王右軍書以求百錢姥如其言人競買之他日姥又持扇來羲之笑而不答華鎮考古云舊橋在解愠方以上俱隸山陰

狀元橋在府東南四里許宋詹騤所居里也

竹園橋在禮遜坊

都亭橋亦在禮遜坊越絕書秦始皇東遊之會稽以甲戌到大越舍都亭都亭之名始此傍有廢井傳云薊子訓賣藥之所

大夫橋在東郭唐張志和所居里也

望花橋在府學前嘉泰志云其地多蓺花爲業蓋宋時然

鍾離橋在府南二里漢鍾離意遺跡

仰盆橋與覆盆橋相望中小橋曰望郎橋在府東南三里許相傳是朱買臣出妻遺跡然買臣自吳人今

姑蘇志具載之大抵越中所傳買臣事多由會稽字
傳會

斜橋在府東北三里其傍多客邸四明舟楫所集

廣寧橋在都泗門内漕河至此頗廣屋舍鮮少獨士民數家在焉橋上正見城南諸山宋紹興中有鄉先生韓有功復禹爲士子領袖暑月多與諸生納凉橋上有功没其徒朱襲封亢宗作詩懐之朱亦修潔士云　明隆慶中漸把華嚴寺僧性賢募縁重修朱亢宗詩河梁風月故時秋不見先生曳杖遊萬疊遠青愁對起一川漲緑淚爭流

鏡水橋在府東四里宋趙處士仲微所居以上俱隸

會稽
山陰杜浦橋在府城西北十五里漕河傍嘉泰志云自此而南烟水無際鷗鷺翔集過三山遂自湖桑埭入鏡湖
柯橋在府城西北三十里漢地志上虞縣仇亭柯水東入海或云此即柯水橋東有城隍行宫
魯墟橋在府城西北十五里南爲漕河北抵水鄉如三山吉澤南莊之屬又北復爲漕河漕河之北復爲水鄉湫然抵海謂之九水鄉葢大澤也宋曾幾詩談誇水鄉勝謂不減吳松

梅市橋在府城西北二十里唐趙嘏贈山陰叟詩住近梅橋市嘗稱魯國人

蘭亭橋在府城西南二十五里晉王右軍脩禊處橋下細石淺瀨水聲晝夜不絕跨橋爲舍暉亭宋吳長文詩秦望奇峰北天章古寺東石橋跨驚瀨雲屋麗層穹

亭山橋在府城南十五里近鏡湖諸溪之水滙焉

大虹橋在府城西南四十里雄架湖上

錢清橋在府城西北五十三里舊以木柵爲浮橋弘治八年邑人周廷澤乃建今橋焉

會稽靈汜橋在府城東二里石橋二相去各十步吳越春秋句踐領功於靈汜水經注城東郭外有靈汜

下水甚深舊傳下有地道通於震澤漢書有靈文園此園之橋也汜一作圯尚書故實辨才靈汜橋嚴遷家赴齋蕭翼遂取蘭亭俗呼爲靈橋唐李紳詩靈汜橋邊多感傷水分湖派達四塘元稹詩靈汜橋前百里鏡石帆山擁五雲溪

春波橋在千秋觀前取賀知章春風不改舊時波之句

三橋在府城東南五里有橋三其中橋有亭扁通濟鏡湖分東西以此爲限然以地勢考之恐亦非古也今廢

五雲橋在府城東二十六里有亭扁曰溪山奇麗舊

跨溪今在平陸矣

平水橋在平水市北

雲門橋在若耶溪南橋東百餘步又有小石橋架亭其上曰麗句亭【唐宋之問詩】鴈塔鶱金地虹橋轉翠屏

石橋在廣孝寺前【宋蘇舜欽送張行之詩】五雲山下石橋邉六月溪風洒面寒今正炎天君獨往松間尋我舊題看

洞亭橋在陽明洞前架小亭其上自橋東數十步又有闞牛觀山二橋入龍瑞宮

告成橋在禹廟西

蕭山夢筆橋在縣城內江寺前自橋至寺三十步【宋縣

清臣記初齊建元中左衛江公捨所居宅爲大福田斯橋之興與寺偕始天聖記號之二年李君以廷尉評宰是邑惜江氏之寖微乃諭居儈俾募信施經始不日而功用有成又作駐節亭於橋之北文多不盡載華鎮詩綠波照日情無柰碧草連天恨未消欲問夢中傳彩筆梛絲低拂曲欄橋

白鶴橋在白鶴鋪前東與山陰界唐李紳詩未見雙童白鶴橋

漁臨關橋在縣東十五里明田惟祜記縣之來蘇鄉濵東小江名單家堰而工部抽分廠在小江之西永樂間有木橋尋廢嘉靖中主政薛公議建石橋未果今林公朝乃成之給羨餘爲工費橋五洞長十餘丈

高遷橋在縣北五里十道志云董襲見孫權於此吳志孫策入郡郡人迎于高遷注永興有高遷橋

諸暨義津橋在縣南門外唐天寶中縣令郭密之建

太平橋在縣東門外舊爲浮橋景泰元年知縣張鉞易以石長三十六丈廣二丈五洞

千溪橋在縣東北六十二里傳以爲吳千吉所居［宋陸游詩］南劍歸來席未温南行浩蕩信乾坤峰回内史曾游地竹暗仙人舊隱村白髮孤翁鋤麥隴茜裙小婦闖籬門行行莫動鄉關念身似浮萍豈有根

餘姚江橋在縣南門外折而東三十步許宋慶曆間令謝景初始用木跨江橋之尋壞崇寧五年邑人莫若鼎乃建石橋名德惠橋甚高大其傍有碑云海船過而風帆不解建炎三年金兵焚之紹興初縣令蘇忠規復建雖稍不逮昔尚爲壯觀淳熙中壞王司業

遂捐貲爲木橋巨木五接架空負石勢若虹偃至咸淳復壞司業之孫應龍新之壯偉加於昔易名虹橋德祐二年張世傑焚之元縣尹杜仲仁更名王應龍再建欄楯未畢復壞延祐中知州夏賜孫造浮橋以濟會僧惠興請作石橋官許之經始有緒而僧卒羽士李道寧繼其役州判官牛彬捐俸倡焉至順三年橋乃成名曰通濟三洞長二十四丈高九十六級近年南洞稍圮邑人徐主簿倫募金修之復完

黃山橋在大黃山北莫詳其始建歲月其燬而再建也在宋紹熙間名善政橋元至順中嘗修之至正間

復壞僧自悅重建潮汐奔潰不可置一石自悅祝天願少卻潮忽竟日不至乃併力基之橋成適方國珍之弟國珉來鎮邑諛珉者更橋之名曰福星初爲二洞高危舍敗　明正統三年改爲三洞嘉靖三十四年倭寇卒自海上來居民計無所出遂毀橋明年城東士大夫各以義捐金復建橋石柱而木梁尋復屋其上中或塑神佛像焉橋南建敵樓石甃如城門

隱鶴橋在縣東南十五里唐莫盛携鶴至此鶴忽隱不見

戢揚橋在縣南四里宋宣和三年賊寇犯境縣遣顧

秀才徵所部鄉夫鑿壕龍泉山後寇乃取道鳳亭欲自南門橋入越帥劉述古率官軍迎戰於此敗其衆今訛爲轉糧橋

大黄橋小黄橋在縣西南三百步許水經注江水東逕黄橋下盖黄昌宅橋也跨小涇傍北臨江

新橋在縣西北二十里舊跨長泠港曰長泠橋亦名方橋　國初置臨山衛斥官道遷長泠之橋爲新橋

明謝遷答馮憲副蘭方橋道中見懷詩　方橋徒步記當年今日經過一愴然老去柱門深避俗閑來命駕偶隨緣乗桴嗤我從游海煉石憑誰詫補天邂逅行窩仍一笑聯床剪燭話心便

客星橋在客星山北橋與安山並今呼爲安山橋

航渡橋在蠋溪湖中石匱山東湖塘百餘丈橫截梅湾湖口橋當其東半不至岸五六丈石柱屹立水中爲洞五石梁架其上濶可三尺長五丈餘規式朴野而景物擅二湖之勝峽中風自南颷颷來盛夏不熱

横河橋在孤山東北三洞下爲閘蓄東北諸鄉之水

上虞通濟橋在縣南一百步舊名通村橋宋紹興中王吏部羲昭重建名通利元至元中改今名

楊橋在縣南一里去曹娥廟三十里世傳曹操殺楊脩處盖傳會也宋嘉定中浚玉帶溪得石刻楊橋二字陳光祿絳云昔子孟嘗爲合浦太守以病自止隱處

窮澤身自耕作隣縣士民慕其德就居止者百餘家同郡尚書楊喬前後八上書表其賢今縣東一里有孟閘云是嘗故宅宅西有楊喬巷橋名或由此曰窮澤者此時尚不爲縣縣盖在百官云

九獅橋在縣東等慈寺前

姜家橋在縣西五十步二橋傍俱有則水牌

孟宅橋在縣東門外其南漢孟嘗宅也宋華鎮詩溪上還珠太守家小橋斜跨碧流沙清風不共六門墻改長與寒泉起浪花

百官橋在百官市亦名舜橋

學堂橋在朱侍中廟前

嵊子猷橋在縣東五里晉王徽之子猷返棹處也世說王子猷居山陰夜大雪眠覺開室命酌酒四望皎然因起彷徨詠左思招隱詩忽憶戴安道時戴在剡即便夜乘小舟就之經宿方至造門不前而返人問其故王曰吾本乘興而行興盡而返何必見戴宋王十朋詩千古剡溪水無窮名利舟閑中乘雪興惟有一王猷曾幾詩小艇相從本不期剡中雪月並明時不因興盡回船去那得山陰一段奇宋子儀詩四山搖玉夜光浮一舸玻璃凝不流若使過門相見了千年風致一時休王銍詩我家住在剡溪曲萬壑千山看不足却笑當年訪戴人雪夜扁舟去何速明胡淮詩百尺長橋卧碧波依依兩岸枕青莎絕憐一夜扁舟興贏得芳名萬古多張姪詩千山雪霽玉嵯峨百里衡寒特地過總使興闌回棹去絕勝俗客到門多王世貞題剡溪障子詩晉有王子猷風流掩前輩高展郗

公門拄笏馬曹歲歸來百事稀種竹凡幾圍貪看鏡湖白坐失青山輝風吹大空雪片片鏡中飛千巖鳥雀凍不喧田父壚戶鑪頭眠孤棹蒼烟放歌去故人應在剡溪邊人間戴生寧易得其若歸心浩還發空林無枝王菱亂獨破寒流載明月相逢稚子候荆扉東方漸高跡已微偶然適意差足快千載何人勞是非誰爲強被丹青色今予欲訪山公宅荻花茫茫不知路中夜披圖興蕭瑟

謝公橋在縣西一里因康樂得名橋下沿溪陡門

西門橋在縣西門外弘治中邑民王漢二自捐千金甃石橋垂成洪水衝壞嘉靖二十四年知縣譚濬因舊跡益以梭墩十四上横架石梁可通輿焉

新昌石橋在縣東七十里水經注浦陽江東逕石橋廣八丈高四丈下有石井口徑七尺橋上方石長七

尺廣一丈二尺橋頭有磐石可容二十人坐溪水兩傍悉高山山有石壁二十許丈溪中相攻鼂響外發未至橋數里便聞其聲輿地志云剡東百里有石橋里人傳云舊路自石筍入天姥今石筍橋下一大井與水經頗合疑今石橋即昔之石筍橋也唐項斯寄石橋僧詩逢師人山日道在石橋邊別後何人見秋來幾處羣溪中雲隔寺夜半雪添泉生有天台約知無郄出緣

司馬悔橋在縣東南四十里一名落馬橋唐司馬承禎隱天台山被徵至此而悔因名

古松橋在縣東北二十里當台寧三水交衝之地邑人劉炳建疊石覆板其上復架以屋如樓閣

[步]會稽平水步

諸暨硯石步

上虞石馳步不知何處述異記云在上虞

[塘]山陰富中大塘舊經云富中里是也越絕書句踐治以爲義田肥饒故謂之富中十道志句踐以田肥美故富中晉左思吳都賦富中之甿貨殖之選

古塘在府城西南二十五里晉太守謝輶築

抱姑塘在府城西五十二里上連鏡湖下接小江世傳塘初刱之時隨築隨潰一老嫗苦之赴水死其婦痛之亦赴水死抱姑屍出水塘遂成

吳塘在府城西三十五里越絶書句踐已滅吳使人
築塘東西各千步名曰吳塘
會稽鍊塘在府城東五十五里越絶書句踐采錫山
爲炭聚載從炭瀆至煉塘各因事名之水經銅牛山
北湖下有鍊塘里句踐鍊冶之處
菁江石塘在府城東六十里俗稱石塘越絶書石塘
越所害軍船也塘廣六十五步長一百五十三步宋
淳熈九年令楊憲重築加甃塘岸一里餘
刑塘在府城北十五里賀循記云防風氏身三丈刑
者不及乃築高塘臨之故曰刑塘然塗山東又有斬

將臺亦云斬防風者未知孰是宋張伯玉詩防風獨殭梁後至行趑趄天威不可捨敗骨盈高車至今憔悴煙慘淡藏封隅華鎮詩汪芒後至知何用敗骨空專一素車

傖塘在府城東五十里舊經云昔傖楚共築此塘堰水溉田

紹興府志卷之八

蘭亭圖
北
洗墨池
蘭亭
浴鵞池
東至官路
七眼橋
月池
南

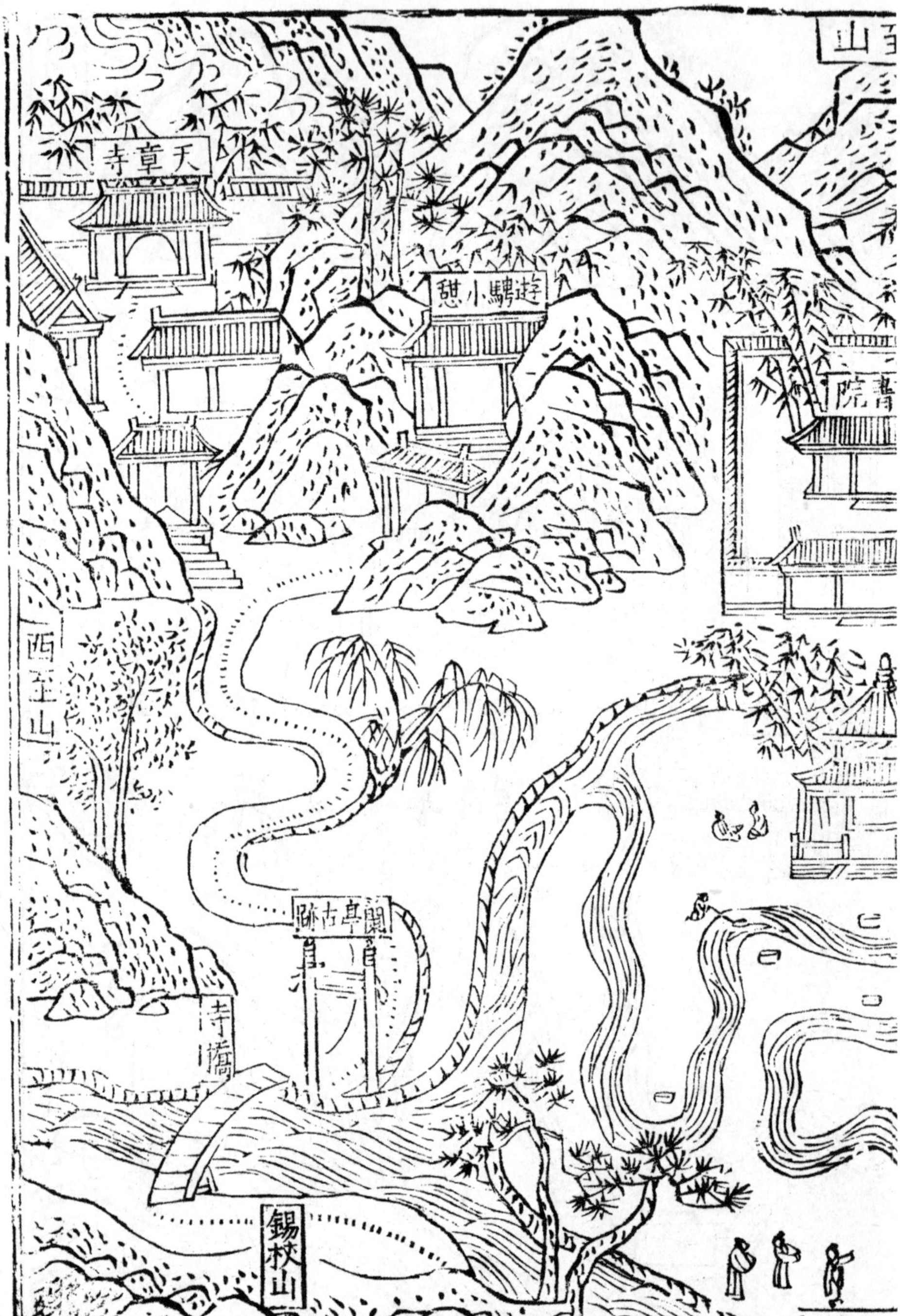
至山
天章寺
遊騁小憩
書院
西王山
蘭亭古跡
寺橋
錫杖山
至溪

紹興府志卷之九

古蹟志一

臺壇　宮　室　闕　亭　樓　閣　堂

軒　齋　榭

臺 府城內靈臺在龜山山陰境吳越春秋云起游臺其上又云冠其山巔以爲靈臺水經注起靈臺於山上作三層樓以望雲物

山陰望烏臺王子年拾遺記云越王入吳有丹烏夾王而飛故其霸也起望烏臺以表其瑞今溫泉鄉十九都鏡湖傍山有望湖臺舊址或云即其處也

賀臺水經注長湖山之西嶺有賀臺越入吳還而成之

斬將臺在塗山東禹會諸侯防風氏後至以其人長築臺斬之

駕臺越絶書周六百步今安城里吳越春秋駕臺在於越丘

會稽離臺在府城東南二里越絶書周五百六十步今淮陽里丘吳越春秋起離宮於淮陽

中宿臺又作中指臺越絶書中指臺馬丘周六百步今高平里丘吳越春秋中宿臺在於高平

宴臺在府城東南吳越春秋宴臺在於石室吳王聞越王石臺之遊未嘗敢上以爲畏法服威也

呼鷹臺在石姥山相傳有異人登巖呼鷹鷹即下揮即去

陶朱公釣臺十道志云在會稽縣南

蕭山越王臺在城山〔唐宋之問詩〕江上越王臺登高望幾回南溟天外合北户日邊開地濕烟常起山晴雨半來冬花採盧橘夏果摘楊梅跡類虞翻枉人非賈誼才歸心不可度白髮重相催〔李白詩〕西陵拱越臺按府城內卧龍山亦有越王臺未知孰是然此二詩所詠似與此地形勢相合故附於此

諸暨靈女臺在縣東北

餘姚祭忠臺在龍泉山絶頂臺即巖石也正統間宦官王振用事翰林侍講劉球疏之死詔獄姚人成器與劉素絶知面夜率同志設鷄酒祭之後人因名其陳俎之石曰祭忠臺石傍刻三大字爲王新建守仁書

上虞葛洪釣臺

陶弘景釣臺皆山巖石其山皆名釣臺山

王弘之釣臺在蘭芎山宋王弘之傳性好釣上虞江有三石頭弘之嘗垂綸於此人問得魚賣否答曰釣自不得得亦不賣

新昌任公子釣臺在南巖山半壁磯石也

壇

會稽松花壇在雲門唐大曆中嚴維呂渭茶宴於此**聯句**幾歲松花下今來草色平遶壇烟樹老入殿雨風輕

諸暨范蠡壇在縣南九里有陶朱公祠

宮

山陰浴龍宮在迎恩門外虹橋北宋理宗母全氏家也理宗童時值秋暑偕弟與芮浴于河鄰人余天錫自杭來舟抵此忽雷雨帝與與芮趨避舷側天錫臥舟中夢龍負舟驚起視之則兩兒也問之爲全保正家兒乃登岸詣全氏主人具鷄黍命二子出侍因謂天錫曰此吾外甥趙與莒與芮也日者嘗言二子

後當極貴天錫爲史彌遠門客時彌遠有廢立意屬天錫密訪宗子之賢者適感此異遂還白彌遠後卒代濟王爲帝今橋側會龍石尚在

會稽美人宫在府城東五里越絶書周五百九十步陸門二水門一今北壇利里丘土城句踐所習教美女西施鄭旦宫臺也女出於苧蘿山欲獻於吳自謂東垂僻陋恐女樸鄙故近大道居

室 山陰金堂玉室晉書許邁傳邁嘗遺王右軍書自山陰南至臨安多有金堂玉室仙人芝草左元放之徒漢末諸得道者皆在焉宋蘇軾詩金室玉堂餘漢上桃花流水失秦人又詩

若逢逸少問金堂
應與稽康留石髓

會稽氷室越絶書東郭外南小城者句踐氷室去縣三里句踐之出入也齊於稷山往從田里去從北郭門炤龜龜山更駕臺馳於離丘遊於美人宮興樂中宿過歷馬丘射於樂野之衢走犬若耶休謀石室食於氷厨領功銓土巳作昌土臺藏其形隱其情一曰氷室者所以備膳羞也

【闕】山陰雙闕舊經云城北門外雙木闕夾道闕樓內有築土漢時載長安土以爲闕也水經注越事吳故北其門以東爲右西爲左也故雙闕在北門外闕外

百步有雷門門樓兩層句踐所造時有越之舊木矣州郡館宇屋之大氐亦多是越時故物

亭府城内東武亭在龜山以山自東武飛來也唐元稹酬題東武亭詩役役閑人事紛紛碎簿書功夫兩衙盡留滯七年餘病痛梅天發親情海岸踈因循未歸得不是憶鱸魚李紳詩蘭鷁對飛魚棹急彩虹翻影海旗摇

候軒亭圖經唐觀察使李紳嘗於府東建候軒亭龔明了蓀光錄稱皮光業微時夢亭上偶人皆列拜覺而自負後果知東府事嘉泰志稱宋時故老云翟忠惠公帥越亭尚無恙公出有風習其纖寘闌干上或謂亭神實爲祟也公怒即日撤毀之今市人猶稱軒

亭西溪叢語紹興府軒亭臨街大樓五通神據之土人敬事翟公巽帥越盡去其神改爲酒樓神座下有一大酒字亦非偶然目爲和旨樓取食貨志酒酤在官和旨便人

蕺山亭在蕺山巔嘉靖十五年知府湯紹恩推官陳讓建三亭俱山陰地

山陰白樓亭在常禧門外附城起今有白樓堰焉水經注重山大夫文種之所葬也山上有白樓亭亭本山下縣令殷朗移置今處沛國桓儼避地會稽聞陳業履行高潔往候不見儼後浮海南入交州臨去遺

書與業不因行李繫白樓亭柱而去升陟遠望山湖滿目也則似在卧龍山顛未知何地是會稽記曰亭在山陰臨流映壑也世說孫興公許玄度共在白樓亭商略先往名達林公旣非所關聽訖云二賢故自有才情宋徐天祐詩江左名流共往還白樓何許只青山不須商畧閑今古物換星移俯仰間

柯亭漢時名高遷亭在府城西三十里伏滔長笛賦序云蔡邕避難江南宿柯亭之館取屋椽爲笛注柯亭在會稽郡張騭文士傳蔡邕告吳人曰吾昔嘗遊會稽高遷亭見屋椽中東第十六根可以爲笛取用果有異聲劉宋時孫法亮攻没郡縣會稽太守褚淡

之破之於柯亭賊遂走永興即此地也今亭已廢爲

柯橋寺唐胡曾詩一宿柯亭月滿天笛亡人没事空傳中郎在世無甄別爭得名垂爾許年

蘭亭在府城西南二十七里越絶書句踐種蘭渚田晉右軍將軍會稽內史王羲之與同志太原孫綽陳留謝安及其子獻之等四十二人修禊於此水經注湖南有天柱山湖口有亭號曰蘭亭亦曰蘭上里太守王羲之謝安兄弟數往造焉吳郡太守封蘭亭侯盖取此亭以爲封號也太守王廙之移亭在水中晉司空何無忌之臨郡也起亭於山椒極高盡眺矣亭宇雖壞基陛尚存按秦法十里一亭亭者猶今之鋪

也故有亭長有亭候蘭亭柯亭楊亭嵊亭皆此類右軍亭稱會稽山陰之蘭亭亦若云山陰之某里某鋪爾自是後人遂以蘭亭若爲右軍遊宴之亭榭者然非其本矣王羲之自作蘭亭修禊叙永和九年歲在癸丑暮春之初會于會稽山陰之蘭亭脩禊事也群賢畢至少長咸集此地有崇山峻嶺茂林脩竹又有清流激湍暎帶左右引以爲流觴曲水列坐其次雖無絲竹管絃之盛一觴一詠亦足以暢叙幽情是日也天朗氣清惠風和暢仰觀宇宙之大俯察品類之盛所以遊目騁懷足以極視聽之娱信可樂也夫人之相與一世或取諸懷抱悟言一室之内或因寄所託放浪形骸之外雖趣舍萬殊靜躁不同當其欣於所遇暫得於己快然自足不知老之將至及其所之既倦情隨事遷感慨係之矣向之所欣俛仰之間以爲陳迹猶不能不以之興懷況脩短隨化終期於盡古人云死生亦大矣豈不痛哉每覽昔人興感之由若合一契未嘗不臨文嗟悼不能喻之於懷

固知一死生爲虚誕齊彭殤爲妄作後之視今亦猶
今之視昔悲夫故列叙時人録其所述雖世殊事異
所以興懷其致一也後之覽者亦將有感於斯文一
十一人詩二篇成羲之詩代謝鱗次忽焉以周欣此
暮春和氣載柔詠彼舞雩異世同流乃携齊好散懷
一丘又仰視碧天際俯瞰綠水濱寥朗無涯觀寓目
理自陳大矣造化功萬殊莫不均群籟雖參差適我
無非親瑯琊王友謝安詩伊昔仙子有懷春游契茲
言執寄傲林丘森森連嶺茫茫原疇逈霄垂霧凝泉
散流又相與欣嘉節率爾同褰裳薄雲羅物景微風
翼輕航醇醪陶丹府兀坐遊羲唐萬殊混一象安復
覺彭殤司徒左西屬謝萬詩肆眺崇阿寓目高林青
蘿翳岫脩竹冠岑谷流清響條鼓鳴音玄蕚吐潤霏
霞成陰又玄冥卷陰旗句芒舒陽旌靈液被九區光
風扇鮮榮碧林輝英翠紅葩擢新莖翔禽撫翰遊騰
鱗躍清泠左司馬孫綽詩春咏登臺亦有臨流懷彼
伐木肅此良儔俯林陰沼旋瀨縈丘穿池激湍連濫
觴舟又流風拂狂渚亭雲蔭九皋鶯羽吟脩林游鱗
戲瀾濤攜筆落雲藻微言剖纖毫時珍豈不甘忘味
在聞韶行參軍徐豐之詩俯揮素波仰掇芳蘭尚想

賢客希風永歎〔又〕清響擬絲竹班荆對綺疏零觴飛
曲津歡然朱顏舒前餘杭令孫統詩茫茫大造萬化
齊軌罔悟玄同兢異標旨平勃運模黄綺隱几凡我
仰希期山期水〔又〕地主觀山水仰尋幽人蹤迴沼激
中逵疎竹間脩桐因流轉輕觴泠風飄落松時禽吟
長澗萬籟吹連峯〔王彬之詩〕丹崖竦立葩藻映林緑
水楊波載浮載沉〔又〕鮮葩映林薄游鱗戲清渠臨川
欣投釣得意豈在魚〔王凝之詩〕莊浪濠津巢步潁湄
冥心真寄千載同歸〔又〕氤氳柔風扇熙怡和氣淳盤
言與時遊逍遥映道津〔王肅之詩〕在昔暇日味存林
嶺今我斯游神怡心靜〔又〕嘉會欣時游豁爾暢心神
吟咏曲水瀨淥波轉素鱗〔王徽之詩〕散懷山水蕭然
忘羈秀薄粲穎䟽松籠崖遊羽扇香鱗躍清池歸目
寄歎心寘二奇〔又〕先師有冥藏安用羈世羅未若保
沖真齊契箕山阿〔陳郡袁嶠之詩〕人亦有言得意則
歡嘉賓旣臻相與遊盤微音迭詠馥焉若蘭苟齊三一
致遐想揭竿〔又〕四眺華林茂俯仰晴川涣激泉流芳
醪豁爾累心散仰想逸民軌遺音良可諷古人詠舞
雩今也同斯歎一十五人詩一篇成〔散騎常侍郗曇
詩〕温風起東谷和氣振柔條端坐興遠想薄言遊近

郊〔行參軍王豐之詩〕肆眄巖岫臨泉濯趾感興魚鳥
安居幽跱〔上虞令華茂詩〕林榮其蔚澗激其隈汎汎
輕觴載欣載懷〔潁川庾友詩〕馳心域表寥寥遠邁理
感則一冥然玄會〔鎮軍司馬虞說詩〕神散宇宙內形
浪濠梁津寄暢須臾歡尚想味古人〔郡功曹魏滂詩〕
三春陶和氣萬物齊一歡明后欣時和駕言耿清瀾
壘壘德音暢蕭蕭遺世難望巖愧脫屣臨川謝揭竿〔
郡五官謝繹詩〕縱暢任所適迴波縈遊鱗千載同一
朝沐浴陶清塵〔潁川庾蘊詩〕仰想虛舟說俯嘆世上
賓朝榮雖云樂夕斃理自因〔中軍參軍孫嗣詩〕望巖
懷逸許臨流想奇莊誰云真風絕千載挹遺芳〔行參
軍曹茂之詩〕時來誰不懷寄散山林間尚想方外賓
超超有餘閒〔徐州西平曹華詩〕願與達人遊邂逅遊
濠梁在吟任所適浪流無何鄉〔滎陽桓偉詩〕主人雖
無懷應物貴有尚宣尼遨沂津蕭然心神王數子各
言志曾生發奇唱今我歡斯遊慍情亦暫暢〔王玄之
詩〕松竹挺玄崖幽澗激清流蕭散肆情志酣觴豁滯
憂〔王蘊之詩〕散豁情志暢塵纓忽以捐仰詠挹遺芳
怡神味重玄〔王渙之詩〕去來悠悠子披褐良足欽超
迹脩獨往真契齊古今　一十六人詩不成曰侍郎謝

琨曰鎮國將軍卞廸曰行參軍事丘楚曰王獻之曰行參軍楊模曰參軍孔盛曰參軍劉密曰山陰令虞谷曰府功曹勞夷曰府主簿后綿曰前長岑令華耆曰前餘杭令謝藤曰府主簿白焚曰任城呂系曰任城呂本曰彭城曹諲各罰酒三觥孫綽後序古人以水喻性有旨哉非以渟之則清淆之則濁耶故振轡於朝市則充詘之心生閑步於林野則寥落之意興仰瞻羲唐邈然遠矣近詠臺向顧探增懷聊於曖昧之中思縈拂之道暮春之始禊于南澗之濱高嶺千尋長湖萬頃乃席芳草鏡清流覽卉物觀魚鳥具類同榮資生咸暢於是和以醇醪齊以達觀快然兀矣焉復覺鵬鷃二物哉耀靈促轡玄景西邁樂與時過悲亦係之往復推移新故相換今日之迹明復陳矣原詩人之致興良歌詠之有由天章寺碑人姓名同世說以蘭亭叙爲臨河叙詩不成罰酒者十五人謝藤作謝勝餘杭令作餘姚令何延之蘭亭記云四十一人有許詢支道林晉書列傳又有李充嘗以碑爲正按以上各詩無別本但本郡公權所録余嘗見其墨跡前題云四言詩王羲之爲序序行於代故不録其詩文多不可全載今各裁其佳句而題之亦古人

斷章之義也其孫序題曰五言詩序序止於有由句下作細字云文多不備載其畧如此其詩亦載而掇之如四言焉其字下一字糢糊難辨然則今所傳詩文似俱非全篇又文多不備載下自是公權語舊志連作孫序似誤今改正焉西溪叢語東坡和陶詩云再遊蘭亭默數永和故蘭亭之會自右軍謝安凡四十二人後大曆中朱迴呂謂吳筠章八元等三十七人經蘭亭故池聯句有賞是文辭會歡同癸丑年之句必有此事也嘉泰志所載詩文多四句云曲水追歡處遺芳尚宛然名從右軍出山在古人前元貢師泰詩陰雨翳巖谷野水浸池塘倏然變新霽百物生輝光散策郴風媚浣衣蘭渚薌佳會修華簪列坐催流觴鳴禽亦有意晛睆如笙簧悠悠千載間孰繼謝與王光陰亦何速聚散安可常及時不歡樂白髮徒慨慷韓性詩昔人蓺芳蘭遺跡越溪上風流晉諸賢好奇極尋訪坐令後來人吊古更惆悵憶昔初來遊精廬適新搬俛仰三十年故交獨青嶂今晨天氣佳烟堤繫輕舫相携得良朋舉酒互酬倡散策依晴林公洄俯新漲地偏塵易遣處澹情自暢回首昔時遊樂事終不忘誰謂古人遠千載欣一餉彭殤端齊

軌蒙莊諒非妄余闕詩春節過東鄙總轡臨越墟覽此崇山阿亭樹東晉餘陽林積珍木禊館跡鏤渠微風旋輕瀨死委寫成書秋秋霜露滋清商肅縣隅紅蓮凋綺蓝微瀾見躍魚籍芳芝羽觴眠聽良有娛道遥大化内豈必三尺㧑劉攽詩維兹暮春節光風扇和柔蕤蕤集蘭渚蕭蕭皆良儔俯觀百卉茂仰睇孤雲浮摛藻遂揮翰汎觴隨曲流契彼舞雩詠千載同悠悠世殊事亦泯陳迹空林丘散懷良不易勞形復何求撫景發深喟疇能踵前脩

太祖高皇帝御製流觴曲水圖記古蘭亭流觴曲水圖一卷俯清流而沸湍仰茂林而幽静亭坐一人下視遊鵝一裍一皮二人露列流側一授一接松下二人一掀髯而問一凝卷而聽巖傍一人神倦而伸身澗右一人一手舉卷一手握筆按膝竹間二人一卷軸已成一回身以軸而授老竹下二人年邁屈脊抱膝棄卷而息一臨流而探盃澗北二人一據膝而問一以手指地而聽又竹邊二人一妝卷而捲一紙頸而觀詩底一人按筆硯整衣冠而坐其頴川庾蘊過酒覆盃交譁不聞僕者滅之叅軍楊模隅流而躍如伶人狀王獻之講衣而懇王肅之將俯流而取觴司馬處謨凝軸以言

呂系側身以手踞地而聽后綿酩酊握卷坐寢孔熾
酒後持卷仰觀劉密袒衣攘臂以取覆盃王玄之王
彬之相揖而搆詞謝繹搔疥王徽之舉幅執筆而書
勞夷擊盃鵲下徐豐之玩鵲遞觴華耆停盃他視曹
華開卷王蘊之攘臂肆坐卞迪迎流欲觴謝禹回顧
長松曹諲舒予回顧華茂袒衣執筆呂本握筆搔耳
虞谷捧觴而勸他者孫嗣掀髯而態度袁嶠之讀他
文王豐之開卷誦之首有童子十人侍立者二主器
者一擊瓶者二掬酒者一發盃者三受酒者一中有
遺滯盃者一末有童子五人捧殽者二呼盃者一縱
盃者二一卷凡六十人內鳥一隻其或吟或詠或醉
或眠或俯或仰或起或坐或舞或取或趨或止此畫
其態尤有異焉皆始於一良工之育方有名於筆鋒
之下是可奇也由斯知晉代之衣冠人情之風美有
若是耶故於洪武九年秋七月記明王晃詩東晉風
流安在哉咽嵐漠漠山崔嵬裹蘭無茁土花盛長松
落雪孤猿哀湍地紅陽似無主春風不獨黃鸝語當
時諸子已寂寥真本蘭亭在何許欸簷老樹緑女蘿
崩崖斷壁青相磨舊時觴詠行樂地今朝魚鼓瞿曇
家荒林晝靜響豚木流水潺潺遶山曲游人不來芳

草多習習餘風度空谷去年載酒誦古詩今年扶杖讀古碑年年慷慨入清夢何事俯仰成傷悲故人不見天地老千古溪山爲誰好空亭回首獨淒涼山月無痕脩竹少［陸相詩］追陪冠盖及芳時倦倚籃輿赴隴遲自剪荒榛開鶴徑少分流水入鵞池文工尚擁孫郎序酒盡曾無子敬詩他日重來今是昔此懷惟有此君知

天章寺前舊有蘭亭書院嘉靖二十七年知府沈啓遂移蘭亭曲水於其地文待詔徵明爲作記書冊勒石今所謂蘭亭者是也後寺被火記石燬亭亦就頹萬曆初山陰知縣徐貞明再脩之疏流砌石覆亭九曲上十二年知府蕭良榦又加新焉景物大增勝［明文］

徵明重脩蘭亭記　紹興郡西南二十五里蘭渚之上蘭亭在焉郡守吳江沈侯省方出郊得其故址於荒

廬榛莽中顧而嘆曰是晉王右軍脩禊之地今禊帖傳天下人知重之而勝蹟蕪廢行路嗟歎昔守土者不當致意耶既三年道融物敷郡事攸理乃訪求故實稽遺起廢以次脩舉而蘭亭葺焉亭所在已非故處廢壞且不存而所謂清流激湍亦已湮塞於是翦薙決澮尋其源而通之行其流于故址左右紆回映帶仿像其舊而甃以文石視舊加飾闢其中爲亭㨪棟煇奂欄楯堅完壘渚鶩池悉還舊觀經始戊申十月成於己酉三月不亟其工也余惟右軍始去護軍而爲會稽其歲月不可考而閱會稽賑饑上䟽爭吳會賦役與執政書極陳郡中繁事其於爲郡盡心焉蘭亭之會殆政成之暇歟至其兩陳殷浩北代而策其必敗告會稽王須根立勢舉而後可以有謀不然社稷之憂可立而待迹其所爲豈空言無實者使其得志其功烈當不在茂弘安石之下時不能用而歛其所爲優游於山林泉石之間至於誓墓自絕嗚呼豈其本心哉夫自永和抵今千數百年國有廢興人有代謝而蘭亭之名迄配斯文以傳其事又有出於泉石遊觀之外者君子於此盖有所識矣蘭亭諸賢文物雍容極一時之盛委蛇張弛古訓攸存文章翰墨所

未論也然而文翰之美自茲以還亦未見的然有以過之者則夫所以掩其心志而失其實者有以哉【陳霍與荊川太史約脩蘭亭舊約書】日月易邁人生若浮精華漸衰歡娛難永文章固身後之名杯酒實眼前之樂吾越蘭亭諸賢惟明此理遒能高蹈一時風流百世惜乎咏歌在石而亭宇榛蕪足下才冠漢魏興冀晉唐何惜片帆渡海僑址於蘭渚之上與霍訂事圖起頽毀重濬曲水之流再栽茂林之竹繼風雅於上代盡逍遥於此生也復何求哉誠能停觴一乎吳越良類則和聲而至上者可得數十人次者亦可得百餘千年奇會一旦復新且以山川孕靈人物世出盛時佳賞恐亦無遜於晉耳【蘭亭會飲送沈使君詩四首】清流控廣陌嵓厓俯層亭日融秋氣佳賓侶如聚星雲林啓逸想風泉娛靜聽我侯如後來吾民惡能寧【又】亭承永和餘會創嘉靖始山川聚華靈人物咸君子濯彼曲澗流薦采秋蘭莅使君發馬鞍隨路紅塵起【又】孟冬會蘭渚亭展蔬豆陳豈論貴賤但志一跡可親協歡曲水縈散坐從性真微酬播芳味自覺觴有神緬想一代賢遂爲千古人事勝量能繼亭荒當復新林成鳥歸宅氣回山吐春侯續及先彥

匪但澤吾民遺茲亭上碑歲歲霑人巾文征斾停西郊衣冠集華宇使君吐芳談金風動脩渚離緒縈前途驪歌促征旅渺渺雲山重落日徙延佇

蘭亭叙右軍自書是日酒酣用蠶繭紙鼠鬚筆書凡二十八行三百二十四字有重者皆搆别體而之字最多至二十許字他日更書數十本終無及者右軍亦自愛重傳至七世孫僧智永轉付弟子辨才唐太宗遺御史蕭翼賺得之命供奉榻書人趙模等榻以賜皇太子諸王近臣後遂以殉昭陵惟榻本傳於世米芾書史云蘇耆家蘭亭三本一是叅政蘇易簡題賛曰有若像夫子尚興闕里門虎賁類蔡邕猶傍文

摹尊昭陵自一閉真跡不復存今余獲此本可以比璵璠第二本在蘇舜元房上有易簡子耆天聖歲跋范文正王堯臣參政跋云才翁東齋書嘗盡覽焉蘇治才翁子也與余友善以王維雪景六幅李王翎毛一幅徐熙梨花大折枝易得之毫髮備盡少長字世傳衆本皆不及長字其中二筆相近末後捺筆鉤廻筆鋒直至起筆處懷字内折筆抹筆皆轉側褊而見鋒蹔字内斤字足字轉筆賊毫隨之於斫筆處賊毫直出其中世之摹本未嘗有也此定是馮承素湯普徹韓道政趙模諸葛正之流搨賜王公者礙花真玉

軸紫金裝背在蘇氏舜元房題爲褚遂良摹余跋云
樂毅論正書第一此乃行書第一也觀其改誤字多
率意爲之咸有褚體餘皆盡妙此書下真跡一等非
深知書者未易道也賛曰熠熠客星豈晉所得養器
泉石留腴翰墨戲著標談書存焉式𩰪𩰪昭陵玉盌
已出戎温無類誰寳真物水月非虛移模奪質繡繰
金鐍瑗機錦綺猗歟元章守之勿失第三本唐粉蠟
紙摹在舜欽房第二本所論數字精妙處此本咸不
及然固在第一本上也是其族人沂摹蓋第二本毫
髮不差世當有十餘本一絹本在蔣長源處一紙本

在其子之文處是舜欽本一本在滕中處是歸余家本也一本在之友處是時去唐未遠故榻本猶有存者至南渡後則榻本畧不談及而惟聚訟於定武刻矣定武乃歐陽率更所臨貞觀時刻石宋慶曆中李學究得之後宋景文守定武買置郡庫大觀時龕置宣和殿至建炎維楊之變乃失焉然諸公爭論肥瘦則是本固當今則定武贗本亦鳳毛麟角矣宋曹氏定蘭審定訣我生適癸丑倒指十四周中間幾今古沿革難泝流長歌繫顛末後山無與儔區區訪寡陋欲陳良鰲疵書家一詞稱定本審定由來有要領氈墨或目三疊紙針爪天成八段錦中古亭列九處剜最後湍流五字損界畫八龕九更長空一尾行意不盡歐公集古覽之弥道祖懷璧西歸秦雲林寶晉號博雅肉

骨骼借脩江人近世王尤號多識肥瘦聚訟徒紛紜手追賴有吳姜單粗於斯文能寫真真偽要區別驪黄俱小節模拓偶濃淡豈足病奇絶取王棄木石貴完次剥缺鑒裁當精深副以右方訣郡舊有石刻李伯時圖諸賢詩及孫後序皆具余童時入郡齋見官匠方在彼榻之時未知書覩右軍一幅覺亦翩翩可喜今憶之似就周邸五本翻出者石粗字稍拙近日郡帥蕭公乃乞　先朝賜本于楊分憲家而託書待詔趙士楨摹入石詩後序俱趙書而無圖蕭公及郡理陳公俱有跋焉

蕭良榦跋右敘刻乃仁廟東宮時所得唐人墨本以賜師臣楊文貞公而其嗣孫憲僉公所珍藏而世守者也書法遒勁流動奕奕有風致當是褚河南臨本無疑視世所寳定武本又霄壤矣越故有刻卷僅具字畫無毫髮筆意殊醜之不使守越之明年政事

之暇葺蘭亭探雲門吊先賢之遺蹤尋智永辨才故處慨焉興嘆謂越中珍奇竟作塚中灰土以爲千古之憾適司理陳君立父晤中翰趙君常吉于東嘉知僉憲公有此本又知趙君摹手特精絶遂請得於楊公而屬趙君雙鈎入石并書諸賢詩刻置郡齋以爲茲土之勝事云嗟夫昔真跡之去越吾家御史實爲之吾今即不能挈舊物而還之越其庶幾復舊觀哉是亦可以釋憾也夫

陳汝璧跋　余少耽臨池酷好羲獻書比理越多暇閒從太守蕭公遊蘭亭登雲門低徊戒珠蕺山間求二王隻字無有也余家有定武禊帖未攜而郡齋所藏殊稱惡札每一展玩輒爲扼腕會有事東甌得覩憲大夫楊公家藏　仁宗御賜卷比之定武行筆多勝而遒媚勁健真足絶代因白于太守公屬中翰趙君雙鈎入石置鎮越堂傳之永永楊公卷末有黎惟敬題比之奇寶家珎惟敬負書名鑒識甚精而趙君方以字學爲　今上所拔尤足重云曩余過雲門指辨才塔戲謂太守公非公家御史不能得此和尚梁間物今茲刻成于太守公又異時佳話柄也

適南亭在梅山頂宋熙寧中郡守程師孟築陸佃記
會稽山川之秀甲於東南自晉以來高曠宏放之士多在於此至唐餘杭始盛而與越爭勝見於元白之稱然山川之勝殆有鬱而未發者也熙寧十年給事程公出守是邦公吏師也下車未幾政成訟清與賓客泛鑑湖上蕺山以尋右軍秘監之跡登望稍倦未愜公意於是有以梅山之勝告公者蓋指其地昔子真之所居也今其少西有里曰梅市其事應史公聞往焉初石佛剎横見湖山一面之秀以爲未造佳境也因至其上望之峯巒如列間見層出烟海窈冥風帆隱映有魁偉傑特之觀而高晴爽氣適相值也已而山之高層因築亭焉名之曰適南蓋取莊周大鵬圖南之義暇日領賓飲而賞焉於是闔州以爲觀美而春時無貴賤皆往又其風俗潔雅嬉遊皆乘華舫平湖清淺晴天浮動及登是亭四眺無礙恍若登于蓬萊之上可謂奇矣雖然公之美志喜於發揚幽懿豈特賁一山而已凡此鄉人藏道畜德晦於耕隴釣瀨屠市卜肆魚鹽之間者庶幾托
公之翼摶風雲而上矣

會稽王子敬山亭在雲門山唐王勃脩禊雲門獻之山亭叙觀夫天下四海以宇宙爲城池人生百年用材泉爲窟宅雖朝野殊致出處異途莫不擁冠盖於烟霞披薜蘿於山水况乎山陰舊地王逸少之池亭永興新郊許玄度之風月琴堂寂落猶停隱遁之賓醸渚荒凉尚有適逢之客仙舟蕩漾若海上之槎來羽盖叅差似遼東之鶴起或昂昂騁驥或泛泛飛鳧俱安名利之塲各得逍遥之地而上屬無爲之化下棲玄邈之風永淳二年暮春二月脩禊事於獻之山亭也遲遲風景出沒媚於郊原片片仙雲遠近生於林薄襍花將發非止桃溪遲鳥亂飛有餘鸎谷王孫春草處處皆青仲統芳園家家並翠於是携旨酒列芳筵先祓禊於長洲却申文而促席良談吐玉長江與斜溪爭流清歌遶梁白雲將紅塵並落他鄉易感每悽恨於兹辰覊客何情更歡娛於此日加以今之視昔已非昔日之歡後之視今豈復今時之會人之情也能不感乎宜題姓字以傾懷抱使夫會稽竹箭則推我於東南崑阜琳瑯亦歸余於西北

皇甫秀才山亭說者謂皇甫冉也［唐孟浩然詩］嘉賓在何處置亭春山嶺晴湖瀉峯鏡翠浪開萍蘚

袁秀才山亭近方千別墅千數過之［方千詩］經年此地爲吟侶早起尋君日暮遊

光風亭舊經云在城東北二百里

鏡光亭舊經云在會稽縣界

蕭山吳越兩山亭在北幹山王頂峯宋景德四年令杜守一建題曰知稼亭元令尹性修之改今名［元吳廷臣］

［記］盖自天目而來其支別爲岸江之山凡屬於吳者飛舞欄楯之外自秦望而來其支別爲岸海之山凡屬於越者環繞窓戶之間攢峯疊嶂重岡複嶺或起而伏或斷而續大者如宗卑者如介靡者如奔隆者

如矗鈌者如鑿銳者如削旋者如顩拱者如揖出奇獻秀戟列筆立不可具狀[睢天錫詩]斡山孤亭據盤石老我凭高興無極長松參天凝黛色空翠滿山如雨滴長江中斷海門闢兩岸連峯排劍戟或蟠臥龍形或鼓丹鳳翼仙乘縹緲東海東徐福樓船竟何益採藥人已陳𢖍王土有赤四海混一車書同形勝何須限南北吁嗟霸業今誰在吳山越山長不改[高啓詩]憶昔看山吳越遊酒酣鼓枻江中流左招舞鳳來百里右顧臥龍橫半州崢嶸兩勢不相下氣豁淨掃當高秋文身鳥喙昔分疆有國本是東諸侯區區仁暴同無異朝吞暮併山應羞不知千載竟誰主伯氣倏墺飛烟收邇來此地有兵甲風景頗似當年愁黃與雲蔽天大道路遠我欲再尋應無由聞君作亭壓此境坐獲衆勝非窮搜江長不隔飛鳥渡峯多欲障斜陽留蔡興自古屬造化登臨未須生百憂但當矯首望東海一杯渓舉越浮丘[陳世昌詩]亭高徑曲山之巔無數青山來眼前江流忽作地中斷海門直與天相連風帆颯颯暮潮重烟闔漠漠春城邊無窮勝賞自多趣千載世事徒茫然[張憲詩]浙江洶洶界吳越兩岸青山如剪截會稽南去遠莫探天目西來青不絶

壹瓶塔下認宋陵王笥峯前尋禹穴千巖萬壑競秀
麗鳳舞龍飛幾盤折句踐嘗膽於越強夫差掩面勾
吳滅四世莫踐錢鏐雄一敗徒嗤董昌劣纔聞彌遠
勞薰天又見似道炙手熱盡棟朱簾府第開瓊樓碧
瓦宮庭列烟霞倏忽人事興風水遷移時運竭氣數
或與興廢關形勢不因成敗別變化晦暝山吐嵐消
磨宇宙潮奔雪倚檻凌空精爽飛捫蘿吊古肝腸裂
拄杖曉來東眺雲吹笙夜落西陵月天道無窮酒盞
空人生幾何屐齒折斷鼇不補天柱傾煉石難填海
門缺鄉人秉筆固有情令尹作亭豈無說［劉宣詩］朝
挹東山雲暮看西山雨孤亭在中央相對如賓主矯
矯卧龍蟠軒軒飛鳳舞樹影各參差嵐光互吞吐
嗟吳越亡于今已千古不悟抉目忠詎知嘗膽苦登
臨撫陳迹淒涼與誰語白鳥烟中來長歌下山去［孫
蕡詩］長江接海門一水限吳越兩山鬱相對臺榭各
羅列勁勢爭吐吞蒸嵐互出沒尹君好雅觀結亭山
水窟闌干出層巔細路縈百折捫蘿絡懸石老樹着
棲鶻平生登臨興盡為千古發不知嘗膽人豈能幾
征伐至今兩山雲來往似奔突嗟予客江
海所歷多奇絕何當止斯亭長歌吊遺烈

麗句亭唐處士秦系所作在秦君里唐戴叔倫贈詩北人歸欲盡猶自住蕭山閑戶不曾出詩名滿世間一在嵊剡中里大曆五年鄭守薛公僕射奏爲右衛率府倉曹參軍系辭以詩由來那敢議輕肥散髮行歌自採薇逋客未能忘野興辟書翻遣脫荷衣家中匹婦空相笑池上群鷗盡欲飛更乞大賢容小隱益看愚谷有光輝

會景亭在溪口寺宋范仲淹詩求取會稽藏拙地白雲深處亦行春吳處厚詩會景亭高石作層

臨江亭舊在西興鎮久廢正德末知縣伍希周裁革稅課局更建

一覽亭在石巖山嘉靖十一年知府洪珠建

諸暨芝山亭在縣西南三里唐天寶中郭密之建其

山多芝草

龜山亭在縣東二里放生湖中亦郭密之建

浣溪亭在浣溪

餘姚雩詠亭在秘圖湖北元越帥劉仁本建劉仁本敘至正庚子春仁本治師會稽之餘姚乃相龍泉之左麓州署之後山得神禹秘圖之處水出巖罅潴爲方沼疏爲流泉卉木叢茂行列紫薇間以竹篁彷彿乎蘭亭景狀因作雩詠亭以表之合甌越來會之士得四十二人同脩禊事取晉人蘭亭會圖詩缺不足者各占其次補之總若干首因曰續蘭亭會云劉仁本補叅軍劉密詩俛仰宇宙騁茲山川欣欣卉木泠泠流泉豈伊獨樂尚友千年飛觴捬詠萬化陶然又陽春沐膏澤草木生微暄靈圖發幽秘感此禹跡存衣冠繼芳集臨流引清樽性情聊自適理亂復奚言都事謝理補侍郎謝瑰詩瞻彼阿丘神禹秘之茂蔭嘉樹清泛芳池臨流引觴衎衎以嬉俛仰千古逝者如斯又

東温散晴旭灌木浮嘉陰良晨事脩禊我友欣合簪
方池注清流可以濯煩襟一觴復一詠暢情忘古今
鄉貢進士趙俶補叅軍孔盛詩青陽既啟以遨以遊
采蘭從阿濯纓芳流翰藻載詠羽觴載浮潔我禊事
于以冩憂又喧風播曠宇欣懷托陽春盥夜寄幽暢
虗襟遺世塵擷芳遵丘阿接盃沿澗濱詠歸何逍遥
遐哉仰斯人天台僧悅白雲補任城呂系詩疇昔有
懷陰雨翳霄尤爾居室忽焉終朝際此晴煥散豁林
郊潛魚泳波遊羽鳴條又崇阿撫神秘微風扇和淳
靈雨既云沐品彙匯以陳蘭茗擢中沚葩蕚媚芳辰
散懷得真契引觴答熙春前蕭山主簿朱右補餘杭
令謝滌詩陟彼崇阿遊目遥岑川雲夌岫林木蔽陰
喈喈黄鳥懷之好音亦有良朋載歌載吟又息徒坐
蘭渚臨流濯清泉光風披林薄春服麗以鮮持觴撫
流景鳶魚樂天淵俛仰同一慨弱毫從所宣帥府都
事王霖補王獻之詩滿彼源泉其流決決誰其委之
以詠以觴酌此春酒以祓不祥又華髪宴餘春微風
宿雲散蘭臯野氣芳惆同日仍日群賢集崇丘臨流
水光滇酌酒清湍曲俯泉慨長嘆蕭山敎諭諸綱補
府曹勞夷詩俯挹清流遥瞩崇嶺丁焉遊盤寄興遐

未放同觀濠高企臨潁泠泠風徐來暢焉深省[又]叢木翳林薄構亭俯澗濵旭日散晴采光風媚芳春臨流轉輕觴于以樂嘉賓詠歌意自適酬觴趣益真茲游敦所尚庶足酬令晨[四]明沙門僧卓補仁城令呂本[詩]遲遲春陽藹藹蘭若樂爾嘉賓以宴以遨靜觀物化散懷逍遥一觴一詠庶永終朝[又]禊飲秘圖湖天氣淑且柔傳觴際曲渚濯纓臨芳洲纖條亂風樹幽葩落晴溝衆賓亦以樂工忘塵世憂[平]江儒學學正徐昭文補府主簿后綿[詩]柔風扇和百卉具芳携我良儔憩于崇岡怡情詠歌激水汎觴俯仰宇內聊以徜徉[又]茲辰天氣佳駕言寫我憂衣冠盛良夜會禊俯長流川容澹跡雨樹色翳崇丘清風披千載復此逍遥遊[秘]圖隱者鄭奕補山陰令虞谷[詩]興懷古先仰觀玄造乜歎逝川平念芳草莫春維和爰舒幽抱皎焉白駒縶其黃鳥[又]夙駕税幽麓汎醴循流瀾芳蕤被巖瀨葩蕚耀林端靡靡時運近斯焉撫噴亢主欣遠賓集陶然有餘歡[前]嘉興路經歷張溥補鎮國大軍椽十廸[詩]藹藹雲岡溶溶秋水集我朋儔掇茲蘭芷千載同流夷猶芳軌美哉良會衎樂無已[又]茲辰暮春初撒策臨泉石雲渠引微波浮觴薄前席伊

人既已去古今同一適睠茲脩禊地遥岑澹空碧東
山僧福報補彭城曹諲詩晴雲冉冉幽草茸茸群賢
戾至衎樂攸同芳葩汎灔翔羽逝風亦有旨酒可以
從容文彔倏扇微風輕波漾晴旭群彦此委蛇鳴條
集中谷列席依巖廻飛觴隨水
曲緬懷古先哲庶以繼遐躅

更好亭在龍泉寺後宋高宗嘗幸寺登此望風物詫
曰更好云

鹿亭在四明山梁孔祐遺跡

上虞適越亭在書錦門外

湖心亭在西溪湖之陽久廢萬曆十二年知縣朱維
藩以復西溪湖乃構子來亭於其側

延賴亭在縣西南八里宋杜思恭建

嵊挾溪亭在剡山頂圓超寺盡得溪山之勝傍有俯山堂下瞰群山宋高天驥詩孤亭瞰平野雙溪分兩派野潤春草香溪青照人碧我來亭上天欲春溪聲野色爭趍人胷中丘壑相映發倏然便欲乘飈輪惜無妙手王摩詰半破鵞溪重畫出溪山應喜得賞音盡遣烟霞供落筆我嗟吟髯犯車塵一凭危欄眼界新寄謝溪聲與山色他時來作箇中人王十朋次前韻路入剡山腰風生玉川腋孤亭物外高雙溪眼中碧山僧作亭夫幾春賞音端的逢詩人自從妙語發丘壑遂使絕境多歸輪我來首訪維摩詰問訊雙溪自何出發源應與發溪同賦物慚無沈郎筆凭欄一洗利名塵入眼翻經客恨新山城重重水如帶何能挽住思鄉人

翠寒亭在剡山惠安寺弘治中僧廣達建即高坡為臺

戴溪亭在望仙門外宋知縣事姜仲開建佳水清濡

芊林古渡蔚茂平遠盡入臨眺後改名與畫今復故

【宋】王銍詩碧玉仙壺表裡清我來閒伴白雲行四山迤邐青園野一水蜿蜒碧遶城試問春來觀秀色何如雨後聽寒聲昔人因馭烟霞外落日空含萬古情【又】天上東風轉斗星天涯羈客尚飄萍道途只漫經殘歲風雪那堪客旅亭春到怯添雙鬢白夜寒愁對一燈青絕憐萬古悽涼恨不計樽前一醉醒【王十朋】【詩】剡水照人碧剡山隨眼青吾來非雪興懇上戴溪亭

嵊亭在嵊山下水經注江水北逕嵊山山下有亭亭帶山臨江松嶺森蔚沙渚平淨十道志自剡至北溪溪流湍險商客往來皆以裝束【梁】庾肩吾尋沈剡夕至嵊亭詩命楫尋嘉會信次歷山原捫天上雲紀磐石下雷奔澄潭寫度鳥空嶺應鳴猨榜歌唱將夕商子處方昏

楊黃門埭亭水經注白鹿山北湖塘上舊有亭吳黃

門郎楊哀明居於弘訓里太守張景數往造焉使開瀆作埭埭之西作亭亭埭皆以楊爲名孫恩作賊從海來楊亭被燒後復脩立厥名猶在

新昌愛山亭在孟塘山宋尚書黄度建（自爲記）家君甫六旬盡棄人間事築室於孟塘山之陰而居之終日徜徉於群山之中既乃作亭北崗迴眺周覽萬象偃伏據登臨之要度嘗侍側家君曰何以名斯亭度對曰市朝山林出處之趣異也紛華淡泊躁止之機不同也而各求其志各樂其樂蓋有終其身不相爲也今夫往者如赴還者如拒委者如邈突者如怒方夭矯而龍騫忽軒昂而鶴舉此山之布列曼衍相爲面勢者也朝曦升而凝紫夕靄合而浮碧暝欲雨而深黔晃初霽而濃鮮此山之變化翕忽異姿而同妍者也春秋耕穫旦暮薪蒭林空而弋水落而漁牲牲乎麋鹿之群友交交乎禽鳥之鳴呼此山間之人物錯雜耳目接之而爲娱者也故自夫出而動者觀之則誠空虚寂

寘何足愛者自夫入而止者觀之則山與人常莫逆
也意消神融則亦不知其然而然也此愛山之意家
君輾然咲曰汝知其外而不知其內知其爲可愛而
不知吾之所以爲愛也泰華嵩衡名其高也塗室陽
荆名其險也若夫箕首商蒙峴皖廬桐其高可階其
險可通也而其名聞於天下者以其人也愚其人而
愛其木而况於山乎汝試憑高而望之亙東危峯中
立俄然如側弁者峁山也豈非道深法師之所居乎
方其師友萬乘奔走公卿而能等朱門衡茅爲一致
來歸老於空山故吾愛其潔少南平崗隱阜交互經
綿者沃洲也豈非支遁之所棲止乎雖爲浮屠氏之
學而有當世之望一時名士出處不同盡從之遊片
言隻語皆足以垂世故吾愛其達北出坂壠支轄有
如倚劍塞其衝者金庭也豈非王逸少之所出入乎
識鑑精微有經世實用而不肯降志辱身故吾愛其
堅又北出秀嶂端整如植圭出於衆山之表者四明
也豈非謝安石之所遊息乎蒼生喁喁以其出處爲
安危而高卧空谷若將終身焉故吾愛其遠界乎東
南之間層巒疊壁如連雲如陣馬者天姥也豈非李
太白所嘗登躋者乎當其文章名海內人主一見傾

屬之而飄然清輿形乎夢寐故吾愛其逸環吾之廬左右一舍而山之名聞者五建霞標於蒼巘凜清風於千載雖蕙帳其巳空想謦欬之猶在小子其能知吾之心乎度對曰度不敏誠不足以知此家君曰爲吾誌之度再拜曰唯唯退而書之爲愛山亭記

樓　府城内西樓舊記云在山陰縣西山陰地唐孫逖詩都邑西樓芳樹間逶迤霽色遶江山山月夜從公署出江雲曉對訟庭還誰知春色朝朝好二月飛花滿江草一見湖邊楊柳風遥憶青青洛陽道

脩竹樓會稽地宋王英孫監簿所構對秦望山林德暘詩秦望諸峯入几看仙居縹緲五雲端天高地逈三千界月白風清十二闌碧海氣侵珠珮濕明河影落玉簫寒超然身在鴻濛上何必蓬萊跨紫鸞

蕭山䟽江樓在縣西十里西興渡口久廢弘治十年

知縣鄒魯重建改名鎮海樓唐司空曙九日登高詩家九日鄰芳菊遂客登高瞰浙江漁浦浪花搖素壁西陵樹色入秋窗木奴向熟懸金實桑落新開寫玉缸四子醉時爭講德笑論黃霸屈爲邪明王詛詩蘭芷浮香淑景暄畫欄高倚看朝暾烟邊綠樹分羅刹浪裏青山是海門別巘重遮句踐國春江曲抱苧蘿村登臨自喜添詩興幾度臨風倒玉樽張昺二首獨上驛南樓遐高散旅愁江山幾陳迹天地一浮漚且復簪黃菊何須嘆白頭長歌少陵句詩思滿滄洲又旭日動滄溟樓高曙色明烟霞千嶂合鍾鼓半空鳴天濶淮山迥雲連越樹平凭高屢回首不盡望鄉情王守仁詩越嶠西來此閣橫隔波烟樹見吳城春江巨浪蕪天湧斜日孤雲傍雨晴塵海茫茫真斷梗故人落落已殘星年來出處嗟無累相見休教白髮生

嵊王右軍書樓在金庭山金庭觀之西北唐裴通記谷抱山鬬雲重烟密花光照夜而常晝水色含空而無底此地何事常聞異香有值嗚人從古不死真天下之絕境

也是以瑯琊王右軍來家于此山書樓舊制猶在一間而四徘徊高可二丈墨池在東繞可五十步登書樓臨墨池但見山水之異其嶮如崩其聳如騰其引如肱其多如朋不三四層而謂天可升 又詩 寂寂金庭洞清香發桂枝魚吞左慈釣鷺踏右軍池此地長無事沖天自有期向來逢道士多欲駕文螭

巘雲樓在東曦門外舊訪戴驛之南宋嘉定八年知縣史安之建下俯清流前對疊嶂

半仙樓在望仙門外

藏書樓在縣西三十里東湖山元處士張爚建今遺址在 黄溍詩 木杪出飛樓仙山在上頭可能無客至少爲借書留芸草春仍在虹光夜不收如何試乘興一棹剡中舟 楊維禎歌 戴顒溪上藏吾舟三十六曲鏘鳴球濯足太白雙龍湫名山要須贍沃洲沃洲之陽溪上游著此一所張家樓捲簾爽氣天姥曉倚闌秀色蓮花秋張家之樓無百尺夜夜虹光射東

壁中藏異書三十乘太史東來殊未識城中瓔樓高
五城吳歈楚舞塡嶢嶒一錢不直兎園冊一丁不識
黃金羸樓中主人討誠左遺安遺危各在我韋門奕
葉有光價郿塢何人徒賈禍樓頭校書腹便便眼中
松楸手遺編前年燎黃光九原書中始識兒孫賢却
問瓔樓金王貯還有美人化黃土君不見魏家高樓
何足數誰復
西陵護歌舞

新昌來青樓在縣東陸家巷宋參軍呂嵘建元末劉
誠意基呂不用讀書於此

[閣]府城内星宿閣在臥龍山麓城隍廟西偏山陰境
也前列梅嶺諸峯遠望數十里田疇棊置鱗次屋舍
星錯綠樹迷烟清流紆廻護之小舟浮水面如落葉
人行隱隱畫郡城西南之勝明蕭鳴鳳詩岑樓敞虛嘯群峯翠堪拾獨臥春

霄靜乍驚秋風入溪雲忽成雨幽竇泉聲急夢過天
台嶺足下星辰濕張佳胤越中諸公招飲星宿閣詩上
飛閣擁岩嶤卅梯荷見要人占星宿聚地受海雲潮
萬井憑欄得長空寓目遥江湖曾霸越封甸已歸堯
持掌山陰道移尊北斗杓張筵成玳瑁高論各璚瑶
客自東南美臺堪夏暑銷淡烟催落日醉語散青霄
不盡蘭亭路貪看秦望標
群公似有意雲壑擬相招

會稽智永禪師書閣在雲門寺禪師名法極閣上臨書凡三十年所退筆頭五大簏瘞之號退筆塚人來乞書如市戶限爲之穿用鐵裹之人謂之鐵門限

辨才香閣亦在雲門寺今不存辨才姓袁氏梁司空昂之孫智永之弟子也宋齊唐雍熙寺記普公歸老于辨才香閣是也法書要録云晉穆帝永和九年暮春王右軍與親友四十二人脩禊

于蘭亭揮毫製序興樂而書遒媚勁健謂有神助醒後連日再書數十百紙終不能及右軍自珍愛之秘藏于家七傳而至智永子徽之孫也舍俗爲僧居越之永欣寺以能書名其蘭亭叙則以授弟子辯才辯才寶愛此帖藏之寢室梁上置匣貯之人所罕見唐太宗酷好二王書收真跡幾三千六百紙服日與魏證論二王書法證曰右軍存日自喜者蘭亭叙今在辯才所太宗欲即取之證曰辯才寶此過於頭目未易遽索後召至長安因作贗本以示之辯才曰右軍作此三百廿五字夢天台白雲子傳授筆訣以永字爲法深恨所藏真跡兵火之餘求之不獲帝留辯才而容遣人搜訪但得智永千文以歸後辯才託疾還山房玄齡薦御史蕭翼負才藝多權謀必能稱旨翼梁元帝曾孫也太宗以命之翼曰若作公使義無得理願得二王雜帖三四通聞行以往太宗給之翼遂易冠微服至湘潭隨客舟至越潦倒真得山東書生體每日必入永欣寺觀畫壁過辯才院則休于門辯才見之問曰何處檀越翼答以北人寓止纔畢語意投合延入閨棋撫琴談文握槊情甚相得便留夜飲設缸面新蒭江東云缸面猶河北稱甕頭新醖也酒酣

探韻賦詩辨才得來字詩曰初醖一缸開新知萬里來披雲同落莫步月共徘徊夜乆孤琴思風長旅鴈哀非君有祕術誰照不然灰翼得招字詩曰邂逅款良宵殷勤荷勝招弥天俄若舊初地豈成遥酒蟻傾還泛心猿躁自調誰憐失群翼常苦業風飄如蛍畧同彼此諷詠自恨相知之晚綢繆踰月翼示以乃祖手書職貢圖辨才歎賞不已因談論翰墨翼曰先世皆傳二王楷書法自幼躭玩亦有數帖自隨辨才欣然約以明日携至如期而往熟視數過曰是則是矣非得意時書貧僧有一真跡翼曰何帖答以蘭亭翼佯笑曰數經亂離真跡豈在辨才曰先師寶惜臨終親付於吾付授有緒明日來看翼至自梁上匣內出之翼見故指瑕摘類分競不定自示翼之後不更置梁上并翼二王帖借留几間辨才時年八十餘日臨數過老而彌篤翼往還既密辨才偶出赴嚴僊家齋翼來謂守房弟子曰忘淨巾在內乃爲撤關遂取蘭亭並二王帖亟出於示安驛呼驛長凌愬告曰我是御史奉墨勅在此可報汝都督齊善行馳至則宣示墨勅辨才時猶在嚴僊家聞命不知所以見所謂御史者乃翼也聞取帖驚倒仆地乆始甦翼遂奉帖馳

驛以進太宗大悅擢爲負外郎賜以金縷瓶瑪瑙碗
良馬莊宅以玄齡舉得其人賜錦綵千端始怒辨才
慳吝不與數日後仍賜物三千段穀三千斛辨才不
敢自私施於寺建塔三級帝得帖命馮承素韓道政
等各搨數本分賜皇太子諸王近臣而一時能書如
歐虞褚諸公皆臨搨相尚貞觀二十三年太宗不豫
幸玉華宮含風殿命太子以蘭亭敘從葬昭陵矣今
馮承素等所搨之本在者一本尚直錢數萬也蕭翼
宿東院路入山西更向西雨和春雪旋成泥風吹疊
巘雲頭散月照平湖鴈影低拄杖負琴尋遠寺倩童
牽鹿渡深溪今照獨宿巖東院惟聽猿吟與鳥啼孫
逖宿雲門寺閣香閣東山下烟花象外幽懸燈千嶂
夕卷幔五湖秋畫壁餘鴻鴈紗窓宿斗牛更疑天路
近夢與白雲遊李褒詩香閣無塵雪後天宋吳說蕭
翼賺蘭亭圖跋右圖寫人物一軸凡五輩唐右丞相
閻立本筆一書生狀者唐太宗朝西臺御史蕭翼也
一老僧狀者智永嫡孫會稽比丘辯才也書生意氣
揚揚有自得之色老僧口張不呿有失志之態執事
二人其一噓氣止沸者其狀如生非善寫貌馳譽丹
青者不能辨此上有三印其一大章漫滅難辨皆印

以朱其一集賢院圖書印印以墨朱久則渝以故唐人間以墨印如王涯小章李德裕贊皇印皆印以墨此圖江南内庫所藏簪頂古玉軸猶是故物太宗皇帝祄定江南以兵部外郎楊克遜知昇州時江南内府物封識如故克遜不敢啓封具以聞太宗悉以賜之此圖居第一品克遜蔡人寶此物傳五世以歸其子壻周氏傳再世其孫穀藏之甚祕梁師成請以禮部度牒易之不與後經擾攘穀將遠適以與其同郡人謝仮仮至建康爲郡守趙明誠所借因不歸紹興元年七月望有携此軸貨于錢塘者郡人吳説得之後見謝仮言舊有大牙籤後主親題刻其上云上品畫蕭翼籖今不存

餘姚喚仙閣在龍泉山本王安石喚取仙人來住此之句

明趙謙詩蒼山倚層構丹室棲神仙神仙去已遠遺跡在林泉昔賢慕遐舉何術能長年招招不可見從誰問真詮王笙自緱嶺黄鶴留青田長林振哀籟秋草栖殘烟蓬萊有高士延佇思悄悄冥搜發佳詠清風滿山川

中天閣在龍泉山之半取方千中天氣爽星河近之句陽明王先生守仁嘗於此聚徒講學嘉靖乙酉公書中天閣勉諸生云雖有天下易生之物一日暴之十日寒之未有能生者也承諸君之不鄙每予來歸咸集於此以問學爲事甚盛意也然而不能旬日之留而旬日之間又不過三四會一別之後輒復離群索居不相見者動經年歲然則豈惟十日之寒而已乎若是而求萌蘖之暢茂條達不可得矣故予切望諸君勿以予之去留爲聚散或五六日八九日雖有俗事相妨亦須破冗一會于此務在誘掖獎勸砥礪切磋使道德仁義之規日親日近則世利紛華之染亦日遠日疎所謂相觀而善百工居肆以成其事者也相會之時尤須虛心遜志相親相敬大抵朋友之交以相下爲益或議論未合要在從容涵育相感以誠不得動氣求勝長傲遂非務在默而成之不言而信其或矜己之長攻人之短粗心浮氣矯以沽名訐以爲直挾勝心而行憤嫉以圮族敗群爲志則雖日講時習於此亦無益矣諸君念之念之自石灰壁上公自書筆法

甚清勁十年前猶及見之可謂奇跡
山僧不能護今已重埊字無復存矣

上虞迎山閣

嵊歸鴻閣在縣北三里黄土嶺宋治平三年建傍有
歸雲亭〔王銍詩三首〕初離江渚荻生芽飛到龍荒雪
滿沙寄語不須傳信遠將軍憂國不憂家〔又〕
不向幽林敞畫欄夕陽空伴六朝山故人爲我留歌
興絶勝溪邊訪戴還〔又〕今君有意去來中白日無私
物自公囬首溪山莫留
戀戀不隨社燕與秋鴻

隱天閣在下鹿苑寺〔宋盧天驥詩〕欲結愛山人共了
尋山債未有買山錢愁聞有山
賣小雨濕春風捲雲遮落日不若叫風來吹雲放山
出一眼吞萬山寸心貯千里何日上歸舟教入問春
水殘雪領春來疎鍾驚夢去
尚憶昔年愁孤舟繫江樹

〔堂〕山陰蜀山草堂在蜀山〔元薩天錫詩〕蜀山秀東國
翠色分峩眉人傳西極來

萬里如龍飛根盤大江曲終古不復移之子結茅屋開軒當翠微流水穿澗道白雲繞巖扉松葉釀我酒吉貝爲我衣山鳥或勸飲木客同吟詩造化縱前定榮名不可期終焉忘嘉遯採藥復採芝

會稽王處士草堂 唐劉長卿王處士草堂畫衛霍諸山詩 粉壁衛霍近群峯如可攀得令堂上客見盡湘南山青翠千古狀飛來方丈間歸雲無處滅去鳥何時還勝事日相對主人常獨閑清陰滿四壁佳氣生重關頻與宿心會看看慰愁顏

齊抗書堂在石傘峯下唐丞相齊抗所築後捨爲淨聖院 宋元厚之詩 奇峯如傘見遥遥青王笥山頭地有靈三徑荒涼丞相隱一篇清絕放夫銘

蕭山江聲草堂在西興鎮 元薩天錫詩 卜居西陵下門臨大江皐江聲自朝夕豈獨喧波濤海潮作波浪山嶽俱動搖海潮有時息逝水去無極驚風吹浪花噴翦射崖壁萬籟俱澄心何必絲竹音月明歌水調驚起蛟龍吟

諸暨梁武帝讀書堂在永福寺有硯水井宋華鎮詩六龍未入雍州日曾預詩書卧白雲按武帝蘭陵人而生於秣陵其讀書於暨尚未及考云

碧蓮堂在永慶院宋楊次公飛白書額三大字

餘姚養親堂虞氏家記晋右衛將軍虞潭以太夫人年高求解職被詔不聽特假百日東歸起堂養母親友會集作詩言志

世友堂在燭溪湖西北雪齋孫不朋居燭湖上安貧樂道終身不顧仕有古人之節三子應求應符應時皆以文學知名兄弟相愛友卉衣草食薄厚必均應符之子崇緝先志嘉定甲戌爲新堂名曰世友合膳

同室期永不替宋朱晦翁訪孫季和於燭湖待以麥飯朱賦詩葱湯麥飯兩相宜葱補丹田麥療饑莫道君家滋味薄前村尚有未曾炊葉適
世友堂詩雀尋屋角飛燕遶簾籠窺共荷新宇就生物欣有依含德厚乃祖義完嗟利蹈㵲更悲別駕公櫝韞不盡施温恭化群從遜悌流深規一綵必同袍粒黍無異炊感寒天上露潤浹園中葵魚鱉雖芳鮮不如此菜肥凉風送佳音桂林自生枝借子赤霄羽登君文石墀樸斵吁已勤礱密審所宜諒爲前峯近長映客星垂

上虞不凝雲山堂在城中宋中訓郎陳策讀書之所戴復古詩元龍湖海士高卧百尺樓柰此一區宅乃居城市頭囂塵撲面不容避賴有南山慰人眼從旁買得五畝園便覺地偏心自遠溪流滚滚瀉寒玉塔影亭亭出僧屋林蘆掩映花木稠佳處亭臺三五簇丈夫有志在四方處處春風桃李場功名事業未入手暫此一丘何太忙

嵊李紳書堂在龍藏寺側

接山堂在上鹿苑寺宋盧天驥詩并序余嘗愛晉人吏隱多在會稽而王子猷冒雪訪戴尤爲一時勝事余以捕寇過剡時方大雪初霽山流瀑漲橋斷不可行遂登鹿苑寺憑欄四顧便覺溪山來相映發豈眞中令嘗曰應接不暇處耶遂名堂爲接山且賦詩以紀其事詩云故藤老欲盡新春慳未來無令隴梅覺且遣山禽催雲間右招提鐵鳳翔斗魁單車夜剥啄境淨無纖埃脩篁舞瘦蛟怒瀑生晴雷坐久談頗風吹我心霧開乃知白蓮社未下黄金臺緬思王騎曹逸韻挽不回且同謝康樂屐齒破蒼苔重遊定不惡林壑富詩材

玉峯堂在明心寺東宋慶元中翰林學士高文虎作内有秀堂藏書寮雪廬

新昌黄氏山堂在縣南百步許宋黄庭所居中有飽山閣老山樓得心亭

軒　會稽蘸碧軒在鏡湖上宋齊唐詩飛棟新成蘸碧軒會稽山腳照湖邊

諸暨琉璃軒在上省院宋楊次公詩西軒一泓水瑩淨碧琉璃天人舉目視中有魚龍知不知

上虞懷謝軒宋紹興初令張彥聲建李光詩此日開軒懷謝傅直緣談笑破符堅

齋　諸暨逍遥齋在簿署內宋吳處厚撰記并書

新昌石氏山齋宋晏殊詩書仙十閣壯儒宫靈越山川寶勢雄

小小齋在縣後宋孝子呂升所居又有看秋樓樓前古柏一株自宋迄今尚存呂不用有記

榭　餘姚樊榭在四明山漢樊夫人遺跡

紹興府志卷之十

古蹟志二

園　宅　墅　館　舍　居　別業　山房

義門　倉　巢　器物

【園】府城内沈氏園在禹跡寺南會稽地宋時池臺絶盛齊東野語陸游放翁娶妻唐氏於其母爲姑姪琴瑟甚和而不得於其姑不得已出之則爲別館以通姑覺之竟絶改適趙士程嘗以春出遊相遇於此園唐以語趙遣致酒肴翁悵然者久之賦釵頭鳳詞題園壁間寔紹興乙亥也翁居鑑湖之三山晚歳舟入

城必登寺眺望不能勝情慶元己未嘗賦二絕未久唐氏死至紹熙壬子復有詩開禧乙丑歲暮又有夢遊沈氏園兩絕句沈園後屬許氏又爲汪之道宅云耆舊續聞亦載此事云其妻見壁間詞和一闋放翁詞好事者以竹木采護之

釵頭鳳詞　紅酥手黃藤酒滿城春色宮墻柳東風惡歡情薄一懷愁緒幾年離索錯錯錯春如舊人空瘦淚痕紅浥鮫綃透桃花落閒池閣山盟雖在錦書難託莫莫莫唐氏和有風波惡情人薄之句不盡傳

曰　紹　夢斷香銷四十年沈園柳老不飛綿此身行作西山土猶弔遺蹤一悵然

又　城上斜陽畫角哀沈園無復舊池臺傷心橋下春波綠曾是驚鴻照影來

又詩　有亭　禹跡寺南有沈氏小園四十年前嘗題小詞一闋壁間偶復一到而園已三易主讀之悵然楓葉初丹槲葉黃河陽愁鬢怯新霜林亭感舊空回首泉路憑誰說斷腸壞壁醉題塵漠漠斷雲幽夢事茫茫年

來妄念消除盡圓向蒲龕一炷香〔又〕夢遊沈園兩絕
〔向〕路近城南近怕行沈家園裡更傷情香穿客袖梅
花在綠蘸寺橋春水生〔又〕城南小陌又逢春只見
梅花不見人玉骨久成泉下土墨痕猶鎖壁間塵

山陰小隱園在府城西南鏡湖中侯山上四面皆水
宋皇祐中太守楊紘始與賓從往遊而愜焉問其主
王氏山何名對曰有之非佳名也亭有名否則謝不
敢陋使以其圖來悉與之名山曰小隱之山堂曰小
隱之堂池曰瑟瑟之池命其亭曰勝奕亭曰忘歸亭
曰湖光亭曰翠麓亭又有探幽徑擷芳徑捫蘿磴百
花頂山之外有鑑中亭倒影亭皆楊公所自命名而
通判軍州事錢公輔又爲刻石記之後且百年浸廢

弗理陸少師宰嘗得之以爲別墅作賦歸堂六友堂遐觀堂秀發軒放龜臺蠟屐亭明秀亭拄頰亭撫松亭有盧贊元襄周秀實芭題詩最傳於世明王梴詩楊公真吏隱政暇即湖山亞榭臨流起雲蘿陟磴攀一朝辭郡去千古惜春閑遊客興懷處西風鬢易斑

會稽齊氏家園在府城東少微山山甚小而近湖齊祖之分司東歸遂家焉引流爲沼藝花爲圃山之上下有芳華亭脩竹巖真珠泉石屋嘉遯亭樵風亭禹穴閣應星亭東山亭釣閣盡湖山登覽之勝其自爲家山十詠陶寫景物語尤閑遠嘉泰志云已廢惟釣閣故基畧可識今山麓巨石上微存亭柱跡唐自爲詩亘當

山面間三徑平截波心種綠楊〔明〕葉太守應春循故跡建磊磊亭醒心亭堆雲軒浮槎閣景亦幽雅曠爽

昌園在府城東南二十里有梅萬餘株花時雪色可愛芳香聞數里居人以梅爲生業唐陳諫石傘峰序齊公舊居西偏昌元之精舍則作元而齊唐集文作昌源未知孰是〔宋毛平仲詩〕欲雪晝時攜酒去無人知處待花開

蕭山許詢園在北幹山下一云在蕭山舊志云詢嘗登永興縣西山築室其上蕭然自致乃號其岫爲蕭山咸和六年園與山陰宅俱捨爲寺園之寺名崇化又許君里在城内清風坊劉真長日清風明月輒思玄度〔詢詩〕蕭條北幹園〔宋徐天祐詩〕高棲不受鶴書招北幹家園久寂寥明月空懷人姓許故山猶

自岫名蕭

上虞始寧園在東山下謝靈運所棲止也宋書本傳靈運出爲永嘉太守稱疾去職父祖葬始寧有故宅及墅遂脩營別業榜山帶江盡幽居之美與隱士王弘之孔淳之等縱放爲娛有終焉之志

謝靈運山居賦 古巢居穴處曰巖棲棟宇居山曰山居在林野曰丘園在郊郭曰城傍四者不同可以理推言心也黃屋實不殊於汾陽即事也山居良有異乎市廛抱疾就閑順從性情敢率所樂而以作賦楊子雲云詩人之賦麗以則文體宜兼以成其美今所賦既非京都宮觀遊獵聲色之盛而叙山野草木水石穀稼之事才乏昔人心放俗外詠於文則可勉而就之求麗邈以遠矣覽者廢張左之艷辭尋臺皓之深意去飾取素儻值其心耳意實言表而書不盡遺跡索意託之有賞其辭曰謝子卧疾山頂覽古人遺書與其意合悠然而笑曰

夫道可重故物爲輕理宜存故事斯安古今不能革
質文咸其常合宫非縉雲之館衢室豈放勛之堂邁
深心於鼎湖送高情於汾陽嗟文成之却粒願追松
以遠遊嘉陶朱之鼓棹迺語種以免憂判身名之有
辨權榮素其無留孰如牽犬之路既寡聽鶴之途何
由哉若夫巢穴以風露貽患則大壯以棟宇祛弊宫
室以瑤琁致美則白賁以丘園殊世惟上託於巖壑
幸兼善而罔滯雖非市朝而寒暑均和雖是築構而
飾朴兩逝昔仲長願言流水高山應璩作書邙阜洛
川勢有偏側地闕周員銅陵之奧卓氏充釽槐之端
金谷之麗石子致徽音之觀徒形域之薈蔚惜事異
於栖盤至若鳳叢二臺雲夢青丘漳渠淇園橘林長
洲雖千乘之珍苑孰嘉遯之所遊且山川之未備亦
何議於無求覽明達之撫運乘機緘而理默指歲暮
而歸休詠宏徽於刊勒狹三閭之喪江矜望諸之去
國選自然之神麗盡高棲之意得仰前哲之遺訓俯
性情之所便奉微軀以宴息保自事以乘閑愧班生
之夙悟慙尚子之晚研年與疾而偕來志乘拙而俱
旋謝平生於知遊棲清曠於山川其居也左湖右江
往渚還汀面山背阜東阻西傾抱含吸吐款跨紆縈

縣聡邪亘側直齊平近東則上田下湖西谿南谷石
埭石滂閔硎黃竹决飛泉於百仞森高薄於千麓寫
長源於遠江派深毖於近瀆近南則會以雙流縈以
三洲表裏回遊離合山川崿崩飛於東峭槃傍薄於
西阡拂青林而激波揮白沙而生漣近西則楊賓接
峰唐皇連縱室壁帶谿曾孤臨江竹緣浦以被綠石
照澗而映紅月隱山而成陰木鳴柯以起風近北則
二巫結湖兩智通沼橫石判盡休周分表引脩堤之
逶迆吐泉流之浩瀁山巘下而回澤瀨石上而開道
遠東則天台桐柏方石太平二韭四明五奥三菁表
神異於緯牒驗感應於慶靈凌石橋之莓苔越楢谿
之紆縈遠南則松箴棲鷄唐嵫漫石崪嵊對嶺䖍孟
分隔八極浦而遭回迷不知其所適上嶔崎而蒙籠
下深沈而澆激遠西則[illegible]
[illegible]遠北則長江永歸巨海延納
岻漲緬曠島嶼綢沓山縱橫以布濩水廻沈而縈浥
信荒極之綿聯究風波之睽合徒觀其南術之[illegible]
[illegible]生巘[illegible]成衍[illegible]岸測深相渚知淺洪濤滿則曾
石沒清瀾減則沈沙顯及風興濤作水勢奔壯于歲

春秋在月朔望湯湯驚波滔滔駭浪電激雷崩飛流灑漾淩絕壁而起岑橫中流而連薄始迅轉而騰天終倒底而見登此楚貳心醉於吳客河靈懷慚於海若爾其舊居曩宅今園　枌櫰尚援基井具存曲術周乎前後直陌矗其東西豈伊臨谿而傍沼迺抱阜而帶山考封域之靈異實兹境之最然葺駢梁於巖麓棲孤棟於江源敞南戶以對遠嶺闢東窗以矚近田田連岡而盈疇嶺枕水而通阡阡陌縱橫塍埒交經導渠引流脉散溝開蔚蔚豐秋苾苾香秔送夏早秀迎秋晚成兼有陵陸麻麥粟菽候時覘節遞藝遞熟供粒食與鼠飲謝工商與衡牧生何待於多資理取足於滿腹自園之田自田之湖泛濫川上緬邈水區濬潭澗而窈窕除菰洲之紆餘毖溫泉於春流馳寒波而秋徂風生浪於蘭渚日倒景於椒塗飛漸榭於中沚取水月之歡娛旦延陰而物清夕棲芬而氣敷顧情交之永絕覲雲客之暫如水草則萍藻薀菼雚蒲芹蓀蒹菰蘋蘩蕝荇菱蓮雖備物之偕美獨芙蕖之華鮮播綠葉之鬱茂含紅敷之繽翻怨清香之難留矜盛容之易闌必充給而後搴豈惠草之空殘眷叩弦之逸曲感江南之哀嘆秦箏倡而溯遊往

塘上奏而舊愛還本草所載山澤不一靈桐是別和緩是悉參核六根五華九實二冬並稱而殊性三建異形而同出水香送秋而擢蒨林蘭近雪而揚猗卷栢萬代而不殞茯苓千歲而方知映紅葩於綠蔕茂素蕤於紫枝既往年而增靈亦驅妖而斥疪其竹則二箭殊葉四苦齊味水石別谷巨細各彙既脩竦而便娟亦蕭森而蓊蔚露夕沾而悽陰風朝振而清氣玄捎雲以拂杪臨磨澤而挺翠茂上林與淇澳驗東南之所遺企山陽之遊踐遲鸞鷺之棲託憶崑園之悲調慨伶倫之哀籥衛女行而思歸詠楚客放而防露作其木則松栢檀櫟桐楡檿柘穀楝楸梓檉楞剛柔性異貞脆質殊卑高沃塉各隨所如幹合抱以隱岑杪千仞而排虛凌岡上而喬竦蔭潤下而扶疏沿長谷以傾柯攢積石以插衢華映水而增光氣結風而回敷當嚴勁而葱倩承和煦而芬腴送墜葉於秋晏遲含萼於春初植物既載動類亦繁飛沐騎透胡可根源觀貌相音備列山川寒燠順節隨宜匪敦魚則鰻鱧鮒鱮鱒鯇鰱鯿魴鮪鯋鱵鰭鯉鰡鱣輯采雜色錦爛雲鮮唼藻戲浪泛荇流淵或鼓鰓而湍躍或掉尾而波旋鱸鮆乘時以入浦鰔鯷沿瀨以出

泉鳥則鵾鴻鵷鵠鶖鷺鶤鶬鷄鵲繡質鶡鸛綬章晨鳧朝集時鷸山梁海鳥違風朔禽避涼莫生歸北霜降來南接響雲漢侶宿江潭聆清哇以下聽載王子而上參薄回涉以弁翰映明壑而自眺山上則猨猱狸獾犴獌猰㺄山下則熊羆豺虎貘鹿麏麖擲飛枝於窮崖踔空絕於深硎趬谷底而長嘯攀木杪而哀鳴緡綸不投罝羅不披磻弋靡用蹄筌誰施鑑虎狼之有仁傷遂欲之無崖顧弱齡而涉道悟好生之咸宜率所由以及物諒不遠之在斯撫鷗鯈而悅豫杜機心於林池敬承聖詰恭窺前經山野昭曠聚落羶腥故大慈之弘誓拯群物之淪傾豈寓地而空言必有貸以善成欽鹿野之華苑羨靈鷲之名山企堅固之貞林希菴羅之芳園雖粹容之緬邈謂哀音之恒存建招提於幽峯冀振錫之息肩庶鐙王之贈席想香積之惠餐事在而思通理匪絕而可溫爰初經略杖策孤征入澗水涉登嶺山行陵頂不息窮泉不停櫛風沐雨犯露乘星研其淺思罄其短規非龜非筮擇良選奇翦榛開逕尋石覓崖四山周回雙流逶迤面南嶺建經臺倚北阜築講堂傍危峯立禪室臨浚流列僧房對百年之高木納萬代之芬芳抱終古之

泉源寔高液之清長謝麗塔於郊郭殊世間於城傍
欣見素以抱樸果甘露於道塲苦節之僧明發懷抱
事紹人徒心通世表是遊是憩倚石構草寒暑有移
至業莫矯觀三世以其夢撫六度以取道乘恬知以
寂泊含和理之窈窕指東山以冥期實西方之潛兆
雖一日以千載猶恨相遇之不早賤物重己棄世希
靈駭彼促年愛是長生冀浮丘之誘接望安期之招
迎甘松桂之苦味夷皮褐以頮形羨蟬蜕之匪日撫
雲蜺其若驚陵名山而屢憩過巖室而披情雖未階
於至道且緬絶於世纓指松菌而興言良未齊於殤
彭山作水役不以一牧資待谷徒隨節競逐陟嶺刖
木除榛伐竹抽筍自篁擿篛于谷揚勝所桔秋冬蘊
獲野有蔓草獵涉蘡薁亦酃山清介爾景福苦以木
成甘以播熟慕椹高林剝芨巖椒擬蒨陽崖擿擗陰
摽書見攀茅宵見索陶芟菰翦蒲以薦以芟既苑既
埏品收不一其灰其炭咸各有律六月採蜜八月樸栗備
物爲繁略載靡悉若廼南北兩居水通陸阻觀風瞻
雲方知厥所南山則夾渠二田周嶺三丣九泉別澗
五谷異巘群峰參差出其間連岫複陸成其坂衆流
溉灌以環近諸堤擁抑以接遠遠堤兼陌近流開湍

凌阜泛波水往步還還回往匝枉渚負巒呈美表邇
胡可勝單抗北頂以葺館敞南峰以啟軒羅曾崖於
戶重裏列鏡瀾於窗前因丹霞以赬楣附碧雲以翠椽
視奔星之俯馳顧[illegible]之未牽鷗鴻翻翥而莫及何
但鷺雀之翩翻沈泉傍出潺湲於東檐桀壁對跱於
礱於西霤修竹葳蕤以翳薈灌木森沈以蒙茂蘿曼
延以攀援花芬薰而媚秀日月投光於柯間風露披
清於嵔岫夏涼寒燠隨時取適階基回互橑欞乘隔
此焉卜寢翫水弄石邇即回眺終歲罔斁傷美物之
遂化悲浮齡之如借眇遁逸於人群長寄心於雲霓
因以小湖鄰於其隈衆流所湊萬泉所回沉濫異形
首毖終肥別有山水路邈緬歸水歸其路迺界北山
棧道傾虧蹬閣連卷復有水逕繚繞回圓瀰瀰平湖
泓泓澄淵孤岸竦秀長洲芊綿既瞻既眺曠矣悠然
及其二川合流異源同口赴隘八險俱會山首瀨排
沙以積丘峰倚渚以起阜石傾瀾而稍巖木映岐而
結藪逕南瀆以橫前轉北崖而掩後隱叢灌故悉晨
暮託星宿以知左右山川澗石州岸草木既標異於
前章亦列同於後牘山匪砠而是岵川有清而無濁
石傍林而插巖泉協澗而下谷淵轉渚而散芳岸靡

沙而映竹草迎冬而結綺葩樹凌霜而振綠向陽則在寒而緗煦面陰則當暑而含雪連岡則積嶺以隱嶙舉峰則群竦以巇嶮浮泉飛流以寫空沉波潛溢於洞穴凡此皆異所而咸善殊節而俱悅春秋有待朝夕須資既耕以飯亦桑貿衣藝菜當肴採藥救頹自外何事順性靡違法音晨聽放生夕歸研書賞理斂文奏懷凡厥意謂揚較以揮且列于言誡特此推北山二園南山三苑百果備列乍近乍遠羅行布株迎早候晚猗蔚溪澗森疎崖巘杏壇㮈園橘林栗圃桃李多品梨棗殊所枇杷林檎帶谷映渚椹梅流芬於回巒椑柹被實於長浦吐町所藝含蘂藉芳蓼蕺葼薺葑菲蘇薑綠葵眷節以懷露白薤感時而負霜寒葱摽倩以陵陰春藿吐苕以近陽弱質難恒頹齡易衰撫鬢生悲視顔自傷承清府之有術冀在衰之可壯尋名山之奇藥越靈波而憩轅採石上之地黃摘竹下之天門摭曾嶺之細辛拔幽澗之溪蓀訪鍾乳於洞穴訊丹陽於紅泉安居二時冬夏三月遠僧有來近衆無闕法鼓即響頌偈清發散華霏蕤流香飛越祈聽切之微言說像法之遺旨乘此心之一豪濟彼生之萬理啓善趣於南倡歸清暢於北機非獨愜

於子情諒僉感於君子山中兮清寂群紛兮自絕周
聽兮匪多得理兮俱悅寒風兮搔屑面陽兮常熱炎
光兮隆巘對陰兮霜雪憩曾臺兮陟雲根坐澗下兮
越風穴在茲城而諧賞傳古今之不滅好生之篤以
我而觀懼命之盡吝景之懽分一往之仁心拔萬族
之險難招驚魂於殆化收危形於將闌漾水性於江
流吸雲物於天端覩騰翰之頡頏視鼓鰓之往還馳
騁者儻能狂愈猜害者或可理攀指人不存懷抱誰
質糟粕猶在啓縢剖袠見柱下之經二覩濠上之篇
七承未散之全樸救已頹於道術嗟夫六藝以宣聖
教九流以判賢徒國史以載前紀家傳以申世模篇
章以陳美刺論難以覈有無兵技醫日龜筴筮夢之
法風角冢宅筭數律曆之書或平生之所流覽並於
今而棄諸驗前識之喪道抱一德而不渝伊昔齠齓
實愛斯文援紙握管會性通神詩以言志賦以敷陳
箴銘誄頌咸各有倫爰暨山棲彌歷年紀幸多暇日
自求諸己研精靜慮貞觀厥美懷欣成章含笑奏理
若迺乘攝持之告許養達之篇畏絕迹之不遠懼行
地之多艱均上皇之自昔忌下衰之在斯援吾心於
髙人落賓名於聖賢廣滅景於崆峒許遁音於箕山

愚假駒以表谷涓隱巖以搴芳
茱庇蒙以纖奋皓棲商而顯
志鄉優茂而敷詞鄭别谷而永逝梁去
覊而之會高居唐而背宇臺依崖而
穴渫咸自得以窮年耿貞思於所遺暨其窈窕幽深
寂漠虛遠事與情乖理與形反既耳目之靡端豈足
跡之所踐蘊終古於三季俟通明於五眼權近慮以
停筆抑淺知而絕簡〔過始寧墅詩〕束髮懷耿介逐物
遂推遷違志信如昨二紀及茲年緇磷謝清曠疲苶
慙貞堅拙疾相倚薄還得靜者便剖竹守滄海枉帆
過故山山行窮登頓水涉盡洄沿岩峭樹稠疊洲縈
樹連綿白雲抱幽石綠篠媚清漣葺宇臨回江築觀
基層巔揮手告鄉曲三載期歸旋且爲樹枌檟無令
孤願言〔齋中讀書〕昔余遊京華未嘗廢丘壑矧乃歸
山川心跡雙寂寞虛館絕諍訟空庭來鳥雀卧疾豐
暇豫翰墨時間作懷抱觀古今寢食展戲謔既笑沮
溺苦又哂子雲閣執戟亦以疲耕稼豈云樂萬事難
並歡達生幸可託〔田南樹園激流植援〕樵隱俱在山
由來事不同不同非一事養痾丘園中園中屛氛雜
清曠招遠風卜室倚北阜啓扉面南江激澗代汲井

揷槿當列墉群木既羅戶衆山亦當窻靡依趣丁岫
迢遞瞰高峰寡欲不期勞即事罕人功惟開蔣生徑
永懷求羊蹤賞心不可忘妙善兾皆同還舊園作見
顔范二中書辭滿豈多秩謝病不待年偶與張邴合
久欲還東山聖靈昔廻眷微尚不及宣何意衝飆激
烈火縱炎烟焚玉發崑峰餘燎遂見遷投沙理既迫
如卭願亦愆長與觀愛別永絕平生緣浮舟千仞壑
總轡萬尋巔流沫不足險石林豈為艱閩中安可處
日夜念歸旋事躓兩如直心愜三避賢託身青雲上
棲岩挹飛泉盛明盪氛昏貞休康屯邅殊方咸成貸
微物豫采甄感深操不固質弱易扳纏曾是反昔園
語往實款然曩基即先築故池不更穿果木有舊行
壤石無遠延䋣非休憇地聊取永日閑衛生自
有經息陰謝所牽夫子照情素探懷授往篇

新昌涉趣園宋石茂誠所營中有虛心庵棲息軒雙
清閣可疑軒松洞桃洞殿春徑散金徑

王家園在長潭宋丞相王爚建中有沂春亭蒼雪觀

答春堂閑遠樓石板街松化石

宅　府城内許玄度宅今大能仁寺是晉許詢父旼從元帝過江遷會稽内史因居焉詢隱居不仕召爲朝議郎不就咸和六年捨宅爲寺又嵊孝嘉鄉亦有詢宅舊記云玄度愛剡中山水之勝自蕭山徙居焉

唐少卿宅在新河坊少卿名翊宋宣和中爲鴻臚少卿連守楚泗台三洲未嘗家食前後門雖具未嘗開守舍者自側户出入少卿長子閎爲鄭州通判代還一術士舍相宅至少卿宅夜登屋臥視云此宅前開門則出兩府後開門則出臺諫而所應者非本宗後

建炎四年高宗駐蹕於越凡空第皆給百官寓止禮部尚書謝任伯寓此宅拜叅知政事中使宣召開前門赴都堂治事上虞丞婁寅亮與唐爲姻家暫假校檢奏封章乞立嗣中旨除監察御史開後門詣臺供職其言皆驗

王奇宅在府東南槿木巷以上隸山陰

陳大夫宅在府東南四五里許今禮遜坊竹園巷之間漢太中大夫陳囂慕未貴時與紀伯爲鄰伯竊囂藩地以自益囂見之不言益徙地與之伯慙懼亦歸所侵地其中乃爲大路鴻嘉二年太守周君刻石表曰

義里長簷路至今鄉人猶謂之長簷街宅蓋有大竹園劉宋永徽中建寺號竹園寺宋華鎮詩鄰里相歡起美談通衢高栁碧鬖鬖至今風俗輕虞芮目擊岐周始自慙

郭驃騎宅在府東四里許晉郭偉所居今禹跡寺是

江護軍宅在都賜里今名都泗陳江總脩心賦云晉護軍將軍彪昔涖此邦卜居山陰都賜里貽厥子孫有終焉之志寺域則宅之舊基左江右湖面山背壑東西連跨南北紆縈聊與苦節名僧同銷日用曉脩經戒夕覽圖書寢處風雲憑棲水月總彪裔孫也又一在山陰境冢宇記云郭北有江橋即彪所居之地

今江橋乃在城内俗亦指爲彪居

張志和宅唐張志和居江湖自稱烟波釣徒又號玄真子兄鶴齡爲築室越州東郭茨以生草椽棟不加斤斧大曆中觀察使陳少游往見爲終日留表其居曰玄真坊以門隘爲拓地號囘軒巷衍門阻流水又爲建橋曰大夫橋【志和漁父詞】西塞山前白鷺飛桃花流水鱖魚肥青蒻笠綠簑衣斜風細雨不須歸【又】釣臺漁父褐爲裘兩兩三三舴艋舟能縱棹慣乘流長江白浪不曾憂【又】雪溪灣裏釣魚翁舴艋爲家西復東江上雪浦邊風笑著荷衣不歎窮【又】松江蟹舍主人歡菰飯蓴羹亦共餐楓葉落荻花乾醉宿漁舟不覺寒【又】清草湖中月正圓巴陵漁父棹歌連釣車子撅頭船樂在風波不用仙【又詩】八月九月蘆花飛南溪老人垂釣歸秋山入簾翠滴滴野艇倚檻雲依依却把漁竿尋小徑閑梳鶴髮對

斜暉翻嫗四皓曾多事出爲儲皇定是非【宋黃庭堅
鷓鴣天詞】西塞山邊白鷺飛桃花流水鱖魚肥朝廷
尚覔玄真子何處如今更有詩青箬笠綠簑衣斜風
細雨不須歸人間欲避風波險一日風波十二時【庭
堅自序】李如篪云玄真子漁父詞以鷓鴣天歌之極
入律但少數句因以玄真子遺事足之玄真子當憲
宗時畫像訪之江湖不得因令集其歌詩上之玄真
子兄松齡懼其放浪而不返和其漁父云樂在風波
釣是閑草堂松桂已勝攀太湖水洞庭山狂風浪起
且須還此余續成之意【宋高宗和漁父詞并序】紹興
元年七月十日予至會稽因覽黃庭堅所書張志和
漁父詞十五首戲同其韻賜辛永宗【其一】一湖春水
夜來生幾疊春山遠更橫烟艇小釣絲輕贏得閑中
萬古名【其二】薄晚烟林淡翠微江邊秋月已明輝縱
遠柁適天機水底閑雲片段飛【其三】雲灑清江江上
船一錢何得買江天催短棹泛長川魚蠏來傾酒舍
煙【其四】青草開時已過船錦鱗躍處浪痕圓竹葉酒
棑花氊有意沙鷗伴我眠【其五】扁舟小纜荻花風四
合清山暝靄中明細火倚孤松但願尊中酒不空【其
六】儂家活計豈能名萬頃波心月影清傾綠酒糝藜

羙保任衣中一物靈[其七]駭浪吞舟脫巨鱏結繩爲網也難任綸乍放餌初沉淺釣纖鱗味更深[其八]魚信還催花信開光風特特爲誰來舒柳眼落梅腮浪煖桃花夜轉雷[其九]暮暮朝朝冬復春高車駟馬趁朝身金柱屋粟盈囷那如江漢獨醒人[其十]遠水無涯山有鄰相看歲晚更情親笛裏月酒中身舉頭無我一般人[其十一]誰云漁父是愚翁　葉浮家萬慮空輕破浪細迎風睡起蓬窗日正中[其十二]水涵微雨湛虛明小笠輕簑未要晴明鑑裏穀紋生白鷺飛來空外聲[其十三]無數菰蒲間藕花棹歌輕舉酌流霞隨處好轉山斜也有孤村三兩家[其十四]春入渭陽花氣多春歸時節自清和衝曉霧弄滄波載與俱歸又若何[其十五]青灣幽島任盤紆一舸橫斜得自如惟有此更無居從教紅袖泣前魚

趙宗萬宅在照水坊左瞰平湖前挹秦望[宗萬詩]斗懸金印心難動昇列春山眼暫開　以上隸會稽

山陰孔車騎宅在府城西南三里晉孔愉初以討華

軼功封餘不亭侯授車騎將軍及爲會稽三年嘗山陰湖南山下數畝地爲宅草屋數間便棄官居之山初無名以愉來居名侯山

施肩吾宅宋陳堯佐詩幽居正想餐霞客夜久月寒珠露滴千年獨鶴兩三聲飛下巖前一株栢

陸放翁宅宋寶謨閣待制陸游所居在三山地名西村游自著居室記陸子治室於所居堂之北其南北二十有八尺東西十有七尺東西北皆爲窻窻皆設簾障視晦明寒燠爲舒卷啓閉之節南爲大門西南爲小門冬則折堂與室爲二而通其小門以爲奧室夏則合爲一而闢大門以受涼風歲暮必易腐瓦補罅隙以避霜露之氣朝晡食飲豐約惟其力少飽則止不必盡器休息取調節氣血不必成寐讀書取暢適性靈不必終卷衣加損視氣候或一日屢變行

不過數十步意倦則止雖有所期處亦不復問客至或見或不能見間與人論說古事或共杯酒倦則亟舍而起四方書疏略不復遣有來者或亟報或守累日不能報皆適逢其會無貴賤親疏之間足跡不至城市者率累年少不治生事舊食奉祠之祿以自給秩滿因不復敢請縮衣節食而已又二年遂請老法當得分司祿亦置不復言舍後及旁皆有隙地蒔花百餘本當敷榮時或至其下方羊坐起亦或零落已盡終不一往有疾亦不汲汲近藥石久多自平家世無年自曾大父以降三世皆不踰一甲子今獨幸及七十有六耳目手足未廢可謂過其分矣然自討平昔於方外養生之說初無所聞意者日用亦或默與養生者合故悉自書之將質於山林有道之士云又詩八首　老寄孤村裡悠然卧曲肱算貧先放鶴嫌俗并疎僧古戍高秋笛寒窗半夜燈平生麤詭遇多獲豈無能　又　吾廬雖小亦佳哉新作柴門斷綠苔拄杖每闌歸鶴入釣船時帶夕陽來墟烟隔水霏霏合籬菊淩霜續續開千里佳期那可得笑呼林父共傳杯

又　天氣晴和脩禊後士風淳古結繩前村村陂足分秧水戶戶門通入郭船亭障道消常息鼓坊塲酒賤

不論錢行人爭看山翁醉醉枕槐根卧道邊【又】莫笑農家臘酒渾豐年留客足鷄豚山重水複疑無路栁暗花明又一村簫鼓追隨村社近衣冠簡朴古風存從今若許閑乘月拄杖無時夜叩門【又】臘月風和意已春晴因散步過吾鄰草烟漠漠柴門裏牛跡重重野水濱多病所須惟藥物差科未動是閑人今朝佛粥更相餽更覺江村節物新【又】俠氣崢嶸蓋九州一生常恥為身謀酒寧剩欠尋常債劍不虛施細碎讐岐路凋零白羽箭風霜破敝黑貂裘陽狂自是英豪事村市歸來醉跨牛【又】數家茅屋自成村地碓聲中晝掩門寒日欲沉蒼霧合人間隨處有桃源【又】不識如何喚作愁東阡西陌且閑遊兒童共道先生醉折得黃花揷滿頭

會稽鄭太尉宅漢鄭弘所居在若耶溪側

何驃騎宅在府城東南七十里晉何充嘗為會稽內史居於此後捨為福慶寺

謝敷宅在五雲門外一里所或云在雲門寺東與何胤宅相近唐僧靈一詩春山子敬宅古木謝敷家明吳顒詩陡覺雲林勝市朝熱中心事已水消不爲少室山人起可待淮南隱士招三逕午陰松下榻一灣春水郗邊橋丈夫出處何須問畢竟名途鹿覆蕉

何子平宅在東土鄉劉宋何子平仕爲海虞令有孝行

何中令宅在秦望山下齊何胤仕至中書令後棄官入會稽卜築于若耶山雲門寺胤二兄求點並棲遁世號何氏三高梁武帝踐祚詔爲特進不起有敕給白衣尚書祿固辭又敕山陰庫錢月給五萬不受乃

勑何子朗孔壽等六人於東山受學胤以若耶處勢逼隘不容學徒遂遷秦望山山有飛泉乃起學舍即林成園因巖爲堵内營學舍又爲小閣寢處其中躬自啓閉僮僕無得至者別有室在若耶山山發洪水漂拔樹木胤室獨存時衡陽王元簡領會稽郡事令鍾嶸作瑞室頌以美之辭甚典麗

孔尚書宅在府城東南三十里地名尚書塢宋蕭鈞傳孔稚珪家起園列植桐栁多營山泉殆窮真趣又本傳稚珪不樂世務居宅盛營山水憑几獨酌傍無雜事門庭之内草萊不翦

張彪宅在若耶山彪不知何許人梁時爲楊州刺史棄于若耶興于若耶終于若耶有妻及一犬皆以節義爲時所異

賀監宅在五雲門外一名道士莊唐賀知章以秘書監請爲道士還鄉里詔許之以宅爲千秋觀後改天長觀宋郡守史浩建懷賀亭鑑湖一曲亭又于觀前築賜榮園内有幽襟逸興醒心迎棹四亭又築長堤十里夾道皆種垂楊芙蓉有橋曰春波橋跨截湖面春和秋爽花光林影左右映帶風景尤勝眞越中清絕處也唐玄宗送別詩遺榮期入道辭老竟抽簪豈不惜賢達其如高尚心寰中得秘要方外散

幽襟獨有青門餞群僚悵别深【知章詩】少小離鄉老大回鄉音無改鬢毛衰兒童相見不相識咲問客從何處來【李白詩】狂客歸四明山陰道上逈勑賜鏡湖水為君臺沼榮人亡餘故宅空有荷花生念此杳如夢悽然傷我情【又】久辭榮祿遂初衣曾向長生說息機真訣自從茅氏得恩波寧阻洞庭歸瑶臺含霧星辰滿仙嶠浮空島嶼微借問欲棲珠樹鶴何年却向帝城飛【又】鏡湖流水漾清波狂客歸舟逸興多山陰道士如相見應寫黃庭換白鵞【姚鵠詩】若非堯運及垂衣肯許巢由脫俗機大液始同黃鶴下仙鄉已駕白雲歸還披舊褐辭金闕却捲玄珠向翠微鸞東慙無仙藥分隨君空有夢魂飛【宋放詩】已得歸鄉里道遥一外臣那隨流水去不待鏡湖春雪裡登山屐林間漉酒巾空留道士觀誰是學仙人【王鑾同賀監林月清酌詩】華月當秋滿朝軒假興同淨林新霽入窺院小凉適倅影行筵裡揺花落酒中清宵照愁意徧此耽文雄

徐季海宅在五雲橋東嘉泰志云髣髴有遺趾存溪

山奇麗過者屬目

嚴長史宅在東鑑湖唐嚴維所居有園林甚著名於時大曆中鄭槩裴冕等與維聯句賦詩凡六人維嘗爲長史今地名長史村【維夏日納涼詩】山陰過野客鏡裏接仙郎盥漱臨寒水褰幃入夏堂杉松交日影枕簟上湖光衮衮承嘉話清風納晚涼【謝諸公宿鏡水宅詩】幸免低頭向府中貴將藜藿與君同陽鴈叫霜來枕上寒山映月在湖中詩書何德名夫子草木推年長數公聞道漢家偏長少此身那比訪芝翁【又酬王侍御】梛塘薰晝日花水溢春渠若不嫌雞黍先令掃敝廬【酬耿湋】俺扉嘗自靜驛吏忽傳呼水巷驚馴鳥藜牀起病軀顧身悲欲老戒子力爲儒明日公西去烟霞復作徒【又詩】家貧惟種竹時幸故人看【又】落木秦山近衡門鏡水通【又園林六言】杖策山橫綠野乘舟水入衡門【皇甫冉秋夜宿嚴維宅詩】昔聞玄度宅門向會稽峯君住東湖下清風繼舊踪秋深臨水月夜半隔山鐘世故多離

別良宵詎可逢〔耿湋詩〕許詢清論重寂寞住山陰野
路接寒寺閑門當古林海田秋熟早湖水夜漁深世
上窮通理誰人奈此心〔劉長卿宿嚴維宅送包佶詩〕
江湖同避地分手自依依盡室今爲客經冬空念歸
歲儲無別墅寒服羨鄰機草色村橋晚蟬聲江樹稀
夜涼宜共醉時難惜相違何事衡陽侶汀洲忽背飛

秦隱君宅唐秦系所居在若耶溪上〔系春日閑居詩三首〕一似桃源
隱將令過客迷礙冠門柳長驚夢院鶯啼澆藥泉流
細圍棋日影低舉家無外事共愛草萋萋〔又〕長謠朝
復暝幽獨幾人知老鶴兼雛弄叢篁帶笋移白雲將
袖拂青鏡出簷窺邀取漁家叟花間把酒巵〔又〕寂寂
池亭裏軒窗間綠苔遊魚牽荇沒戲鳥踏花摧小徑
僧尋去高峰鹿下來中年曾屢辟多病復遲迴〔贈張
正則〕終年常避喧師事五千言流水閑過院春風與
閉門山容邀上客桂實落華軒莫強教余起微官不
足論〔晚秋拾遺朱放訪山居〕不逐時人後終年獨閑
關家中貧自樂石上臥常閑墜栗添新味殘花帶老
顏侍臣當獻納那得到空山〔將移耶溪舊居留贈嚴
維〕雞犬漁舟裏長謠任興行那邀落日醉已被遠山

迎書屐將非重荷衣著甚輕謝生無箇事忽起爲蒼
生徐侍郎素未相識携酒饌無諸詩客同訪山居忽
道仙翁至幽人學拜迎華簪窺甕牖珍味代藜羹洗
硯魚仍戲移尊鳥不驚蘭亭攀叙郝會此越中營枉
張宙貟外書期訪衙門常恨相知晚朝來枉數行肘
雲擘聖代拂石候仙郎時果連枝熟春醪滿甕香貧
家仍有趣山色滿湖光崔大夫有書相問客在烟霞
裹閑閑逐狎鷗終年常躶足連日半蓬頭帶月乘魚
艇迎寒綻鹿裘已於人事少多被掛冠留紫茉堆下
卷清風至一丘倉皇倒藜杖傴僂覲銀鉤跡慨巢由
隱才非管樂儔從來自多病不是傲王侯耶溪書懷
寄劉長卿時在睦州時人多笑樂幽棲晚起閑行獨
杖藜雲色卷侵前後嶺藥苗新舊兩三畦偶逢野果
將呼子屢折荊釵亦爲妻擬共釣竿長往復嚴陵灘
上勝耶溪柤皇甫溫大夫書見招十年木屐步苔痕
石上松間水自喧三畝草堂曾破褐數行書札忽臨
門卧多共惜嵇康病才劣虛同郭隗尊亞相已能憐
潦倒山花笑處莫啼猿寄錢起苗發二員外空山歲
計是胡麻窮海無梁泛一槎稚子唯能覓梨栗逸妻
相共老烟霞閑吟麗句驚巢鶴閑閉春風看落花借

問省中何水部令人幾箇屬詩家鮑防員外見尋書
情呈贈少小爲儒不自強如今懶復見侯王擥鏡已
知身漸老買山將作計偏長荒涼鳥獸同三逕撩亂
琴書共一牀猶有郎官來問疾時人莫道我佯狂寄
浙東皇甫中丞閑閑麋鹿或相隨一兩年來鬢欲衰
琴硯共依春酒甕雲霞覆著破柴籬注書不向時流
說種藥空令道士知久帶紗巾仍藉草山中那得見
朝儀酬諸曁丹丘明府荷衣半破帶莓苔笑向陶潛
酒甕開縱醉還須上山
去白雲那肯下山來

蕭山江文通宅在縣東北一百三十歩後捨爲覺苑
寺今人猶謂之江寺南有夢筆橋

荷擔僧宅在來蘇鄉

厲大資宅在許賢鄉

諸曁范蠡宅在長山側今爲翠峰寺山後有鴟夷井

唐張蠙詩一變姓名離百越越城猶在范家無他人不見扁舟意却笑輕生泛五湖宋范仲淹詩翠峰高與白雲閑吾祖曾居山水間千載家風應未墜子孫還解愛青山元吳萊詩淡淡寒雲鶴影邊荒阡故宅忽千年大夫已賜平吳劍西子還隨去越船白石撑空留罔象青松落井化蜿蜒徒憐此地無章甫只觧區區學計然

餘姚虞國宅在江之南其北正直龍泉山國漢日南太守舊志云宅今爲百官倉即雙鴈送國歸處初號西虞以兄零陵太守光居縣東稱東虞也

黃昌宅在黃橋南昌漢大司農縣志云居近學宮

上虞孟嘗宅在縣南二十三步有孟宅橋嘗漢合浦太守又東一里有還珠門取珠還合浦之義

謝太傅宅在東山晉書本傳謝安寓居會稽與王羲之及高陽許詢桑門支遁遊處出則漁弋山水入則言詠屬文晉陽秋謝安石家於上虞縣優游山林六七年後人謂即國慶院址是有東西二眺亭洗屐池薔薇洞白雲明月二堂遺跡

謝車騎宅水經注浦陽江自嶀山東北逕太康湖車騎將軍謝玄田居所在右濵長江左傍連山平陵脩逕澄湖遠鏡於江曲起樓樓悉是桐梓森聳可愛居人號爲桐亭樓樓兩面臨江盡升眺之趣蘆人漁子汎濫滿焉湖中築路東出趣山路甚平直山中有三

精舍高甍凌雲垂簷帶空俯眺平烟杳然在下水陸寧晏足爲避地之鄉矣

嵊王右軍宅在金庭山羲之既去官與東土人士盡山水之遊弋釣爲娛閣帖中宅圖帖云近令送此宅圖云可得卌畝者爲佳可與水近共行視佳者決便當取問其賈似即此宅蓋在郡日遣人視者設在戢山則無須圖矣卌者四十字省也後捨讀書樓爲觀觀之東廡有右軍像及墨池鵞沼在焉又一帖云近脩小園子殊佳致果雜藥深可致懷也儻因行往希見比則未知是此是別業羲之誓墓文維永和十一年三月癸卯朔九日辛亥小子羲之敢告二尊之靈羲之不天夙遭閔凶不蒙過庭之訓母兄鞠育得漸庶幾遂因人乏蒙國寵榮進無忠孝之節退違推賢之義每仰詠老氏周任之誠常恐斯

亡無日憂及宗祀豈在微身而已是用寤寐永歎若墜深谷止足之分定之於今謹以今月吉辰肆筵設席稽顙歸誠告誓先靈自今之後敢踰此心貪冒苟進是有無尊之心而不子也子而不子天地所不覆載名教所不得容信誓之誠有如皦日

戴安道宅在桃源鄉鄉有戴村村多戴姓者世說郗超每聞欲高尚隱退者輒爲辦百萬資并爲造立居宇在剡爲戴公起宅甚精整戴始往舊居與所親書曰近至剡如官舍

戴逵閑遊賛并序　神人在上輔其天理知溟海之禽不以樊籠服養樂散之質不以斧斤致用故能樹之於廣莫栖之於江湖戴之以大猷覆之以玄風使夫淳朴之心靜一之性咸得就山澤樂閑曠箕嶺之下始有閑遊之人焉降及黃綺逮于臺尚莫不有以保其太和肆其天直者也且夫巖嶺高則雲霞之氣鮮林藪深則簫瑟之音清其可以澡玄瑩素全其浩然者舍是焉取故雖援世之彥翼教之傑效舞雩以發詠聞秉杼而懔寫兒乎道垂方內體絕風塵理揖長謝歌鳳逡巡溢八疵於玄涎澄雲崖而顛神者哉然如山林之客非徒逃人患避爭鬥諒所以翼順資和滌除機心容養淳淑而自適者爾凡物莫不以適爲得

以足爲至彼閑遊者奚往而不適奚待而不足故蔭映巖流之際偃息琴書之側寄心松竹取樂魚鳥則澹泊之願於是畢矣然奇趣難均玄契罕遇終古皆孤棲於一巖獨翫於一流苟有情而未忘有感而無對則輟斤寢絃之歎固以幽結於林中驟感於遐心爲日久矣我故遂求方外之美略舉養和之具爲雜贊八首暢其所托始欣閑遊之遐逸終感嘉契之難會以廣一往之詠以抒幽人之心云爾贊曰茫茫草昧綿邈玄世三極未鼓天人無際萬器既判靈朴是虧寔有神宰忘懷司契宜其外旁通潜感莫滯緫順巢窟無應夷惠緬矣遐心超哉絕步顧揖百王仰怡泰素矜其大眞外其囂務詳觀群品馳神萬慮誰能高映悠然一晤

阮肇宅在縣南十里即今阮公廟［宋王十朋詩］再入山中去烟霞鎖翠微故鄉遺宅在何日更來歸

［墅］餘姚虞國墅在羅壁山孔曄記漢虞國墅襟帶溪山表裏疇苑洛陽人來云巖囿大勢具體金谷郗太

宰遍遊諸境棲情此地每至良辰攜子遊憩後以司空臨郡遂卜居之宋華鎮詩山列翠屏圍碧落水流鳴管繞平田郗家池館蘿蕪沒金谷形容自究然

賀墅在雲棲鄉晉賀循所居宋岑全詩荒村車馬驚鸞鶴散騎茅堂見杜蘭冰王自甘山水味慢勞甲第賜長安

上虞顧墅梁顧歡授學之處

館

府城内北館書苑王右軍爲會稽守子敬出戲見北館新塈上壁白淨可愛取掃帚沾泥汁中書壁爲方丈字瞻曖斐亹極有好勢觀者成市

餘姚日門館在太平山梁杜京產寓館也陶弘景碑吳郡杜徵

君構宇太平之東結架菁山之北爰以幽奇别就基址棲集有道多歷歲年

上虞凝虛館

嵊太平館南史褚伯玉居剡中齊高帝詔吳會二郡以禮迎遣辭病歸乃敕於剡西白山立太平館居之孔稚珪從其受道為於館側立碑宋書伯玉隱身求志居剡縣瀑布上常處一樓卒葬樓前今西白山有瀑布泉

舍

府城內五雲栅舍會稽地宋林景熙記越城繞浙之東曰五雲門去城東南三十里曰五雲村五雲佳色往往徵瑞王自晉為江左著氏越千年益蕃以碩宋淳祐景定間依光日月仕為顯官今卧龍府治之西其故第也會陵谷始各治别第於東南隅避喧居

馬吾院梅山君即其居累土爲山種梅百本與喬松
脩篁爲歲寒友傲冗水雪斡旋陽和踈影弄波澹香
浮月至若春芳敷腴爭紅競紫則巳飄然謝事如姬
公明農蹝傳辭祿邈不可攀緑陰滿庭纍纍青子可
以升廊廟調鼎鼐下視桃李輩直輿儓耳明初伯仲
武跡前矣復爲堂而構之扁曰五雲梅舍予曰城中
數萬戶魚鱗相比皆舍也而舍於梅爲清夫人容膝
之外非甚俗者亦或蒔花植木以供燕娛固有依梅
而舍也而梅於五雲爲瑞沂國王公賦梅詩云雪中
未問和羹事先向百花頭上開魏國韓公驢傳第一
太史奏曰下五色雲見其後二公皆賢宰輔梅無情
雲無心也而徵於二公況兼而有之乎梅同雲同又
安知他日宰輔之事無與
同哉王氏之興未艾也

[居]嵊王翁信舊居 唐皇甫冉送王翁信還剡中舊居詩海岸耕殘雪溪沙釣夕陽家中何所有春草漸看長

[別業]府城内王右軍別業今戒珠寺是也山陰地舊

經云羲之別業有養鵞池洗硯池題扇橋存焉今寺有右軍祠宋王十朋詩欲弔右軍千載魂祠堂荊棘斷碑存老僧相見話遺事問我蘭亭幾世孫朱熹詩因山鑿石浮屠舍遺像仍留內史祠筆塚近應爲塔塚墨池今已化蓮池書樓觀在人隨遠蘭渚亭存世幾移數紙黃庭誰不重退之猶笑博鵞時

山陰朱山人別業唐劉長卿送朱山人越州賊退後歸山陰別業詩越州初罷戰江上送歸橈南渡無來客西陵自落潮空城垂故柳舊業廢春苗閭里相逢少鶯花共寂寥

嵊王公別業唐皇甫冉送王緒還剡中別業不見開山去何時到剡中已聞成樹木更道長兒童籬落雲常聚村墟水自通朝朝憶玄度非是對清風

山房餘姚石田山房在四明山祠宇觀旁元毛道士永貞所築其下磈磈磈磈衡亘從合畦町萬狀無非

石也菖蒲河車芝草蒼耳隨采而足故曰石田同時薛毅夫樂其幽勝亦同隱焉

元黃縉贈石田鍊師

石田外史冊山住如此溪山得此人高詠久無皮襲美清風復見謝遺塵門前飛瀑長翻雪洞口幽花淺駐春老我京華歸訪隱抱琴安得日相親

留若冲詩

道人住居白水洞洞口有田供鑿耕鉏不用辛苦少王石白分烝鍊精拾薪淵底客共煑化羊嶺上仙俱成夜深無倘月自到坐聽九霄笙鶴聲

薛毅夫詩

數畝依山宅一區喜存磽确勝膏腴近因辟穀懷黃石也復耕烟種白榆王氣潤多山木秀松雲飄盡鶴巢孤會當脫屣從師去乞取青櫺顆顆珠

義門

會稽平水雲門之間有裘氏義門自齊梁以來七百餘年無異爨宋大中祥符四年州奏旌其門閭是府裘氏義居已十有九世闔門三百口其族長

曰承詢至嘉泰初又五六世蓋二十四五世矣猶如故鄉人謂嘗有餽瓜者族長集小兒十三歲以下者百餘人使自取之各相推遜以長幼待占其習爲廉遜如此於時猶共一廳尚頗宏壯有孫威敏公題字存焉其後族老季光以所藏今昔留題詩刻石傳得作序至元末始毀於兵而族亦漸陵替矣嘉泰志云所謂旌表門閭者唐以來有廳事步欄前列屛樹烏頭正門閥閱一丈二尺烏頭二柱端冒以瓦桶築雙闕一丈在烏頭之南三丈七尺夾植槐柳十有五步五代多故不能如故事晉天福中乃敕度地之宜高

其外門門施綽楔左右築臺高一丈二尺廣狹方正稱焉坊以白而赤其四角裘氏盖用此制自平水適雲門者望其旌表在道旁數十步【宋】李光詩夫何於會稽卓然有裘氏同居六八百年相聚三千指昔賢欽義方列奏聞天子詔恩保門閭光華映閭里自裘氏旌表之後六十七年而上虞劉承詔繼之趙抃有記

【倉】會稽王大令筆倉在五雲山顯聖寺後今爲眢井耳

【巢】山陰書巢宋陸游讀書處也【自爲記】陸子既老且病猶不置讀書名其室曰書巢客有問曰鵲巢于木巢之遠人者燕巢于梁巢之襲人者鳳之巢人瑞之梟之巢人覆之雀不

能巢或奪燕巢巢之暴者也鳩不能巢伺鵲育雛而去則居其巢巢之拙者也上古有有巢氏是爲未有宮室之巢堯民之病水者上而爲巢是爲避害之巢前世大山窮谷中有學道之士棲木若巢是爲隱居之巢近時飲家者流或登木杪酣醉叫呼則又爲狂士之巢今子幸有屋以居牖戶墻垣猶之比屋也而謂之巢何耶陸子曰子之辭辯矣顧未入吾室吾室之内或棲于櫝或陳于前或枕藉于床俯仰四顧無非書者吾飲食起居疾痛呻吟悲憂憤歎未嘗不與書俱賓客不至妻子不觀而風雨雷雹之變有不知也間有意欲起而亂書圍之如積槁枝或至不得行則輒自笑曰此非吾所謂巢者耶乃引客就觀之客始不能入既入又不能出乃亦大笑曰信乎其似巢也客去陸子歎曰天下之事聞者不如見者知之爲詳見者不如居者知之爲盡吾儕未造大道之堂奥自藩籬之外而妄議之可乎因書以自警嘉泰志云

越藏書有三家曰左丞陸氏尚書石氏進士諸葛氏中興秘府始建嘗於陸氏就傳其書而諸葛氏在紹興初頗有獻焉可以知其所蓄之富矣陸氏書特全於放翁家嘗宦兩川出峽不載一物盡買蜀書以歸

其編目曰益鉅諸葛氏以其書入四明子孫猶能保之而石氏嘗尚書亡恙時書無一不有又嘗纂集前代古器爲圖記亦無一不具其後頗弗克守而從子大理正邦哲盡以金求得之於是爲博古堂博古之所有衆矣其冥搜遠取折終身不厭者後復散出而諸孫提轄文思院繼曾稍加訪尋間亦獲馬三家圖籍其二氏嘗更廢遷而至今最盛者惟陸氏又荆國王文公從孫厚之自臨川來暨陽今爲直寶文閣平生澹泊無他好獨好聚金石刻又特精鑒故所得尤多自三代彝鼎款識秦漢以降碑篆銘碣縣厓斷壁題字紀績收刻補缺整緝漶滅皆大備於所著復齋金石錄家世有右軍璽紙建安帖尤所寶惜常以自隨

會稽鵲巢唐時有僧棲止秦望山長松上號鵲巢和尚白居易問師住處危險師曰太守地位危險尤甚

宋徐天祐詩 分得南飛鵲一枝長松頂上結趴時世間何處無平地若比長松眞是危

器物　玄珪相傳禹物也匱藏之色黑如黳徑五寸厚寸餘肉好相倍上下有邸州將常封鑰

白璧十道四蕃志宋孝武使任延脩禹廟土中得白璧三十餘枚意是禹時萬國所執梁初治廟穿得碎珪及璧百餘片

古珪青玉印篆字記宋武帝修禹廟得古珪梁初又得青玉印

禹珪璋璧佩宋紹興二十七年禹廟殿前土中一夕忽光熖爍人即其處劚之去土面財三尺得珪二璋璧各一珮三觀者多疑非古物或謂後世以奉神

者其說近似乾道五年官命置籍圖其形使道士守之

禹劍宋時在禹祠殿世相傳禹之所服寸刃出於鞘外瑩無繡澁而堅不可拔宋孫晃詩水劍還難問梅梁亦可疑錢宗詩塵埃共鎖梅梁在星斗仍分劍鞘存

五寶劍一純鈎二湛盧三勝邪四魚腸五巨闕越絕書句踐有寶劍五聞於天下

石船石帆鐵履鐵屐郡國志塗山有石船長一丈云禹所乘者十道四蕃志聖姑從海中乘石舟張石垗帆至此遂立廟廟中有石船船側掘得鐵屐一量寰

宇記宋元嘉中有人於石船側掘得鐵屐一雙會稽記東海聖姑乘石船張石帆至二物見在廟中盖江北禹廟也

玉梁　漢武帝時民以旱蝗祈玉笥山因置觀既構殿少中梁忽一夕雷風大作明旦霽乃天降白玉梁一於殿上光彩瑩目因號玉梁觀後魏武遣使取之未至觀九里午時雷霆裂殿梁化爲黄龍乘雲去

御史牀　寰宇記在州東四里虞翻爲吳長沙桓王禮待特設此牀以表賢客翻仕吳至御史舊經五官省相傳有虞翻牀（梁元帝玄覽賦御史之牀猶在都護之門不脩牀今不存）

黃門銅漏舊經黃門有銅漏古制甚精王羲之書陸機漏賦鐫刻於上歷代以爲寶今不復存

漏罌漏壺漏盤漏權漏鉦宋建炎中太守翟汝文製各有銘其子大宗正丞耆年作罌篆筆力奇古

雷鼓輿地志句踐應門之上有大鼓名之爲雷鼓以威於龍也寰宇記吳作蛇門有蛇象而龍角漢書王尊傳毋持布鼓過雷門注雷門會稽城門也有大鼓越擊此鼓聲聞洛陽湘洲記前陵山有大石鼓云昔神鶴飛入會稽雷門中鼓因大鳴十道志雷門上有大鼓圍二丈八尺聲聞百里孫恩之亂軍人斫破有

雙鶴飛出後後不鳴晉書亦載之舊經門去城百餘步後改爲五雲門唐詩雲門曾化鶴宋王十朋詩吳越興亡事若何譙門遺蹟枕山河大聲曾作雷霆震應笑人間布鼓多明王文軾詩東方有奇器音響一何墳殷殷南山側霆雷奮雷門隨風揚遠道千里安足云憶聊雙飛鶴曠世不再聞故爲人所羨今爲人所論太息古變聖相逢及黃昏一鼓驚絕世再鼓聲開君三鼓起視夜王衡回乾坤初倡清廟瑟變宮三避尊徘徊升九歌妙曲盈十分擊石舞百獸此調傷不存此調寧足惜知音諒難群但恐別君久終棄如浮雲

會稽徽命鐘晉書郭璞傳元帝爲琅琊王使璞筮遇豫之睽璞曰會稽當出鐘以告成功上有勒銘應在人家井泥中得之繇辭所謂作樂崇德殷薦之上帝者也及帝即位太興初會稽剡縣人果於井中得一

鍾長七寸二分口徑四寸半上有古文奇書十八字云會稽徽命餘字時人莫識璞曰蓋王者之作必有靈符塞天人之心與神物合契然後可以言受命矣觀五鐸啓號於晉陵棧鍾告成於會稽瑞不失類出皆以方豈不偉哉

于闐鐘在會稽靈嘉寺今福慶寺是也唐竇庠于闐鐘歌送靈徹上人歸越序云靈嘉寺鐘按越中記此鐘本于闐國寺鐘因風雨失鐘所在有天竺僧過于闐識此鐘于越靈嘉寺至今鎖在寺樓詩海中有國傾神功烹金化成九乳鐘精氣激射聲冲融護持海底諸魚龍聲有感神無方連天雲水無津梁不知飛在靈嘉寺一國之人皆若狂東南之美天下傳環文萬狀無雕鐫有靈飛動不敢懸鎖在危樓五百年有時清秋日正中繁霜滿地天無風一聲洞徹八音盡萬籟悄然星

漢空徒言凡質千鈞重一夫之力能振動大鳴小鳴須在君不擊不叩終不聞高僧訪古稽山曲絡日賞之言不足手提文鋒百鍊成恐制此鐘無一聲

驅山鐸唐人於越溪獲鐸以問僧一行答云此秦始皇驅山鐸也

椽笛蔡邕避難江南宿於柯亭之館以竹爲椽邕仰眄之曰良竹也取以爲笛音聲獨絕歷代傳之文士傳云是東第十六根伏滔長笛賦桓子野吹長笛即此世說蔡伯喈睹睞笛椽孫興公聽妓振且攏折王右軍聞大嗔曰三祖壽樂器虺尾男孫家兒打折

李舟笛國史補李舟好事嘗得村舍煙竹截爲笛堅

如鐵石以遺李謩謩吹笛天下第一逸史謩開元中
吹笛第一部近代無比有故自教坊請假至越州公
私更讌以觀其妙時州客舉進士者十人皆有資業
乃醵二千文同會鏡湖欲邀李生湖上吹之想其風
韻尤敬如神以費多人少遂相約各召一客會中有
一人以日晚方記得不遑他請其鄰居有獨孤生者
年老久處田野人事不知茅屋數間嘗呼爲獨孤丈
至是遂以應命到會所澄波萬頃景物皆奇李生拂
笛漸移舟於湖心時輕雲蒙籠微風拂浪波瀾陡起
李生捧笛其聲始發之後昏曀齊開水木森然髣髴

如有鬼神之來坐客皆更贊詠之以爲鈞天之樂不
如也獨孤生乃無一言會者皆怒李生爲輕已意甚
忿之良久又静思作一曲更加妙絶無不賞駭獨孤
生又無言鄰居召至者甚慚悔白於衆曰獨孤村樂
幽處城郭稀至音樂之類率所不通會客同誚責之
獨孤生不答但微笑而已李生曰公如是是輕薄爲
復是好手獨孤生乃徐曰公安知僕不會也坐客皆
爲李生改容謝之獨孤曰公試吹凉州至曲終獨孤
生曰公亦甚能妙然聲調雜夷樂得無有龜兹之侶
乎李生大駭起拜曰丈人神絶某亦不自知本師實

龜茲人也又曰第十三疊誤入水調足下知之乎李生曰某頑蒙實不覺獨孤生乃取吹之李生更有一笛拂拭以進獨孤視之曰此都不堪取執者粗通耳乃換之曰此至入破必裂得無恡惜否李生曰不敢遂吹聲發入雲四座震慄李生蹙踖不敢動至第十三疊揭示謬誤之處敬伏將拜及入破笛遂敗裂不復終曲李生再拜衆皆帖息乃散明旦李生幷會客皆往候之至則唯茅舍尚存獨孤生不見矣越人知者皆訪之竟不知其所去

戴安道琴琴箋安道一琴琴比常製長一尺

顧歡琴歡隱剡山齊高帝徵進玄綱優詔稱善賜素琴麈尾

古銅罍輿地志句踐所藏晉太元中謝輶爲郡守掘郡廳柱下深八尺得古銅罍可容數斗題作越王字文甚分明是今隸書餘不可識輶以爲范蠡厭勝之術遂埋之今不識其處

古錞于冢宇記聖姑廟又有周時樂器名錞于銅爲之形似鍾而有頸映水用芒莖拂之則鳴

金罍晉太康中上虞鑿井得之云是魏伯陽遺物井在今天慶觀東廡

翠壺嵊舊志稱甲戌冬剡丁發諸荒墟不知何代也壺範簡古蘚花黛綠銅性空入手輕甚【銘】黛澤脣含靈苔花含蹟金性積毀土膏輟餌

許承瓢直詣上虞吳曇扳得許承一瓢贈褚伯玉伯玉亡後留付弟子朱僧標歷代寶之可受一斛唐先天二年敕女道士王妙行詣金庭觀投龍因持此瓢還長安

神女墨漢王朗爲會稽太守其子肅隨在郡住東齋中夜有女子從地中出自稱越王女與肅語盡夕將曉辭別贈墨一九是時肅方注周易多有疑滯旦用

此墨便覺才思開敏

秦系硯系註老子穴山石爲硯

王硯宋時嵊開元鄉民斸土值硯色下巖也渾璞溲餓受墨處獨低中隱而處唐以前物也上有銘可讀銘玉在深山有道則見山耶石耶陵谷幾變嗚呼此玉不晦不炫不以知貴不以棄賤

八角石硯宋剡丁癸硯於破塚外肖羲畫內鑒禹游赴手輕爽石性巳空入土老也銘二火一刀研與人俱高甲乙丙丁硯與數不逃石之饕志之勞文之騷人之豪

古端硯與時製不同元大德中嵊靈慶寺僧於破墻底得之下方濶五寸上有三角有金紅點如星宿光

動底有十八圓點具五色直透上面好墨研之流動後至元庚辰廉訪使賓宗茂索去有銘字古難認

二大洗刻錄吳莊漁人得之歸章氏遺余銘則作銘者高似孫也銘金兮精火兮明土兮英水兮清器兮貞人兮聲

三足洗周樞得之清化銘尚古維人範模有智伊谷可陵厥用罔暨

重華石吳越錢氏將浚舜井得又有金銀器古錢琥珀水精瑪瑙珠等雜物共三十四件詳錢鏐自撰舜井記

唐琦石唐將軍擊琶八石也在旌忠廟

古塼宋乾道中上皐耕者得古塼有文曰五鳳元年

三月造以獻府牧洪适适命鐫爲硯置案閒意甚愛之淳熙中三山陸氏鑿渠得古塼有文曰永安五年七月四日造作文一塼曰太康十年七月造蓋吳及西晉物也藏陸氏

紹興府志卷之十

紹興府志卷之十一

物産志

穀 蔬 果 花 木 草 竹 藥 鳥

獸 魚 介屬 蟲 貨 器

穀 早稻六月即熟 紫口甲背微紫粒細 朝稡俗謂之老了烏 麤稈 細稈 細珠 早白黏越人謂芒爲黏

晚白黏 料水白歲遇甚潦輒能長出水上 餘杭白粒圓而白俗傳種自餘杭來 稚蒙粒麤而黏最短 烏啣來實類餘杭白而色稍青 鵞脚黃 葉

下藏穗低而葉卬　健脚青熟時莖挺而色猶青

宜典白種自宜典來　以上俱秔類宜炊

椎穤　青稈穤　水鮮穤八月早熟　羊鬚　胭脂

穤　早黃秫　黃殼穤　紅秥秫穤其芒赤穤之佳者

以上俱秫類宜釀稻之種甚多不能盡識嘉泰志列有五十六種詢之農家問或茫然今所錄悉據山會新志八邑大約相同雖不盡亦無幾矣

秔粟　穤粟　木粟稈尖幾徑寸苗如蘆高丈餘粒比粟殊大皮黑性秥

稷越人謂之穄粟或云蘆穄黍稷二種越中不甚藝山邊人間藝之亦間有藝木粟數稈於園中者然亦不以具飧神農氏嘗黍下稻職方氏揚州其地宜稻是也

大麥秋種立夏前熟　晚大麥穗長而子多與小麥齊熟　六稜麥　中早麥　紅黏糯麥堪作酒　以上俱大麥

小麥小滿前熟　早白麥　松蒲麥芒禿如松房

娜麥穗如大麥　以上俱小麥

蕎麥三稜而赤七月種九月熟然畏霜得霜則枯浙東藝麥晚或刈蕎而種麥

烏豆　白豆　青豆　褐豆　赤豆　菉豆　茶菉豆　赤小豆　白小豆　豌豆　七日豆一名毛豆

三收豆黑豆之小者一歲三熟　白藊豆其黑者

曰白眼豆又名鵲豆紫花者曰紫眼豆莢長而尖者曰羊角豆皆一種連莢可蒸食　羅漢豆蠶月熟又名蠶豆　虎爪豆粒斑而大九月熟　刀豆莢長幾尺而厚形似刀醬食之佳　江豆莢長尺餘最長而軟俗呼裙帶豆莢短者曰短江豆四五月熟俱可連莢蒸食

菰米彫胡也嘉泰志其根生臺曰菰菜吳中菰米爲多會稽菰菜亦富而米絕少

【蔬】蕺昔越君所嗜府城蕺山以此名本草蔓生莖紫赤色葉似蕎麥而肥闕中謂之菹菜今人多不食然

諺云豐年嫌我臭荒年賴我救

油菜其子可打油春二三月食其心最美俗謂之菜

汞汞水銀也凡草大率多汞故曰汞貢而上鉛沿而

下　白菜　青菜　芥菜　甜菜有冬夏二種　苦

菜　萵苣菜　波稜菜　薺　薹　芹一名水英產

白馬山者最美　莧有紅白紫三色紅者名馬齒莧

本草葉間有水銀　茼蒿

萊菔即蘿蔔又一種黃者名胡蘿蔔葉似胡荽

越瓜本草云生越中陳藏器云越瓜大老色正白越

人當果食之述異記吳桓王時會稽有五色瓜　王

瓜　青瓜　絲瓜　冬瓜　南瓜種自吳中來易繁大如冬瓜而圓

茄又名落蘇　水茄亦名銀茄形如鷄卵云是新羅種

瓠四月熟至六月不食　葫蘆

蓴葉如荇菜而紫莖大幾如箸葉底莖外天生一層明如水晶柔滑可羹合鮒魚食之佳晉陸機詣王武子前置數斛酪王曰江東何以敵此陸云有千里蓴羹但未下鹽豉耳蕭山湘湖之蓴特珍柔滑而腴方春時采蓴小舟滿湖中　荇　茭白嘉泰志云今謂

之茭首盖茭心生臺至秋如小兒臂其白如藕而軟美異常毎年移根濯洗極潔種之則無黑脉經年不種則黑脉生矣本草名菰首蕭山新志曰種於田者佳

茨菰

蔓青或云即萊菔非然也自別一種相傳劉綱夫婦植於龍泉山移他所輙不榮列仙傳綱婦飛昇屬綱以萊熟爲期即龍泉山之蔓菁云宋朱翌詩天上佳招飛鸞鶴人間春色到蔓青

僊人菜春夏雷雨驟作俄産白水山崖石立釆可得移時亡種

芋有水陸二種　薯蕷

筍越中產最多四時不絕貓筍箭筍花筍三品佳冬月取貓筍萌土中者曰潭筍尤為土產之最京師盛尚之

蕨越山谷間多有土人不知食金衢人來者每採食之味似蔞蒿其根為粉可當麵食

菌呂氏春秋菜之美者越路之菌　木耳

石耳生四明山絕壁少微山亦有　石芥亦產四明山

葱　韭　蒜　薤　薑　荽

【果】楊梅嘉泰志出項里何塔六峯塘裏其最佳者曰官長梅色深紫香味俱絕曰緑梅有紋隆隆如線色尤紫實大而核小亦可亞官長梅也越人多漬以糖或鹽爲案酒方楊梅盛出時好事者多以小舫往遊因置酒舟中楊梅與樽罍相間足爲奇觀婦女以簪髻上丹實緑葉繁麗可愛又以雀眼竹筥盛貯爲遺道路相望識者以爲唐人所稱荔枝筐不過如此今則餘姚之燭溪湖者最佳次則蕭山郡城絶少嘗以夏至後熟熟時咸事酒昔獨婦人鮮以簪髻者其佳者俗呼爲荔枝楊梅早熟者味酸曰早酸越中果此

爲品第一明孫尚書文恪公詩萬壑楊梅絢紫霞燭湖佳品更堪誇自從名繫金閨籍每歲嘗時不在家

橘述異記越多橘園越人歲稅謂之橘戶亦曰橘籍今非其舊餘姚產謝氏園者謂之謝橘小而甘最佳唐杜荀鶴送人遊越詩有園皆種橘無渚不生蓮宋梅聖俞送馬廷評知餘姚詩曉日魚蝦市新霜橘柚橋

柚列子吳越有木曰櫾碧實皮青實丹而味酸爾雅音義櫾亦作柚

柑

橙味酸秖可糖漬食之文有甜者曰甜橙宋梅聖俞詩越虀橙熟久楚飯稻春礽

香圓似柚而大如升其皮以糖焙極薄片曰香圓丁最香脆

金橘　金柑

梅嘉泰志越州昌源梅最盛實大而美四五月之間梅欲黄落則水潤土溽礎壁皆汗蒸鬱成雨其霏如霧謂之梅雨沾衣服皆敗黦故自江以南三月雨謂之迎梅五月雨謂之送梅轉淮而北則否梅至北方多變而成杏故北人多有不識梅者地氣使然也越中又有映水梅其實甚美而頰紅消梅其實脆而無滓其始傳於花涇李氏或謂之李家梅

桃　夏白桃　秋桃　方桃　匾桃　上原金桃

十月桃　廟山早緋桃　蕭山水蜜桃　諸暨烏石

鷹觜桃　餘姚半斤桃

杏嘉泰志越人謂鴨脚子爲杏而謂杏爲杏梅

李嘉泰志會稽有蠟李　麥熟李　迎瓜李　白淡李　紫末李　皺李　諸暨井亭李　餘姚粉羣李　茄李其實類茄七月後熟　寶慶續志剡溪者頗見稱

柰漢武内傳會稽有果名㮮亦柰屬也其佳品曰馬面㮮

林禽與柰絶相似但差小王右軍帖中所謂來禽也北人謂之沙果吳越時有錢仁俊者貶於會稽所居有林禽一本枯已十年及是茂盛多實已而仁俊果

復用

綠柹會稽謂之椑文選梁侯烏椑之柹　紅柹　牛心柹　八月白柹　丁香柹　上虞蠟柹亦椑之別也古云柹有七絕一壽二多陰三無鳥巢四無蟲五霜葉可玩六嘉實七葉落肥上

枇杷始寧墅多樹此又剡坑吳莊最多

石榴舊說以枯骨置枝間石壓其根則結子繁盛越人呼為金罌蓋避錢鏐諱云剡中者佳地近東陽多榴房

梨越人目為梨頭其實不如北方之美大者曰廿兩

梨會稽新志云出吼山者佳

櫻桃有大小二種蕭山者勝他邑亦有之宋宦者董清臣爲供奉官每櫻桃實即於櫻桃未出時遣人往越州買得百顆奏曰請賞櫻桃可知越州櫻桃美矣　宋李易詩豆角嘗新小麥秀來禽長向櫻桃肥

銀杏俗謂之白果

榧子有麤細二種

棗牛頭山江塘者佳　蕭山白蒲棗　諸暨九熟棗　嵊之嶀山棗灣又有一種青者

栗本草生山陰陶隱居曰會稽最豐諸暨形大皮厚

不實剡及始寧皮薄而甘或謂諸暨有三如如錦之桑如絲之布如拳之栗諸暨栗至多山中人用和粳米煑飯食之然總之不如北方之佳

青欙子産四明山其味極甘其堅不可猝破唐陸龜蒙皮日休俱有詩見山川志宋史浩詩羽幰新從帝所回餘懽未盡玳筵開醉拋青子香泥上留與仙家取次栽

山查北人謂之山裏果

梧桐子　欓子

蒲陶有漿水瑪瑙二種寶慶續志云越中間有碧蒲陶宋王十朋剡館蒲陶詩珠帳纍纍掛龍鬚慢慢抽從渠能實釀不要博涼州

木瓜陶隱居曰山陰蘭亭尤多彼人以爲良果最療

轉筋患時但呼其名及書患處作木瓜字皆愈殆不可解　西瓜　甜瓜　嵊之西太平鄉產竒瓜紺翠如筒【梁庾信詩】美酒含蘭氣甘瓜開蜜筩

菱一名芰屈到嗜芰即此也說文楚謂之芰秦謂之薢茩武陵記四角三角曰芰兩角曰䔖其花晝合宵炕隨月轉移猶葵之隨日也嘉泰志越人謂小者爲刺湲菱大者爲腰菱羅文菱最大所謂腰菱也今刺菱之呼猶昔而大者則直曰大菱或曰老菱四角者曰沙角菱產莫盛於山會之間每歲八月菱歌環集湖中【唐王翰詩】不知湖上菱歌女幾箇春舟在若耶

芡亦水産大如拳有刺中乃有圓食可啖俗謂之鷄頭嘉泰志山陰梅市之鷄頭最盛有一户種及十八里者然亦有數等小白皮最佳大白皮中白皮其皮頗堅難齧黄嫩又大輭皆不逮也其莖又可爲菹甚美越人謂之藕梗其實芡柄耳

蓮子　藕六七月間最佳謂之花下藕又白蓮藕最甘脆多液又羅紋藕生禹廟前名最特出他皆不逮寶慶續志云上虞亦出此藕梢纖細者可和芥爲菹味甚美

荸薺亦謂地栗

胡桃

[花]古梅八邑皆有之山會餘姚有名嘉泰志云項里容山直步石龜多出古梅尤奇古可愛老幹奇怪綠蘚封枝苔鬚如絲纓踈花點綴其上天矯如畫山谷間甚多樹或蔭十數步好事者移植庭檻縱不槁苔蘚亦輒剥落盆非凡物也[宋俞亨宗詩]踈踈瘦蕊含清馥矯矯虬枝綴碧苔疑是髯龍離雪殿蒼鱗蹇駕玉妃來[陸游樊江觀梅詩]老厭紛紛漸鮮歡愛花聊復客江干月中欲與人爭瘦雪後休憑笛訴寒野艇幽尋驚歲晚紗巾亂插醉更闌猶憐心事淒凉甚結子青青亦帶酸[又]月地雲堦晴斷腸知心誰解賞孤芳相逢只恨影亦好歸去始知身染香渡口耐寒窺淨緑橋邊疑怨立昏黃與卿俱是江南客剩飲尊前説故鄉[射的山觀梅]射的山前雨墊巾籬邊初見一枝新照溪盡洗驕春意倚

竹真成絕代人餐玉元知非火食化衣應笑走京塵即今畫史無名手試把清詩當寫真〔文〕姿厲冰霜節愈堅人間乃有此癯仙坐收國士無雙價獨出東皇太一前此夫幽尋應盡日向來别恨動經年花中竟是誰流輩欲許芳蘭恐未然

紅梅城圃中及屬邑皆有〔宋〕盧天驥剡中〔同〕邑官看迎薰堂紅梅河陽滿縣栽桃李風過落花紅不起潘郎遠韻故不凡爲米折腰聊爾爾剡溪詩尹亦可人作堂餉客名迎薰雖無桃李繼潘令紅梅一氣香入雲自憐多病繡衣客百年未半鬢先白長鞭短帽飽霜露田園將蕪身未索何日背琴擕瘦節鳴絃堂上迎薰風梅香已斷葉初暗滿枝着了雙頰紅寄聲梅子可留意爲我沿溪撑短蓬

千葉黄梅剡中爲多〔宋〕王十朋詩菊以黄爲正梅惟白最佳徒勞千葉染不似雪中花

蠟梅越中自宋來頗有亦剡中勝花有紫心者青心者紫者色濃香烈謂之辰州本蠟梅聲名自蘇黄始〔宋〕徐師川詩江南舊時無蠟梅只是梅花蠟月

開王十朋剡館蠟梅詩非蠟復非梅誰將蠟染腮遊
蜂見還訝疑自蜜中來陸游荀秀才送蠟梅十枝奇
甚爲賦此詩與梅同譜又同時我爲評香似更奇痛
飲便拚千日醉清狂頓減十年衰色疑初割蜂脾蜜
影欲平欺鶴膝枝插向寶壺
猶未稱合將金屋貯幽姿　鴛鴦梅雙頭千葉
杜鵑花以二三月杜鵑鳴時開一名映山紅一名紅
擲躅會稽有二種其一先敷葉後著花者色丹如血
其一先著花後敷葉者色差淡越人多植庭檻間結
縛爲盤盂翔鳳之狀惟法華山奉聖寺佛殿前者特
異樹高與殿簷等而色尤紅花正發時照耀楹桷牖
壁皆赤每歲花苞欲拆時寺僧先期以白郡府守倅
率郡僚往燕其下邦人亦競出久之寺僧厭其擾陰

戕之蓋宋時已彫枯云郡齋有杜鵑樓天衣雲門諸剎皆有之又上虞釣臺山上雙笋石其頂有杜鵑花春夏照爛望之若人立而飾其冠冕者齊唐記宋太祖太宗眞宗遏密之時花枯瘁三載乃後上虞志又謂神宗崩三年不榮高宗崩花忽變白孝宗崩三年若枯既而復茂嘉泰志云近時又謂先敷葉後著花者為石巖以別之然鄉里前輩但謂之紅躑躅不知石巖之名起於何年

宋僧擇璘詩　蠶老麥黃三月天青山處處有啼鵑斷崖幾樹深如血照水晴花煖欲然三嘆鶴林成夢寐前生閬苑覓神仙小山拄頰愁無奈又怕聲聲聒夜眠

僧仲皎石巖花詩　繁英歷歷爍晴空過了花間幾信風明日畫闌供徙倚却須有句到芳叢　四時杜

鵑花平泉草木記稽山之四時杜鵑

山茶花酉陽雜俎山茶葉如茶樹高丈餘花大盈寸色如緋十二月開一說似海石榴出桂州蜀地亦有然今會稽甚多嘉泰志吕安朱通直莊有一樹高三四丈

貞同平泉草木記稽山之貞同其花鮮紅可愛而且耐久

海榴花即石榴嘉泰志云李義山詩山榴海栢枝相交恐海榴各是一種唐宋之問翫郡齋海榴詩澤國韶氣早開簾延霽天野禽宵未囀山蜚晝仍眠目玆海榴發列映巖楹前熠爚禦風靜葳蕤含景鮮清晨綠堪佩亭午丹欲然昔忝金閨籍嘗見王池蓮未若宗族地更逢榮耀全南金雖自貴賀賞詎能遷撫躬萬里絕豈染一朝妍徒緣滯遐

郡常是惜流年越俗
鄙章甫捫心空自憐

牡丹自吳越時盛於會稽時錢傳瓘爲會稽喜栽植牡丹其盛若菜畦其成叢列樹者顏色葩芳率皆絕異人號爲花精會稽光孝觀有牡丹亦甚異其尤者名醉西施宋熙寧間程給事闢鎮越嘗領客賞焉公與客皆賦詩刻石觀中曹娥廟前牡丹二株亦不凡雖單葉而著花至數百苞剡人尤好植之歐陽公花品牡丹南出越州宋僧仲林序越之所好尚唯牡丹其絕麗者三十二種始乎郡齋豪家右族梵宇道宮池臺水榭植之無間來賞者不問親疎謂之看花局澤國此月多輕雲微雨謂之養花天俚詞云彈琴種花陪酒陪茶時雍熙三年月秋移花日序僧仲皎詩王稜金線曉粧寒妙入天工不可

干老去只知空境界
淺紅深綠夢中看

海棠平泉草木記木之奇者會稽之海棠

木犀有黃白紅三種今人謂之桂按藥中所用桂心桂枝與此似稍不同本草陶隱居云人呼丹桂謂皮赤然則非以花也越中有紅木犀謂之丹桂平泉草木記木之奇者剡溪之紅桂後又云又得剡中之真紅桂寶慶續志云意此桂在唐惟龍門敬善寺及剡中有之今則所至婆娑森立不特剡也（唐李德裕集此聞龍門敬）善寺紅桂獨秀訪之莫致陳侍御知予所好因訪剡溪樵客偶得數株移植郊園衆芳色沮乃知敬善所有徒得佳名因賦詩贈陳昔聞紅桂枝獨秀龍門側越叟遺數株周人未曾識平生愛此樹攀翫無由得

君子知我心因之爲羽翼豈煩嘉客譽且就清陰態來自天姥岑長疑翠嵐色芬芳世所絶偃蹇枝漸直瓊葉潤不彫珠英粲如織猶疑翡翠宿想待鵷鶵食寧止漸淹留終當更封植又紅桂樹詩欲求塵外物此樹是瑶林後素合餘絢如丹見本心妍姿無點辱芳意託幽深願以鮮葩色凌霜照碧潯公自注此樹白花吐紅心

四季桂寶慶續志云植在剡之雪館城圃亦有之唐白居易詩有木名丹桂四時常馥馥棗據詩芳林挺芳榦一歲三四花

百葉木芙蓉平泉草木記會稽之百葉木芙蓉

碧桃李光云吾里桃花色白而多葉跗蕚皆碧世謂之碧桃唐張說剡金庭觀詩他日洞天三十六碧桃花發共師遊

千葉白桃

千葉緋桃嘉泰志云一色千葉花皆不實今鏡湖之西如花涇容山諸處彌望連崗接嶺皆桃李畧無雜

木方春時花盛發如錦繡裹山谷照水如雲霞恍然
異境郡人踏青時皆競出走東湖故有不知者

杏花〔宋盧天驥詩〕山杏枝頭鴨鳩兒來傳春意語多
時〔王銍杏花詩〕玉人半醉點豐肌何待武陵花
下迷記得鞦韆歸後約黃昏新月粉牆低〔又〕醉裏餘
香夢裏雲又隨風雨去紛紜人間春色都多少莫掃
殘花斷
畫魂

李花

茶蘼有紅白黃二種黃者尤可愛〔宋王十朋劉節白
茶蘼詩〕日烘香倍
遠雨浥
韻尤清

薔薇越中頗多自昔見稱於人亦有黃紅白三種上
虞東山有薔薇洞又有重臺白葉者平泉草木記稽

山之重臺薔薇會稽之百葉薔薇
梔子花陶貞白言梔子翦花六出刻房七道芬香特甚相傳即西域薝蔔也越中有二種曰山梔生山谷中花瘦長香尤奇絕曰水梔生水涯花肥大倍於山梔而香差減又有千葉梔六月初始盛
石楠花二月開冬時葉尤可愛嵊山谷間多唐李白詩水衡雲母碓風掃石楠花祖詠詩不知疊嶂夜來雨清曉石楠花亂流
瑞香花生嵊西太白山餘姚上虞亦有此花宋天聖中始傳東坡諸公俱作瑞字張祠部則以瑞爲睡宋盧天驥剡山瑞香花詩入夢生香酒力微不須金鴨裊孤霏爲嫌淡白非真色故著仙家紫道衣

木蘭吳蚑鎮東監軍使院記大厦前木蘭特異越城中稱爲一絕

丁香　白丁香剡山絕多

凌霄花其蔓倚木直上山陰最多有一歲三著花者

唐元稹詩寒竹秋雨重凌霄晚花落

紫荆　紫薇

木槿

木筆花

山丹

芍藥有紅白二種越中所植其花大有過尺圍者而

嵊尤盛宋李易剡山詩班竹笋行三畝地紅藥花開一尺圍王十朋剡館芍藥詩已過花王候纔聞近侍香來遊禁酒地免作退之往

蘭越絕書句踐種蘭渚山王右軍蘭亭是也今會稽山甚盛餘姚縣西南並江有浦亦產蘭其地曰蘭墅

蕙餘姚江邊多產之因名蕙江

菊古作鞠字嘉泰志昌安門内朱通直莊有佳菊數十種續志上原名品亦多剡中高氏雪館種菊一二百本最奇者紫菊丹菊近日尤盛奇香異態種種惟藍菊最難得

水僊宋元祐間始盛得名有兩種一爲金盞銀臺

蜀葵又有小者曰錦葵俱有五色

鳳僊花有五色

鷄冠花亦有白者

萱花越人謂之鹿葱花毛詩作諼草

洛陽花有五色甚媚

芭蕉

石竹

玉簪

剪春羅　剪秋羅

午時花午開子落

長春花即月月紅

罌粟花又名米囊有千葉單葉

蝴蝶花

金絲花

荷花亦曰芙蕖說文其花芙蓉其秀菡萏唐時鑑湖及若耶盛見名人詩者甚多嘉泰志云山陰荷最盛其別曰大紅荷小紅荷緋荷白蓮青蓮黃蓮千葉紅蓮千葉白蓮出偏門至三山多白蓮出三江門至梅山多紅蓮夏夜香風率一二十里不絕非塵境也遊者多以晝故不盡知今昌安門外地名寨下有朱太

守祠前後十餘里皆荷池風景不減昔時而各邑湖中亦往往彌望餘姚燭溪湖有荷花漕［唐李太白詩］鏡湖三百里菡萏發荷花五月西施採人看隘若耶［又］荷花鏡裡香［又］若耶溪傍採蓮女笑隔荷花共人語［徐彥伯詩］妾家越水邊搖艇入江煙既見同心侶復採同心蓮折藕絲能脆開花月正圓春歌弄明月歸棹落花前［王昌齡詩］越女作桂舟還將桂爲檝湖上水渺漫清江初可涉摘取芙蓉花莫摘芙蓉葉將歸問夫壻顏色何如妾［僧齊己詩］越溪女越江邊齊菡萏雙嬋娟嬉遊何處採摘且同船浩發容與清波生漪漣時逢島嶼泊幾共鴛鴦眠襟袖既盈溢馨香亦相傳薄暮歸去來苧蘿生碧煙

［木］松嘉泰志卧龍及戢山絕頂有松數株蓋百年之木新松最多無山不植

栢有渾側二種又有一片如手掌者名手掌栢

檜栢葉松身平泉草木記木之奇者會稽之檜
檉似栢而香出四明山爲多見梅福四明山記
桐謝車騎所居桐梓森聳本草圖經生桐栢山谷今
處處有之其類有四青桐枝葉俱青無子梧桐皮白
葉青有子白桐有花與子其花三月開黃紫色崗桐
似白桐無子白桐崗桐宜作琴瑟
梓十道志越城多生豫章樹每風雨聞鐘鼓聲豫章
即梓也吳越春秋吳王好起宮室越王使工人入山
伐木天與大木一雙可二十圍陽爲文梓陰爲楩楠
梅福四明山記山生梓或云梓即是楸

桑　柘越中多有之非但葉可喂蠶其木文理縝密而黃色可愛堪爲器具

櫟水經注謝靈運與惠連聯句刻孤潭櫟側

檀可爲車宋南渡初製五輅須檀爲軸取諸嵊

楝有花詩人常道之宋梅聖俞詩紫絲暈粉綴鮮花綠羅布葉攢飛霞陳無已詩密葉巳成蔭高花礽著枝

椿剡溪谷多此木宋孔德紹詩歲積松方偃年深椿欲楸

楮說文穀也陸璣草木疏江南以楮搗紙

柞周處風土記始寧剡界山多柞木吳越之間名柞爲櫪漢五柞宮即此木

樟出嵊他邑亦多有之酉陽雜俎江東人以樟爲船

宋張嵲詩白水汪汪滿稻畦樟花零落徧前溪

櫲輿地志越太平山生櫲木嵊亦多此木宜爲櫓

櫧越中在在有之土人多用以作器

橡出嵊唐許渾詩霜肥橡栗留山鼠月冷菰蒲散水禽

榧平泉草木記木之奇者稽山之榧然嵊尤多木理堅細堪爲器圖書會粹王右軍甞詣一門生家設佳饌供給意甚感之欲以書相報見一新榧几至滑淨便書之草正相半門生送王歸郡比歸其父刮削都盡兒看驚懊累日

皂莢　昇仙木四明山皂莢樹也絕大劉樊於此飛昇宋孫應時詩劉樊蟬蛻此登仙老木當時已拂天王骨半枯猶秀潤蒼苔新長更榮鮮蟠桃待熟三千歲銅笛重摩五百年化鶴未歸山寂寂徘徊誰與問因緣

貝多木出諸暨寶掌巖寶掌禪師所植蓋數百年矣

相思木平泉草木記得稽山之相思木述異記戰國時魏有民戍秦其妻思之卒塚上生木枝葉皆向夫所謂之相思木吳都賦相思之樹注樹理堅斜斫之有文可作器

櫻櫚十道志會稽棕山又剡山谷多植山海經注櫻一皮一節

黄楊四明山記山生黄楊
榆 楊 栁 槐 烏桕 冬青 楓 槿 杉
朴 梻
草席草越人取以爲席産多而利慱
菼草釋草云臺夫須可以爲笠又可以爲蓑此草易
茂歲歲繁滋薙之一日巳復生越人惡之嘗若其不
能去而北方以罕有貴之唐河南西土曹有菼廳宋
晏元獻有庭菼記是也其根爲香附子
三白草産鏡湖畔初生不白入夏葉端方白農人候
之以時田三葉白苗畢秀矣

茝即白芷

芸今七里香葉類豌豆作小叢生其花極芬香經秋葉間微白如粉汗辟蠹殊驗

長生草又名卷柏生四明山雖甚枯槁得水即葱翠甚爲異也

鹿胎草𤣥士陳惠度射鹿剡山鹿孕而傷產子死猶以舌舐之母亦死其處生草曰鹿胎草

恒春草鄉人名爲千年潤唐方士梁鍾進恒春草詩東湖有靈草生彼剡溪傍既亂莓苔色仍連菡萏香金膏徒騁壽石髓莫矜良儻使露涓滴還遊不死方

鼓稚草　旱蓮草　馬鞭草　馬鬚草　魚腥草

鴨跖草　上青下白草

蘋似槐葉生道旁淺水中與萍雜至秋則紫越中謂之馬薸亦呼紫薸韓詩沈者曰蘋浮者曰薸

藻水草之有文者生乎水下而不能出水之上古人藻梲蓋取以禳火

苹一名蓱無根而浮常與水平越人謂之薸言漂流無定也舊說萍善滋生一夜七子一曰萍浮於流水則不生於止水則一夕生九子世說楊花入水化爲浮萍

昌蒲越中有一種葉有脊如劍謂之鴈蕩昌蒲又有

石昌蒲者生石上節殊密不止一寸九節也今人多以拳石或沙中種之爲几案之玩陶貞白言真昌蒲古人謂之蘭蓀四五月亦作小鵞花也東澗溪側又有名溪蓀者根形氣色極似石上昌蒲而葉正如蒲無脊俗亦呼爲昌蒲

蓼生水澤間吳越春秋越王念復吳讎目卧則攻之以蓼

大蓼一名馬蓼莖大而赤生水中高丈餘越中池澤所在有之

蒲宋餘姚尉楊蘊璋留家于汝湖之東植蒲數里遂

名其地曰東蒲〔龔璞詩〕海上冠空千載穴湖東樹老幾行蒲

葛性柔韌蔓生可衣五雲門外有葛山吳越錄越王種葛於此其民歌曰令我採葛以作絺

蘆　荻　茅　藍　苕

芝有五色

〔竹〕箭竹其別名曰篠左傳會稽之竹箭蓋二物也周禮有箈菹筍菹鄭康成云竹萌曰筍箭萌曰箈音迨箭爲矢材故亦謂矢爲箭謝康樂山居賦二箭殊葉箬箭大葉笄箭細葉戴凱之竹譜會稽箭最精節間三尺堅勁中矢

淡竹可煑以爲紙

苦竹笋味苦不堪食有黃苦青苦白苦紫苦幹細而直可以爲筆圖經越出筆管是也又有頡地苦堅中可以爲矛掉顙苦其節踈湘簟苦油苦苦竹亦可爲紙但堪作寓錢爾

筋竹越中處處有之嵊爲多羅浮山疏筋竹堅利南中人以爲矛酉陽雜俎筋竹筍未竹時堪爲弩弦

慈竹冬月笋生竹外繞其母故又名孝竹又名王祥竹酉陽雜俎慈竹夏月經雨滴汁下地生蓐似鹿角色白食之已痢

班竹述異志越中有顧家班竹用以作牀荷及他器具甚清雅

對青竹成都古今記云對青竹竹黄而滿青節節若間出此竹惟會稽頗多彼人呼爲黄金間碧玉今或稱曰閃竹又曰間竹又云越閃竹宋宋祁贊翠滿如畫黄庭堅賦金碧其相

紫竹可爲簫管九節者佳宋宋祁贊竹生三歲色乃變紫

黄竹出蕭山昔范蠡過此遺馬箠焉生笋爲林竹色皆黄

笙竹寶慶續志云樂部作笙率以會稽卧龍山竹爲

貴

角竹節高而踈笋味淡有斑色

方竹中堅而外方爾雅䉉堅中簢笍中宋張詠詩筍從初茁已方堅峻節凌霜更可憐

公孫竹高不盈尺可爲几案之玩

人面竹剡山有之竹徑幾寸近本逮二尺節極促四面參差竹書如魚鱗而凸頰類人面爾雅夻數節

蘆栖竹嵊嵊山有蘆栖灣竹譜竹膚是蘆

戴凱之竹譜竹之別類有六十一黃魯直以爲竹種類至多竹譜之類皆不詳欲作竹史不果成今所錄

猫竹一作茅竹又作毛竹榦大而厚異衆竹越人取以爲舟四明洞天記毛竹叢竹叢生澗邊又金庭山毛竹洞天有毛竹宋李清臾詩雲藏毛竹深深洞烟起香爐裊裊風明張檠詩毛竹陰森洞門古

桃枝竹作篾殊韌堪作簟爾雅桃枝四寸有節西京雜記會稽歲時獻竹簟號流黃簟書曰篾席黼純孔安國云篾桃枝竹也梁元帝詩柯亭臨絕澗桃竹夾細流

石竹山居賦注石竹本科叢大以充屋榱巨者竿挺之屬

桃枝石竹小而密人家多植之以當籬援

水竹依水而生亦細密人家亦以爲宅援大者或圍數寸其細密乃不能如桃枝石竹也

燕竹越人以其燕來時出筍甚美因以爲名宋華鎮詩竹筍黃芽發老時杏梁日煖燕初歸他林尚聳千竿翠此筍先抽一握肥王十朋在剡詩問訊東牆竹佳名始得知龍孫初迸處燕子正來時

筴竹可煮爲紙幹細而直

篛竹即筀竹越中俱有而剡爲多有早筀晚筀黃筀

綿竹宋梅堯臣詩侵天筀竹溪西東

龍鬚竹長而秀節疎

鳳尾竹葉細小亦慈竹別種

止越產耳山海經竹六十年易根易根必花實而枯死實落土復生　年而盛暲本草竹開花小白如棗花實如小麥子味澀浙人號爲竹米以爲荒年之兆宋政宣間越州竹生花蔡京表賀其辭曰獨挺歲寒之節誕敷朝盤之榮百萼匀紅耀鶴棲之舊榦上枝競翠佇鳳實以來儀　議者謂竹生花則實而枯非可賀也竹性喜東南故古之種法云斸取東南引根於園角西北種之久之自滿園語曰西家種竹東家治地言其滋引而生來也近時之語又曰種竹無時雨過便移多帶舊土認取南枝又數榦相連則易生諺曰十人種竹一年成林一人種竹十年成林

藥 山奇糧即禹餘糧也産山谷間服之令人不饑療瘋毒瘡其功甚速山民遇歉歲取食之　玉芝出陶宴嶺一名鬼臼一名山荷葉一名唐婆鏡花色正紅生葉下故又名羞天花　半夏　香附本草又謂之莎根　芍藥有赤白二種産上虞者佳　蒼朮　紅花　茴香　五味子　瓜蔞　紫蘇　山查　穿山甲　蝟　枳實　陳皮　茯苓　黃連　栢子仁　甘菊　菖蒲　南星　百合　薄荷　梔子　車前子　蔓荊子　金櫻子　白朮新昌多　枸杞子　劉寄奴草　馬兜零　益母草　何首烏　天花粉

金銀藤花即忍冬也　天門冬　麥門冬　側栢葉　艾　桔梗　茵陳即蒿　茅根　青箱子即白鷄冠子　蟬蜕　螳螂　鹿角　虎骨　兎頭骨兎矢　柴胡　前胡　玄參　苦參　苧根　燈心茯神　黄卷即荳芽　槐角子即槐實　天蕎麥桑白皮　淡竹葉　竹茹　桑寄生　楓寄生龍牙草出銀山壩　草决明　夜明沙　穀精草金星草　細辛　女貞實即冬青子也　葛根　龜甲　鱉甲　紫花地丁出香爐峰治疔瘡甚効　金壺瓶草　薏以　稀簽　紫河車紫白二種亦名金

線重樓　霹靂箭治毒蛇其效又名一枝箭　三七近自廣中移種來甚易繁治血亦效

[鳥]鵲淮南子鵲巢向太一博物志鵲背太歲先儒以爲鵲巢居而知風歲多風則去喬木巢旁枝鄭㦸鵲之作巢冬至架之至春乃成俗傳鵲巢有梁見鵲上梁者貴一曰乾鵲今俗呼喜鵲

鶻鳩釋鳥云鶻鳩鶻鵃音骨嘲左傳鶻鳩氏司事一名鳴鳩月令鳴鳩拂其羽一名鷽鳩莊子蜩與鷽鳩笑之短尾青黑色多聲似山鵲而小　班鳩項有繡文班此似鵲巢之所謂鳩歐陽公謂常在人家屋尾

間者也　鶉鳩灰色無項繡陰則屏逐其匹晴則呼之語曰天將雨鳩逐婦　鳴鳩即布穀一名戴勝月令戴勝降于桑越人云降桑遇金日主穀賤　爽鳩鷹也至二月則化爲布穀

鷓鴣背臆前有白圓點文本草形似母鷄多對啼常自呼其名志常南嚮不思北鳴曰鈎輈格磔會稽諸暨山間頗有唐李白越中覽古詩只今惟有鷓鴣飛賈華詩鷓鴣飛上越王臺白居易和殷簡陽明詩時鮮貴鷓鴣

杜鵑一名子規夜啼達旦血漬草木凡始鳴皆北嚮啼苦則倒懸於樹越人謂之謝豹宋李易剡山詩丁寧杜宇往江北爲

喚故人
今早歸

烏孝烏也王子年拾遺記越王入國有丹烏夾王而飛起望烏臺以紀其瑞益州耆舊傳張覇爲會稽太守一郡慕化民語曰城上烏哺父母府中諸吏皆孝友廣雅純黒而反哺者謂之烏小而腹下白不反哺者謂之雅烏白項而群飛者謂之燕烏越中又有一種名寒鴉比常鴉頗小歲十月自西北來其陣蔽天及春中乃去宋秦觀蓬萊閣滿庭芳詞寒鴉萬點流水遶孤村

燕舊說紫胷輕小者謂之越燕胷班黒聲大者謂之胡燕胡燕每巢人家門外越中人家每候燕多社前

但不入屋必過玄鳥至之日乃入營巢

鶯即倉庚一名黃鸝詩人謂之黃鳥

鸛拾遺記鸛能聚水巢上故人多聚鸛鳥以禳火災然往嵗會稽市火相去尚遠忽有熛熖如流星獨焚倉西鸛巢鸛飛鳴空中竟不能救

鵯鵊雅舅也唐張祐詩落日啼烏舅空林露寄生宋胡宿詩二月辛夷猶未落五更烏舅最先啼盧天驥詩山杏枝頭鵯鵊兒來傳春信語多時

吐綬生嵊太白山狀如雞文彩五色口吐綠綬長數尺古今注吐綬鳥曰錦囊唐劉禹錫詩越山有鳥形寥廓嗉中吐綬光若若宋李易詩昔人仙去斷丹梯憔悴深山吐綬鷄百囀和鳴非我事漫將錦服擅幽棲

斲木口如錐長數寸常斲木食蟲

鵜鴣蓋雀之屬飛則鳴行則搖長脚尾腹下白頸下黑

黃雀白露來霜降去

畫眉越所在有之其眉如畫音宛如人語可聽

拖白練嵊王岑最多尤可玩愛

鷳白羽紅冠腹下作灰青點花園著之最可珍唐項斯詩更望會稽何處是沙連竹箭白鷳群

雪姑其色蒼白冬月群飛鳴則大雪

雉　鴝鵒　桑扈　百舌　鸜鵒　練雀　竹雞

黃頭　白頭翁　鶺鴒　鷃

鵜鶘形似鶚而大高足頷下胡大如數升用以盛水貯魚好群飛沉水食魚其鳴自呼一名淘河一名洿澤越中不常有有輒大水

鷺色雪白頂上有絲長尺餘欲取魚則弭之山陰瀕水人家多畜之皆馴不去惟白露一日必籠之不然飛去

鸕鷀漁人畜之以取魚

鷗　鸂鶒　鴛鴦　鵁

鳧　鴨尸子野鴨爲鳧家鴨爲鶩

鵞鳥晋王右軍愛鵞今蕺山蘭亭金庭山皆有鵞池存焉圖書會粹山陰曇禳村有一道士養好鵞十餘王清旦乘小船往看之意大願樂告求易道士不許百方譬說不能得之道士言久欲寫河上公老子縑素早辦而無人能書府君若屈書道德各兩章便合羣以奉右軍爲停半日寫畢籠鵞而歸大以爲樂唐李白詩右軍本清真瀟灑在風塵山陰過羽客愛此好鵞賓掃素寫道經筆精妙入神書罷籠鵞去何曾别主人

鷄

獸

牛古之視牛者以耳病則耳燥安則溫潤而澤詩云爾牛來思其耳濕濕是也舊又云牛相壁堂欲潤

膺延欲廣豪筋欲就雋骨欲垂插頸欲高排肋欲密
尾不用至地頭不用多肉角欲得細身欲得圓眼欲
得大口方易飼鼻廣易牽倚欲如絆馬行欲如羊形
欲如卷懸蹄欲如八字亂睫好觸龍頸突目好跳毛
拳角冷有病毛少骨多有力岐胡有壽常有似鳴有
黃嘉泰志中州烰潼取酥酪以雍酥爲冠今南方亦
皆作而會稽爲佳會稽諸邑又推諸暨爲冠晉王武
子指羊酪示陸士衡云卿江東何以敵此疑當時南
方未有酪也今餘姚乳餅特有名
羊嘉泰志會稽往歲販羊臨安渡浙江置羊艎板下

羊齧船茹舟漏沉溺者甚衆至今人以爲戒

猪　野猪大者二三百觔四明山民及野僧饜之不以入市　豵猪　貛猪

馬　驢　騾

鹿　麂孔曄記龍泉山有三足白鹿

虎

犬　貛　豺　竹狗

猫

栗鼠　松鼠　鼶鼠即甘鼠唐陸淳曰予嘗怪鼶鼠食郊牛致死因避兵會稽見有小鼠能噬牛纔傷皮

膚無有不死者

猿山家謂之鞠侯皮陸俱有詩見山川志　猴嘉泰志柳子厚云猿好踐稼蔬所過狼籍會稽山間豆麥胡麻菜菔蔬果竹萌之類多爲殘天衣寺僧法聰令捕一老猴被以衣巾多爲細縫使不可脫縱之使去老猴喜得脫逃跳趨其群群望而畏之皆捨去老猴趨之愈急相逐日行數十百里其害稍息

兎

狐　牛尾貍　玉面貍新昌山中有之雪中取者味絕佳胡元以充土貢又以其食柿葉謂之柿貍　九

節貍

獺似狐而小青黑色膚如伏翼水居食魚春初取鯉於水裔四方陳之進而弗食世謂之祭魚越中澤居者時見之

魚

石首魚本草和蓴作羮開胃益氣加鹽暴乾食之名爲鯗土人愛重以爲益人雖產婦在蓐亦可食炙食之主消瓜成水初出水能鳴夜視有光頭中有石如棊子又野鴨頭中有石云是此魚所化

鯔魚色黑如緇衣其頭微小而扁杭人謂之蚱頭魚魚之最美者吳王與會稽介象論鱠之美乃陷地置

鈎餌果得鯔焉侍中徐景山云獺嗜鯔魚乃不避死本草生江海淺水中今越中瀕海處皆有之而餘姚後海之産更冠絶魚品桃花時爲絶勝然易餒即鹽者不能數日故難致遠明尚書孫文恪公詩思歸夜夜夢郊居何事南宮尚典祠家在越州東近海鯔魚味美勝鱸魚

鱓魚類鯔而小

春魚似石首而小歲以仲春而至豈以此得名與鹽浥而乾之名曰含肚嘉泰志越人饁耕以含肚鯗爲上饌傭耕者至有置不敢食褁裹歸爲親養者或不設則皆不樂

梅魚小於春魚而頭大最先至梅花時有之或云當作麋魚蓋善爛云孫因越問梅魚桃鯔數異品也

箬魚狀類箬細鱗紫色即比目魚也一名鞋底魚

鯧魚鰭腹細鱗春夏之交其鱗微黑味甘而不珍

彈塗甚小水涸則跳亦名跳魚

烏鰂舊說烏鰂有矴遇風則虬前一鬚下矴一名纜風魚風波稍息即以鬚黏石爲纜遇大魚輒噀墨周其波以衛身若小蝦魚過前即吐墨涎惹之南越志烏賊懷墨而知禮

鱸鏡湖中小者纔數寸許最珍間有四鰓者海鱸乃

絕有大者煮熟則鞠淪以沸湯亟取乃脆美可啖

鯉越中在在有之池澤所畜大者或十餘觔而餘姚江乃産三色鯉自黄山港口至汪姥橋曰姚江其鯉口尾青自橋而西至西石廟曰舜江其鯉口尾赤廟之西洲邉多産蕙花曰蕙江其鯉口尾青白其在一水中而分界不亂明許穀詩江流一泒碧波浮分出三江各自流何事潜鱗亦三色揚鬐分界不同游皇甫汸詩三江横貫兩城中同是潛鱗色不同更道芳洲多蕙草幾叢花發倚春風又燭溪湖魚至多而絕不産鯉閒産鯉不二三尾並湖居民輒致訟不辨

鯽一名鮒鏡湖中鯽纔數寸越人謂鯽喜聚遊鯽言

相即鮒言相附蕭山湘湖之鯽珍美餘姚之燭溪上林二湖者亦特佳

鱧　鮎越人謂鱸之小者爲鱸鮁鯉之小者爲鯉花鯽之小者爲鯽核鱧之小者爲鱧賸鮎之小者爲鮎

鯇

鱖亦桃花時肥

鱨性浮而善飛躍土人謂之黄鱨陸璣曰黄頰魚燕頭魚身頰骨正黄魚之有力解飛者亦名黄揚

白魚嵊嶀祠下巨潭大者二三尺頭昂者第一尾頰者謂之追紅白

鮆有二種亦呼為魛魚魛魚堪鱠亦曰刀鮆說文飲而不食刀魚也越人謂之江鮆其小者謂之海鮆春時子多而肥

魴一名鯿細鱗縮項濶腹所謂縮項鯿也其廣方其厚褊味特肥美

鱅亦作鰫上林賦注似鰱而黑　鰱一名鱮弱鱗而色白北土謂之白鱮今越人呼白鱗者為白鰱赤鱗者為紅鰱六韜曰緡隆餌重則嘉魚食之緡調餌芳則鱅魚食之鱅鱅魚也魚之不美者山會諸暨以南大家多鑿池養魚為業每春初九江有販魚秧者買

放池中輒以萬計方爲魚秧時飼以粉稍大飼以糟糠久則飼以草明年賣以輸田賦至數十百緡其間多鱅鰱及鯉鯇青魚而已俗謂鰱食諸魚矢池養鰱水乃絜池有數十畝者旁或築亭樹臨之水光浩渺鷗鷺鵁鶄之屬自至植以蓮芡菰蒲拒霜如圖畫然過者爲之躊躇貨殖傳白水居千石魚陂謂此也

青魚　鯇　鱓

銀魚浙河以北所產大如指此州所產僅如箸末而軟美過之博物志謂之吳餘鱠魚云是吳大帝食鱠棄其餘水中化爲魚也樵風溪酒甕山下間有之甚

大餘姚則獨石巍橋之東傍南岸江水中有有時常在四五月

鰣魚其大如筯味頗似建業之鰣魚產餘姚之梅嶼溪小麥熟時有亦名小麥魚

鱓土人夏至以後始食人秋則不食俗傳其性屬土煮太久則化爲泥嘉泰志府學大成殿前池中有鱓其大幾圍二尺嵗旱池涸有見之者後漢書楊震傳冠雀銜三鱣魚顔之推曰當作鱓按荀子魚鱉鰌鱣鱓非于鱣似蛇漁者持鱣俱作鱣本草作鱓荀子蟮非蛇鱓之穴亦作鱓章懷太子賢曰鱣鱓古字通也今從本草

鰻鱺形似鱓府城塔山有靈鰻井

鰍

介屬　龜圖　鼈圖　黿圖

蠏西陽雜俎蠏八月腹内有芒真稻芒也長寸許向東輸與海神未輸芒不可食　紫蠏產上河色紫其味尤雋苦楝花時挾子而至語曰苦楝開紫蠏來　黃甲形甚大產海涯其脊無毛　蟛蜞小止可及寸　沙蠏更小味亦下

蚌　蛤　蜆　蟶　蚶亦名瓦稜子田種者佳

螺　蛇種類甚多　吐鐵狀類蝸而殼薄吐舌銜沙沙黑如鐵至桃花時

鐵始盡吐味乃佳醃食之宜忌飲宋厲無咎詩免冠思脫三塗難吐舌甘從五鼎烹

鼃似蝦蟆而長蹄瞋目如怒越王式怒鼃而武士歸之即此也土人謂之田鷄常畏鼃鳴後食之冬月不食

竹鼃春中能升高而鳴吐白沫懸竹樹間沫中皆小黑子

蝦蟆本草一名蟾蜍腹大背黑皮上多痱磊跳行酉陽雜俎蝦蟆聲抱今里俗聞其春鳴謂之聒子大抵皆鼃類其子皆如小鮎魚大頭而有尾謂之科斗大盡月先生前足小盡先生後足後足生而尾脫　又有蛤蚧亦鼃之屬或名丰蛤秦望諸暨山

谷間皆有之長四五寸尾與身等形如守宫一雄一雌常自呼其名最惜護其尾或見人欲取之多自齧斷其尾首如蝦蟆背有細鱗如蠶子土黃色捕者必以月之上寅日不則往往藏穴中不出

蝦海蝦檮潑生食以案酒殊俊快河蝦殼強可烹食耳又社豹啼時漁人賣小蝦名社豹蝦又有小蝦大如糠覈曰糠蝦

水母一名蝦蛇閩人直曰蛇大小不等形如覆帽而無口眼今三江斗門海涯潮退人可拾取常有蝦寄其上方其浮泛水上人欲捕之輒欻然而逝乃是蝦

有所見耳越絕書海鏡蟖爲腹水母蝦爲目也其性煖能已河魚之疾或以蝦醋如鱠食之最宜亦物類相攝云

蠶 蠶陽物也惡水蠶書飼蠶勿用雨露濕葉淮南子蠶食而不飲蟬飲而不食蜉蝣不飲不食再蠶謂之原蠶一名魏蠶土人謂之夏蠶亦曰熱蠶亦曰晚蠶以晚葉食之先王禁焉淮南子曰原蠶再登非不利也然王者之法禁之爲其殘桑也周禮鄭康成注蠶與馬同氣物莫能兩大禁原蠶者謂害馬與今蠶負馬跡亦其驗哉自先王之禁不行而民間有一歲三

蠶者矣是以桑弱而馬耗也春蠶四眠餘蠶皆三眠
越人謂蠶眠爲幼以蠶死則謂之眠熟故諱之
蜂有兩衙應潮主之所在衆蜂旋繞如衛一名蠟蜂
蠟生於蜜然而蜜甘蠟淡山陰法雲寺僧云毗村民
家墓木空中有蜂集焉歲得蜜甚多或嫉之投燎焚
之蜂衛其主不去盡死亦可異也　蟲
蛺蝶粉翅有鬚一名蝴蝶列子曰烏足其葉爲蝴蝶
嘉泰志云嘗見園蔬其葉有爲蝶者三分二已蝶矣
其一分未化者尚葉也又嘗見山陰澤中木葉化蝶
亦如此干寳云稻成蛬麥成蛺蝶豈虛哉又有黃翅

帶黒點者亦有紫色者
螢月令腐草爲螢一名挾火一名據火一名熠燿一
説熠燿行蟲非螢也今卑濕處有蟲如蠶蠋尾後帶
火行而有光者是也越人謂此物多則有　又謂入
人室則有客至
蚇蠖　蝸牛　蚱蜢　莎鷄　螻蛄　蜈蚣　蝘蜓
蜻蜓　蟬　蛭

貨
鹽郡蓋有鹽課司五焉山陰則錢清三江蕭山則
西興會稽則曹娥餘姚則石堰鹽利甚慱商販畢集
西溪叢語元豐初盧秉提點兩浙刑獄會朝廷議鹽

法秉謂自錢塘縣楊村場上流接睦歙等州與越州錢清場等水勢稍淡以六分爲額楊村下接仁和縣湯村爲七分鹽官場爲八分並海而東爲越州餘姚縣石堰場明州慈谿縣鳴鶴場皆九分至岱山昌國又東南爲溫州雙穟南天富北天富十分著爲定數蓋自岱山及二天富皆取海水煉鹽所謂熬波也自鳴鶴西南及湯村則刮鹻以淋鹵以分計之十得六七鹽宮湯村用鐵盤故鹽色青白而鹽官鹽色或少黑由曬灰故也湯村及錢清場織竹爲盤塗以石灰故色少黃竹勢不及鐵則黃色爲嫩青白爲上色黑

多鹵或又有泥石不宜久停若石堰以東雖用竹盤而鹽色光白以近海水鹹故爾後來法雖小變公私所便大抵不易盧法餘姚志曰亭民煎鹽之法海潮每至沃沙日見沙白用鐵刀刮鹻聚而苫之乃淋鹻取滷然後試以蓮子每用竹筒一枚長寸許取老硬石蓮三枚納筒中探滷三蓮橫浮則極鹹謂之足蓮滷亦謂之頭滷二蓮橫浮次之若三蓮俱直浮其滷薄不可用竹盤者編竹爲盤中爲百耳以篾懸之塗以石灰纔足受滷燃烈焰中滷不漏而盤不焦灼一盤可煮二十過近亦稍用鐵盤

茶府城內卧龍山瑞龍茶山陰天衣山丁塢茶蘭亭花塢茶會稽日鑄嶺日鑄茶陶宴嶺高塢茶秦望山小朶茶東土鄉鴈路茶會稽山茶山茶諸暨石筧茶餘姚化安瀑布茶童家嶴茶上虞後山茶嵊剡溪茶蕭山新昌亦產茶而名不甚著陸羽茶經浙東以越州上餘姚縣生瀑布泉號仙茗大者殊異小者與襄州同嘉泰志日鑄嶺下有寺名資壽其陽坡名油車朝暮常有日產茶絕奇故謂之日鑄然茶之尤者顧渚蜀岡蒙頂晥山寶雲皆見於唐以前記錄或詩章中日鑄有名頗晚吳越貢奉中朝土毛畢入亦不聞

有日鑄則日鑄之出殆在吳越國除之後歸田錄云草茶勝於兩浙兩浙之品日注第一青箱記亦云越州日鑄茶爲江南第一范文正公汲清白堂西山泉以建溪日鑄卧龍雲門之品試之云甘液華滋悅人襟靈今越中產茶極多佳品惟卧龍一種得名亦盛幾與日鑄相亞或謂卧龍山茶種初亦出日鑄蓋有知茶者云二山土脉相類然日鑄芽纖白而長其絶品長至三二寸不過十數株餘雖不逮亦非他產所可望味甘軟而永多啜宜人無停滯酸噎之患卧龍則芽差短色微紫黑類蒙頂紫筍味頗森嚴其滌煩

破睡之功則雖日鑄有不能及顧其品終在日鑄下
剡録云會稽茶以日鑄名天下吾行入日鑄寺粳泉
瀹茶茶與水味深入理宿茶生蒼石之陽碧澗穿注
兹乃水石之靈豈茶哉山中僧言左右巖鳴能幾何
入京師供好事者何可給蓋取諸近峰剡居半焉然
則世之烹日鑄茶者多剡茶也日鑄以水勝耳建溪
顧渚溪渚以茶名者水也剡清流激湍與山脉絡茶
胡不苟余留剡幾年山川巨井清甘深絜宜茶方外
交以茶至者皆精絕篋中小龍幺鳳至鑷不擊作茶
品又云茶非水不可水得茶方神陸羽水品二十劉

伯芻水品七其品藻天下名泉殆盡余盡取剡山作茶品復取剡潭谷作水品錄之如左茶品十瀑布五龍真如紫巖焙坑大崑小崑鹿苑細坑焦坑泉品亦十五龍潭葛翁井石門潭三懸潭雪潭偃公泉亞父潭紫巖潭響巖潭簞潭今山會諸山往往產茶總謂之紹興茶惟以細者爲佳不必卧龍日鑄北地競市之都門牙家云越所販茶每歲蓋計三萬金也其上虞後山茶餘姚四明茶惟郡人知之他地鮮行

唐杜牧之卧龍山茶詩　山實東吳地茶稱瑞草魁

宋晏殊日鑄茶詩　稽山新茗綠如烟靜挈都藍煑惠泉未向人前殺風景更持醪醑醉花前

唐僧清晝剡茶詩　越人遺我剡溪茗採得金芽爨金鼎

宋華鎮剡中瀑布嶺仙

茶詩烟霞窖邇神仙府草木微滋亦有靈

筍乾品亦多盛行差亞於茶名花筍者第一出山會

酒府城釀者甚多而荳酒特佳京師盛行近省城亦多用之荳酒者以綠荳爲麴也近又有薏苡酒地黃酒鯽魚酒造法大約同荳酒而間出新意味俱佳其名老酒者味稍次而特多

醋味香酢過於他處家釀之亦多於他處郡城盛

羅嘉泰志越羅最名於唐杜子美詩屢道之繚綾行越羅蜀錦金粟尺後出塞曲越羅與楚練是也地理志越貢寶花羅今尼院中寶街羅者是近時又翻出

新製如萬壽藤七寶火齊珠雙鳳綬帶紋皆隱起而膚理尤瑩潔精緻實銜不足言矣

綾嘉泰志今出於剡縣昔所謂十樣花紋者今不盡見惟樗蒲綾最盛名樗蒲者以狀如樗蒲子

耀花綾南部煙花錄隋煬帝幸汴時越土進耀花綾有文突起特有光彩絲女乘樵風於石帆山下收野蠶繭繰之絲女夜夢神人告曰禹穴三千年一開汝所得野蛾繭即江淹書橐中壁魚化之絲織爲裳必有文彩既織成果有光彩人間不敢服遂進之

緺紗嘉泰志剡出緺紗尤精其絶品以爲暑中燕服

如絓氷雪然雖刻之居人亦不能常得矣

縠嘉泰志始見於吳越春秋句踐始得西施鄭旦飾以羅縠是也以故錫貢舊有輕客生縠數十年來縠頗出於蕭山雖未臻絕妙然與吳中機工略相當矣今羅綾綢縠越中絕無織惟絹紗稍有焉

絹山陰蕭姓織者頗佳謂之蕭絹嘉泰志云出諸暨者花山同山板橋輕勻最宜春服今蕭絹亦此類初販鬻至杭而止其後盛行外境又一種厚實者不亞杭之葛家絹今蕭氏不復織絹絹亦漸薄所謂本機絹者亦行於南北然不爲佳有花絹頗似吳興

絲嘉泰志蕭山絲以暑伏織者爲上秋織者爲下冬
爲尤下蓋霜燥風烈則絲脆帛地不堅爲衣易敝今
郡城間有織者

葛之細者舊出葛山當句踐時使國中紅女織布以
獻於吳甚精而後之葛布頗無聞者今間有之出余
貴者佳越時歌曰令我採葛以作絲絲弱於羅兮輕霏霏又葛之蔓兮舒長條爲絺爲綌纖且調當暑是服輕飄飄

苧之精者本出苧羅山下有西子浣沙石蓋俗所謂
苧沙者於此浣之以故越苧最得名樂府有白苧歌
今八邑皆有苧布然尤以暨陽爲勝雖不逮舊蓋苧

蘿遺俗也諺諸暨三如有如絲之苧苧或作薴然云如絲則苧固爲近

白疊布自一種古所謂白氎巾者也晉令士卒百工無得服越疊其貴重如此嘉泰志云今無之梁劉孝綽有謝越布啓此絹方綃既輕且麗珍邁龍水妙越島夷舊志謂非葛不足當以余度之似即此白疊布耳

山棱布一名皺布嘉泰志云頗有名亦出於諸暨其初緝蔴爲縷織成而精好纖密蓋亞於羅然頗須厚價故販售惟貴介公子之厭紈綺者乃獨喜取之將製衣漱之以水頃刻成縠文矣今無織者

強口布強口者地名去嵊十里即王謝飲水處所謂

雖寒強飲一口者也嘉泰志云以麻爲之機織殊麄
而商人販婦往往競取以與吳人爲市
綿紬云謂之繭布八邑俱有嘉泰志云毛詩傳袍襺
也禮記玉藻纊爲繭左氏傳重繭衣裘註皆謂新綿
今諸暨之俗紝緝繭緒織如絲縷織之成匹狀似絁
而密緻過之雖名爲布其實帛也
絲紬緝絲爲縷光亮有彩色
木綿今人直謂之布
苧沙木綿苧經綿緯山叟之佳服
紙越中昔時造紙甚多韓昌黎毛穎傳稱紙曰會稽

褚先生是也

側理紙小說王右軍在會稽桓温求側理紙庫中有五萬盡付之桓温云右軍不節百衲琴云是謝太傅乞牋紙九萬側理一作陟釐紙譜側理紙南越所貢漢人言陟釐與側理相亂蓋南人以海苔爲紙其理縱橫邪側洞天清錄北紙用橫簾造紋必橫其質鬆而厚謂之側理紙

藤紙出嵊唐舒元輿悲剡藤文剡溪上綿四五百里多古藤株枿蝕春入土脉他植發活獨古藤絕盡生意問溪上人有道者云溪中多紙工萬斧斬伐無時擘剝皮肌以給其業噫藤雖植物温而榮寒而枯養而生殘而死亦將似有命於天地間今爲紙工斬伐不得發生若此異日過數十百郡洎東雒

西雍歷見書文者皆以剡紙相誇予見剡藤之死職正由此此過固不在紙工且今握管動盈數千百人筆下動數千萬言不知其爲謬誤殘藤命易甚綺文妄言輩誰非書剡紙者耶工嗜利曉夜斬藤以鬻之雖舉天下爲剡溪猶不足以給况一剡溪耶以此恐後日不復有藤生於剡矣藤生有涯而錯爲文者無涯無涯之損物不直於剡藤而已余所以取剡藤以寄其悲　顧况剡紙歌　雲門路上山陰雪中有玉人持玉節死委山裡禹餘糧石中黃子黃金屑剡溪剡紙生剡藤噴水搗爲蕉葉稜欲寫金人金口偈寄與山陰山裡僧手把山中紫羅筆思量點畫龍虵出正是垂頭搨翼時不免向君求此物　陸龜蒙詩　宣毫利若風剡紙光如月　宋歐陽脩詩　剡藤瑩滑如玻璃　黃庭堅詩　剡藤蜀繭照松煙

玉版紙瑩潤如玉　宋蘇軾詩　溪石琢馬肝剡藤開玉版

敲氷紙嵊之極西水深潔山又多藤楮敲氷時爲之益佳蓋冬水也　宋梅堯臣詩　寒溪浸楮舂夜月敲氷舉簾匀割脂　張伯玉蓬萊閣詩　敲氷

呈好手織素競交鴛呂本中詩敲
冰落手盈卷軸頓使几案生清芬
羅牋用蜀人魚子牋法宋陳端以剡牋寄贈陳待詔詩云毋光籠玉楮溫得來原自剡溪漬清涵大姥峰頭雪潤帶金庭谷口雲九萬木充王內史百番聊贈杜參軍從知醉裡縱橫墨不到羊欣白練裙
澄心堂紙用南唐澄心堂樣
剡硾出嵊用木椎擣治堅滑不凝筆光白可愛有藤
竹二種
竹紙嘉泰志剡之藤紙得名最舊其次苔牋然今獨
竹紙名天下他方效之莫能彷彿遂掩藤紙矣竹紙
上品有三曰姚黃曰學士曰邵公三等皆又有名展

手者其脩如常而廣倍之自王荆公好用小竹紙比今邵公様尤短小士大夫企然效之建炎紹興以前書簡往來率多用焉後忽廢書簡而用劄子劄子必以楮紙故賣竹紙者稍不售惟攻書者獨喜之滑一也發墨色二也宜筆鋒三也卷舒雖久墨終不渝四也不蠹五也東坡先生自海外歸與程德孺書云告爲買杭州程奕筆百枚越州紙二千幅常使及展手各半汪聖錫尚書在成都集故家所藏東坡帖刻爲十卷大抵竹紙居十七八米元章書史云予嘗硾越州竹光透如金版在油拳上短截作軸入笈番覆一

日數十紙前輩貴會稽竹紙於此可見會稽之竹爲紙者自是一種收於筍長未甚成竹時乃可用民家或賴以致饒〔宋米元章寄薛紹彭劉涇詩〕越筠萬杵如金版安用杭油與池蠒高壓巴郡烏絲欄平欺澤國清華練老無他物適心目天使殘年同筆硯圖書滿室翰墨香劉薛何時眼中見〔薛紹彭和韻〕書便瑩滑如碑版古來精紙惟聞蠒杵成剡竹光零亂何用區區書素練細分濃淡可評墨副以谿嵓難之硯世間此語誰復知千里同風未相見〔又論筆硯間物〕研滴須琉璃鎮紙須金虎格筆須白玉研磨須墨古越竹滑如苔更須加萬杵自對翰墨卿一書當千户〔宋陸游竹紙三絶句〕會稽竹箭東南美來伴陶泓住會城惜不逢韓吏部相從但說楮先生〔又〕會稽竹箭東南美化作經黃紙疊層舊日土毛無用處剡中老却一溪藤〔又〕會稽竹箭東南美研席之間見此君爲問溪工底方法殺青書字有前聞

今越中凡昔人所稱名紙絶無聞惟竹紙間有之然

亦不能

黄紙　草紙

麻有黄白二種

箬篠葉也

菜油　麻油　桐油　相油

燭多以相油作之甚堅耐燒

靛青

蜂蜜　黄蠟

銀出銀山舊有禁毋得擅開　銅　錫

器

箭爾雅東南之美則有會稽之竹箭越中有竹名

箭宜爲矢自漢以來乃併謂矢爲箭雖用柳用楛亦呼曰箭

簟西京雜記會稽貢流黃簟

竹夫人又名青奴宋李公甫蘄春縣君祝氏封衛國夫人制常居大夏之間多爲涼德之助剖心析肝陳數條之風刺自頂至踵無一節之瑕疵未聯云於戲保抱攜持朕不忘兩夜之寢展轉反側爾尚形四方之風繇軌寄伽予王詩聞道牀頭惟竹几夫人應不解卿卿又送竹几與謝秀才詩留我同行木上坐贈君無語竹夫人黃庭堅青奴詩并序趙子充示竹夫人詩乃涼寢竹器然憩臂休膝似非夫人之職冬夏青竹之所長故易名青奴耳禮李四絃風拂席昭華三弄月侵牀我無紅袖堪娛夜正要青奴一味涼呂居仁秋後竹夫人詩與君宿昔尚同牀可坐西風一味涼便學短檠墻角棄不如團扇篋中藏人情易變乃如此世事多虞秖自傷卻笑班姬與陳后一生辛苦望專房

竹扇　蒲扇
草席　箬篰
茶盌陸羽茶經盌越州上鼎州次婺州次岳州次壽
州洪州次或者以邢州處越州上殊爲不然蓋邢瓷
類銀越瓷類玉邢不如越一也若邢瓷類雪則越瓷
類冰邢不如越二也邢瓷白而茶色丹越瓷青而茶
色綠邢不如越三也晉杜毓荈賦所謂器擇陶揀出
自東甌是也甌越州上口脣不卷底卷而淺受半斤
已下越州瓷岳瓷皆青青則益茶茶作白紅之色邢
州瓷白茶色紅壽州瓷黄茶色紫洪州瓷褐茶色黑

悉不宜茶

秘色器曾慥高齋漫錄今人秘色器世言錢氏有國日越州燒進爲供奉之物臣庶不得用之故曰秘色嘗見陸龜蒙集有越器詩乃知唐已有秘色矣然陸詩初無秘色字安知非越州昔有此器而錢氏乃用爲供奉耶嘉泰志云今耀州陶器名曰越器而餘姚志又稱上林湖燒秘色磁器頗佳宋時置官監窰焉尋廢今各邑亦俱有民窰然所燒大率沙礶瓦尊之類不出境亦麄拙不爲佳器唐陸龜蒙詩九秋風露越窰開奪得千峰翠色來好向中霄盛沆瀣共嵇中散鬭遺杯

紹興府志卷之十二

風俗志

昔周官命太師陳詩以觀民風而越吟不列於司樂後世無徵焉越絕書越水行而山處以船爲車以楫爲馬史記貨殖傳楚越之地地廣人稀飯稻羹魚或火耕而水耨果隋蠃蛤不待賈而足地勢饒食無饑饉之患以故呰窳偷生無 多貧是故無凍餓之人亦無千金之家此 右食二者耳未及人情所向好而太史公所稱 槩論江以南非獨指會稽郡也漢書地理志吳 君皆好勇故其民至

令好用劍輕死易發又云　不以騷賦顯名而枚鄒
集於吳嚴朱顯於漢文辭　吳粤與楚接比民俗
略同審爾則彬彬有文　書其民循循宋書民
性柔而慧昔孔子稱南方　教豈近是乎至虞
翻之稱曰忠臣係踵孝子連閭歷歷有根證大足爲
越州吐氣如其言也道德同矣美俗孰有加焉嘉泰
志云民勤儉好學篤志尊師擇友弦誦比屋相聞不
奢靡士大夫家占產甚薄縮衣節食以足伏臘司馬
相郡志云晉遷江左中原衣冠之盛咸萃於越爲六
朝文物之藪高人文士雲合景從聲名遂爲江左之

冠唐以後文雅不替風流翰墨昭炳相接故名人往往多愛遊其地宋南渡之後學徒益盛舊志又稱有陂池灌溉之利絲布魚鹽之饒其商賈工作皆習簡朴不華麗他若諸邑志所述謹祭祀力本重農下至蓬戶恥不以詩書訓其子自商賈鮮不通章句輿隸亦多識字家矜譜系推門第品次甲乙婦女無交遊雖世婣竟不識面家不甞[illegible]外境大家女恥再醮率皆信實不誣大都[illegible]矣也文物與治俱盛物之熙熙或病其質瀉去[illegible]一君子自武周固逆覩其然孝文修玄默再傳而[illegible]能競出世治盛隆四海

皆若斯獨吾越乎哉然俗　　之士依於聞見雖稍以
時變易綜其實固不甚遠　　邑志乃或稱先輩長
者其時皆崇孝弟尚廉　　吁鄉之長老多厚重
恥言人過失子弟稍縱恣　　矩繩之其仕進率
砥礪名節能建立山林之遺逸各以詩文名其家其
行業爲後生典刑雖鄙暴者亦知所尊禮農工商賈
勤力敦篤不敢犯非其分婦人慎内閫而修女事尚
志節似太過又云今之所安者父母死不哀戚乃反
高會召客如慶其所歡民不力本業而博塞以爲生
羣少年日鶩於市井黠佣者適主者之租又從而駕

裯以脊之絲布不服魚蛤蔬菜不食而務窮四方綺
麗極水陸珍味婦女皆競華飾或至擬王家不可望
於數十年前之越郡又似詆太過若夫婚論財嫁率
破家乃至生女輙溺之嗜貨利崇富而賤貧兄弟好
異財別籍則誠惡俗然自昔已然或更甚不可謂自
今人始也其不古若者後輩或輕其長者邑試童子
時倍力爲詐巧用居前爭 多攘辟而鄉間多
盜顧亦有勝於昔者昔 [illegible]族姓或責士夫以
禮今則漸退避昔時巨族 輙移文約日角鬬謂
之興兵有殺傷乃競訟不 與吏鬬今則率聽處斷

於官昔時婦入門無論長幼一概觀之謂之看新婦今則稍閒以禮其他如此類多不可勝紀語云衰中有盛盛中有衰察於時之論亦要覩矣總之今紹興俗崇經術其師友次第精深融徹循禮守法僭踰者則共誚之士夫以名節相尚嘉隆以來抗疏者籍籍當時權相有言曰惟紹興人饒我不過其語至今天下傳之宋杜正獻公戒門生曰浙人褊急易動柔懦少立衍於上前執奏人乃曰得無非兩浙生否是又今人勝古者也尚氣多爭庭室編民不自懸别沾沾足已恥師人見貴勢不爲加禮如灌

夫而不能如仲孺敬貧賤寵下輩便捷能作言語喜興謡造謗甚至榜揭於通衢八邑大略同焉其無千金無凍餓食魚鹽給猶然而經六代之東徙宋之南遷其生齒甚繁地更苦狹非復昔之地廣人稀矣顧山會附郡城郡城古都會其聞見富古朴之風稍衰然謹守畏譏議又比他邑較尚文士子間能習古文作字或爲詩社近附於陽。 又多講理學文辭議論颯颯可迷蕭山西 央西鄉稍尚縟禮東鄉乃近朴然總之猶多質 喜議論或信浮說登科第者接踵而仕宦多顯。 振鮮焉諸暨嵊邑民頑好訟所爭毫末至累歲村居自爲黨豪宗武斷其科第不爲盛而間出一人輒能侃侃自樹亦有詩文派自楊王後不衰姚科第最多無之鉅宗盤互家席聲勢愈貧寒士亢自矜士大夫類有節槩然亦往往恃氣不相能即戚黨或言其過不諱居之不疑亦鮮虛巧其服食視諸邑爲奢上虞居會稽餘姚之間地狹而好矜名類能飭廉隅篤孝讓然喜生事意氣多發揚鮮含蓄嵊新昌舊本一邑在萬山中率負氣攘臂入官府不難破家顧其士子知好學砥行然嵊猶近質不浮不作無益新昌則稍緣

飾二三大姓每鬬勝不相下諸邑俗彷彿如此人言
餘姚水曲又背城上虞水淺山會水細流四注蕭山
水二十里直如弦諸嵊新壁於山風俗小異亦其地
靈使然與然賢後錚錚不爲後人論今世於西漢當
齊魯矣俗之文雅者也夫

附吳朱育對　孫亮時有山陰朱育少好奇字凡所特
達依體像類造[illegible]異字千名以上仕郡
門下書佐太守濮陽興正月[illegible]掾吏言次問太守
昔聞朱潁川問仕於鄭[illegible]郡問士於劉聖轉
王景興問士於虞仲翔[illegible]二答而未覩仲翔
對也欽聞國賢思覩盛[illegible]矣書佐寧識之乎育
對曰往過習之昔初平末[illegible]府君以淵妙之才超
遷臨郡思賢嘉善樂采名[illegible]功曹虞翻曰聞玉出
崑山珠生南海遠方異域[illegible]珍寶且曾聞士人歎
美貴邦舊多英俊徒以遠[illegible]畿含香未越耳功曹

雅好博古寧識其人邪翻□曰夫會稽上應牽牛之宿下當少陽之位東漸巨海□通五湖南暢無垠北渚浙江南山攸居實爲州□禹會群臣因以命之山有金木鳥獸之殷水有□珠蚌之饒海嶽精液善生俊異是以忠臣係踵□□連閭下及賢女靡不育馬王府君笑曰地勢□、之名可悉聞乎翻對曰不敢及遠略言其□□者孝子句章董黯盡心色養喪致其哀單身林□獸歸懷怨親之辱白日報讎海内聞名昭然光□太中大夫山陰陳囂漁則化盜居則讓鄰感侵退藩遂成義里攝養卑嫗行足厲俗自楊子雲等上書薦之槃然傳世太尉山陰鄭公清亮質直不畏彊禦魯相山陰鍾離意稟殊特之姿孝家忠朝宰縣相國所在遺惠故取養有君子之譽魯國有册書之信及陳宫費齊皆上契天心功德治狀記在漢籍有道山陰趙曄徵士上虞王充各洪才淵懿學究道源著書垂藻駱驛百篇釋經傳之宿疑解當世之槃結或上窮陰陽之奥秘下據人情之歸極交阯刺史上虞綦母俊拔濟一郡讓爵土之封決曹掾上虞孟英三世死義主簿句章梁宏功曹史餘姚駟勲主簿句章鄭雲皆敦終始之義引罪免居門下督盜賊餘姚伍隆劊殯候主簿任光章安小吏黃池身當白刃濟君於難楊州從事句章王修委身授命垂聲來世河内太守上虞魏少英遭世屯蹇忘家憂國列在八俊爲世英彦尚書烏傷楊喬桓帝妻以公主辭疾不納近故太尉上虞朱公天姿聰亮欽明神武策無失謨征無遺慮是以天下義兵思以爲首上虞女子曹娥父溺江流投水而死立石碑紀炳然著顯王府君曰是既然矣潁川有巢許之逸軌吳有太伯之三讓貴郡雖士人紛紜於此足矣翻對曰故先言其近者耳若乃引上世之事及抗節之士亦有其人昔越王翳讓位逃於巫山之穴越人薰而出之斯非太伯之儔耶且太伯外來之君非其地人也若以外來言之則大禹[illegible]於此而葬之矣鄞大里黃公絜已暴秦之世[illegible]作不能一致惠帝恭讓出則濟難徵士餘[illegible]莽數聘抗節不行光武中興然後俯就矯[illegible]昇志陵雲日皆著於傳籍較然彰明豈如巢許流[illegible]遁譚不見經傳者哉王府君笑曰善哉話言也賢[illegible]君不著太守未之前聞也濮陽府君曰御史所[illegible]聞其人亞斯已下書旨佐寧識之乎肯曰瞻仰景[illegible]取不識之近者太守上

虞陳業絜身清行志懷霜　吳亮之信同操梆下遭
漢中微委官棄祿遁迹黥　八求其志高邈妙蹤天
下所聞故桓文遺之尺牘　比竟三高其聰明大
略忠直謇諤則侍御史詮　侯翻偏將軍烏傷騎統
其淵懿純德則太子少傅　闞澤學通行茂作帝
師儒其雄姿武毅立功　將軍賀齊勳成績
著其探極祕術言合神　令上虞吳範其文
章之士立言粲盛則御史中　章任奕鄱陽太守
章安虞翔各馳文檄曄若春　處士鄧盧敘弟犯公
憲自殺乞代吳寧斯敦山陰祈庚上虞樊正咸代父
死罪其女則松陽梆朱永寧瞿素或一醮守節喪身
不顧或遭寇劫賊死不虧行皆近世之事尚在耳目
府君曰皆海內之英也吾聞秦始皇二十五年以吳
越地爲會稽郡治吳漢封諸侯王以何年復爲郡而
分治於此育對曰劉賈爲荊王賈爲英布所殺又以
劉濞爲吳王景帝四年濞反誅乃復爲郡治於吳元
鼎五年除東越因以其地爲治幷屬於此而立東部
都尉後徙章安陽朔元年又徙治鄞或有寇害復徙
句章到永建四年劉府君上書浙江之北以爲吳郡
會稽還治山陰自永建四年歲在巳巳以至今年積

百二十九歲府君稱善是歲吳之太平三年歲在丁
丑吉後仕朝常在臺閣爲東觀令遷拜清河太守加
位侍中推刺古
射文藝多通

冠禮不行久矣男子年十六以上垂髮總角長而冠
多於冬至或正旦加網巾于首拜天地祖宗尊長即
是矣婚必擇門第用士人爲媒女家治酒則爲允謂
之許親酒或用銀牌寫允許二字續後具豬鵝茶餅
之類饋送繼行納幣禮娶婦　親迎用樂婦扶掖
成婚雜用踏蓆牽紅傳□　□坐詢儀即日拜公姑以
次及其家衆喪大率用文　□禮惟不行小歛不用
布絞其壙塋多砌磚爲槨　作者乃以石不甚用浮

屠既卒哭舍苴絰更用細[illegible]服出謝弔客溺堪輿
家說寧緩葬有至二三十[illegible]祭以四時或用四仲
分至日或元旦端陽重[illegible]世家間遵文公禮小
戶止列羹飯香燭家長一人[illegible]祖先而已忌日必
素服祭終身不廢清明有墓祭不謟神不祭他鬼頃
年一二縉紳家間行冠禮聘不較財婚親迎喪用疏
食葬以期庶幾少移風俗乎
衣服多務爲寬博民戶無貴賤率方巾四褶襌地長
服高年者或製深衣幅巾近少年又競爲唐巾鶴氅
焉宴會飲酒無算客多歡則主人以爲樂或有以勸

酬不行而成怨恚者

嘉泰志云吳越春秋有越人相送之辭曰行行各努力蓋自古風俗敦厚重離別篤交親如此故迎則敘間闊送則惜睽異觴豆迭進往往竟日餘樽賸炙淋漓狼籍舟車結束慘有行色至於童僕輿下挽舟將車之人羅拜于前則亦犒以酒食勉往者以勤悴勞歸者之艱苦恩意曲盡觀者亦風俗之厚也

八邑俱有丐戶會稽縣[illegible]之人之身有瘤也俗亦有瘤俗之瘤則有丐丐以[illegible]不知其所始相傳爲宋罪俘之遺故擯之名墮[illegible]自言則曰宋將焦光瓚部落以叛宋投金故

阝被其内外率習汚賤無賴子每候婚喪家或正旦乎索酒食婦則習媒或伴良家新娶婦又爲婦留攘尤舍爲流言亂是非閭心竊月肉四民中居業不得占彼所業民亦絕不冒。紫業捕蛙賣餳拗竹燈槳山槊土牛土偶打夜胡方言跳鬼女則爲人家梳髮爲髢羣走市巷無便所四民中所籍彼不得籍彼所籍民亦絕不入籍厂丐戶即有產不充糧里長亦禁其四民中即所常服彼亦不得服彼所服盖四民向號曰是出於官特用以辱且別之者也舊志帽以狗頭裙以横布不長衫扁其門以丐而籍與業至今不亂服則稍借而亂矣其詳載別賤錄丐以民擯已若是甚也亦兢盟其黨以相訟僥必勝於民官茲土者知之則右民偶不及知則亦時左民民

耻之務以所沿之俗聞必右而後已於是丐之盟其
黨以求右民者滋益甚故曰丐者俗之瘤也雖然瘤
卒自外於常膚也則瘤之也宜苟瘤者肯自咎曰我
今且受藥且圖自化爲常膚焉用必瘤而决之哉經
不云乎人而不仁疾之已甚亂也
元旦男女夙興家主設酒果以奠曰接神男女序拜
已乃盛服詣親屬賀設酒食　凡五日乃畢大率
以早爲敬諺曰初五初六無肉
立春先一日郡邑官寮　迎春東郊閭里無貴賤
少長集通衢游觀相飲樂　迯至期用巫祝禱祠謂

之作春亦曰燒春
元宵　國制弛禁十日云　今亦頗盛率前二後五
每至正月十三日夜民　接竹棚懸燈大都土
製爲多其紙燈頗呈纖巧　紅燦如火毬朱門
畫屋出奇製炫華飾相矜豪奢閩三齊之琉璃珠滇
之料絲丹陽之上料絲金陵之夾紗羊角省城之全
皮燕之雲母毬屏交錯街衢往往彌望而仙釋之居
亦垂綵帶懸諸華燈好事者復箕斂於市要區爲煙
樓月殿鼇山火架集珍聚奇凡器具玩好人家有一
珍麗必百方索以出參差陳之各以意布置頗有結

構遠望燦爛近視乃精整間闊以戲劇簫鼓歌謳之
聲諠闐達旦男女縱遊於道極囂雜巨室或由此構
訟極盛者在十五六夜七則稍稀八九更益冷落燈
多懸而不燭二十日猶有置酒者謂之殘燈入下旬
則相率徹棚什架矣府城内最炫閧有自遠赴觀者
自有倭患來稍簡約近日復漸起蕭山志曰不如此
以爲不豐之兆諸暨志曰[illegible]觀燈名過橋謂可
免一歲疾厄新昌志曰[illegible]燈謂之歡門耆舊續聞陸太
傅公嘗守會稽上元夕於[illegible]特盛士女駢闐有一士
人從貴官幕外過見其妝[illegible]都注目久之觀者狎
至觸墮其幕貴官者執其[illegible]以聞于府公呼而責之
曰爲士不克自檢何耶對[illegible]觀者皆然竟皆脫去獨

日

其居後所以被辱公觀其□對不凡必是佳士因謂曰子能賦此斑竹簾詩當□罪蓋用班竹簾爲幕也士人索筆落紙立就曰□春風慽慽動簾帷秀戶朱門鎮日垂爲愛好花片片段故教高節有參差又曰昔年珠淚裛虞姬入侯門作妓衣世事乘除每如此榮華到底是危時大奇之延爲上客

社日鄉有社祭

嘉泰志云二月二日始開西園縱郡人遊觀謂之開龍口謂卧龍山也府帥領客觀競渡畢時競渡有爭進攘奪之患自史魏公浩爲帥雖設銀杯綵帛不問勝負均以予之自是爲例兒童歌青梅聲調宛轉大抵如巴峽竹枝之類三月五日俗傳禹生之日禹廟遊人最盛無貧富貴賤傾城俱出士民皆乘畫舫丹堊鮮

明酒樽食具甚盛賓主列坐前設歌舞小民尤相矜尚雖非富饒亦終歲儲蓄以爲下湖之行下湖蓋鄉語也春欲盡數日遊者益衆千秋觀前一曲亭亦競渡不減西園郡人謂禹廟爲廟下千秋觀爲先賢堂至立夏日止今則遇清明節人家插柳祠墓前後數日或偕少長行賞郊外曰踏青亦有盛聲樂移舟名勝地爲終日遊者亦襲下湖之名每景色晴霽澄湖中畫船相尾羅綺繁華與桃李相穿映

三月二十八日俗傳東嶽誕日蕭山之蒙山餘姚之黃山皆有廟焉自十六起男女競往燒香羅拜

有自家門出且行且拜直　廟者巨户女婦或不能
行且拜則雇人代拜大姓　以船載簫鼓至廟拜禱
即不拜禱亦鳴榔遊飲此　謂之遊江至月終乃止
蕭山四月八日浮屠浴佛户　穀
嘉泰志云丐户以立夏日出鮮衣鼓笛相娛非此類
則以爲耻今新昌立夏則炙昌魚薤菜
端午日以角黍相饋遺設蒲觴磨雄黄飲之仍懸艾
虎女子或以繭作虎小兒則綵絕繫臂綴繡符簪艾
葉其日多禁忌採藥合藥者率以是日
夏至祀先以麪蕭山各供茶曰夏至茶山會農人作

競渡會衣小兒衣歌農歌率數十人共一舟以先後
相馳逐觀者如堵
嘉泰志云五月六日觀荷花亦乘畫舫多集於梅山
本覺寺同時又遊容山項里六峰觀楊梅
七夕女子陳瓜果祭賽乞巧
七月十五日古謂中元節俗謂之鬼節僧舍營齋供
閭里作盂蘭會祀先以素饌然燈人家或然燈
於樹或放水燈閭喧以篩鍾則壘瓦塔然燈
中秋夜置酒玩月
八月十八日蕭山有觀潮之會

重陽登高蒸米作五色糕　黍角黍珮萸泛菊府城
剪綵旗供小兒嬉戲諸暨　木萸酒必配以豆莢嘉
泰志云是日俗忌不相過　長者乃往哭其靈几
且致祭焉不知其所始也
冬至祀先以餛飩亦或宴飲然不拜賀
十二月二十四日俗謂之臘月念四人家男子以是
夜祀竈女子不至品用糖糕先數日丐人飾鬼容執
器仗鳴鑼鼓沿門叫跳謂之跳竈盖亦古逐疫之意
自是人家各拂塵換桃符門神春勝春帖懸祖先像
并帖鍾馗圖其諸過歲品物不論貧富各經營預辦

街坊鼓吹之聲從此鏗鍧相和僧道則作交年保安疏以送檀越而醫亦餽蒼术辟瘟丹於常所往來親戚互爲歲餽酒擔食榼相望於道路烝粳米半熟名飯粰稍雜烏豆於内新正數日内翻炊食之

除夕自過午即洒掃堂室掛紙錢於闑傍向暮聚雜柴爇於庭古謂之火山今曰笙盆光燄燭天然紙砲以代爆竹遠近膈膊之聲相[illegible][illegible]絕設祀曰送神已乃闔門集少長歡飲曰分[illegible][illegible]終夜圍爐齋坐者曰守歲

越中當三夏旱甚之時有[illegible][illegible]龍之賽不齋虔祈禱惟

飾優伶及下戶少年爲諸□　佛馗異或扮故事珠翠燦然綺繡陸離彩巾錦帶　颭風日中草龍則覆以錦標插金首服爲鱗指節　□車馬紛然畫服飾之鮮麗侏儒天老慕爲奇貨爭□　□至家食用之用以鬬異爲仙爲馗其費用率里巷爲伍度人家有無差泒好事者主其筭大戶競出新奇相炫燿有一珍麗即侈然德色長街通衢迤邐回旋觀者互奔趨顧盼不給大約若鬬富而餘姚則以大江爲界南北各一宗遞相競各以閥閱名位假古人相況交矜誇甚則相嘲誚即觸人忌諱不顧亦大足詫也

紹興府志卷之十三

災祥志

分野　天　日　月　星　雲　雹　風　地
山川　有年　水　旱　蝗螟　饑　疫　寒
火　血　人　龍　六畜　鳥　獸　介屬
蟲　草木　金錢　雜異　訛言

分野　史記天官書斗江湖牽牛婺女楊州漢地理志吳地斗分野今之會稽九江丹陽豫章廬江廣陵六安臨淮郡皆吳分粤地牽牛婺女分野禹後帝少康之子封會稽晉天文志自南斗十二度至須女七度

爲星紀於辰爲丑吳越分陏唐書皆然春秋元命苞牽牛流爲楊州分爲越國張衡曰會稽入牽牛一度虞翻曰會稽上應牽牛之[illegible][illegible]少陽之位列星度數斗第二星主會稽又女七度〈元史斗四度三十六分六十六秒外入吳越分錯諸說大率紹興主牽牛爲多曰一度未敢信也舊志云春秋傳吳越同壤漢永嘉中木火金聚牛女孫氏實有江左陳亡星孛於牽牛班氏別之恐未然按西漢會稽兼吳越地故孟堅於兩分皆稱會稽斗牛女連度吳山陰閩嶺南蒼梧亦接壤或分或合總之浙東皆在牽牛度固不

抵牾二孫俱領會稽太守陳奄有江南山陰無偏王奚必應在吳分哉魯昭公十二年夏吳伐越史墨曰越得歲吳伐之必受其凶吳越歲各有主班氏論未必非也

周述學曰紹興府領八縣隸浙江布政司疆域不及古會稽十之一所分天度無幾所干災祥甚微當以吳越通占況斗牛二宿同在紀一次攔輿之中亦不宜分論惟風雲物氣乃君所發應可以專視也今清類以辰次配野丑爲越分屬揚州一行以爲在地江河之精氣在天爲雲漢地有南北河雲漢亦

分兩派南戒自嶺徼達於東甌爲南紀江源自南紀之首循梁州南徼達華陽地絡相會並行而東流謂之南河揚州吳越當南河之末流斗牛當雲漢之南派故星紀應揚州吳越之斗當淮海間牽牛去南河寖遠自豫章抵會稽南逾嶺徼訖蒼梧南海爲越分清類辰次躔度赤道起虛六度外爲的黃道自斗三度至女一度爲星紀之次仍元守敬以弧矢定也考班固自斗十一度至婺女七度費直分斗十度至女六度蔡邕分斗六度至女二度晉天文志自南斗十二度至須女七度一行初南斗九度中南斗

二十四度中女四度其分經次之殊者以古辰次與節氣相係各據當時曆數與歲差之變也據以南斗爲吳分則廣陵當屬斗十而晉志以屬牛八牽牛爲越分則豫章當屬牛而晉志以屬斗十據清類斗三度入丑則斗一度在燕不得屬九江女二度入子則女六度在齊不得以屬六安非惟經度分次之失而宿度配郡亦訛故惟據一行之[illegible][illegible]守敬之分次則分野之論定矣其經星分野紫微垣外北斗七星據石氏第四星主吳春秋文曜鉤以會稽於北斗七星屬權星據東漢天文志第六星主揚州常以五巳日候

之丁巳日爲吳郡會稽太微垣外三台六星春秋元命包以上台下星主荆揚天市垣二十二星宋兩朝天文志東南第六星爲吳越南斗十六星第二星主會稽建星在吳越分所主經始之謀女宿南十二諸國十六星周天全度入牛宿七度去北極一百二十三度爲越星畢宿北五車五星列星度數以東南一星爲司空主楚越其緯星分野木星攄精義以東方歲星主齊魯東吳之國火星攄精義以南方熒惑丙丁吳楚史記天官書吳分於五行屬火亦相同也其十干分野淮南子甲齊乙東夷若以甲乙俱屬華則甲

爲齊魯乙爲吳越天官書以吳越分其日屬丁其十二支分野據精義寅卯屬東方木卯爲吳越淮南子以戌爲吳分其九宮八卦分野按河圖四宮巽屬東南屬吳越經星惟斗牛其餘各星僅備參驗而已緯星以木爲主以火爲輔天干以嶺徼之内屬乙而外爲屬丁支辰以屬卯爲得正又爲屬戌者取其合也其宫卦則重於加臨又曰星野之分雖有定屬世曆千古不能無變有因天運而變者有因地勢而變者有因人事而變者以天運論之宿度分于黄道黄道遷於歲差如宿屬斗木者或變而爲牛初則野之

隸於斗末者亦當更而爲牛初矣此因天運之變而
分野所當改也以地勢論之據吳越相隔一浙風俗
音容相尚頓殊是人物限於山川而山川限爲分野
惟山亘古今而不變然川或有壅塞或有開導河或
有遷徙如汴城或徙於河之北復更於河之南則亦
當隨其遷徙壅導而判其分野矣此因地勢之變而
分野當改也以人事論之據魏徙大梁則西河合於
東井秦拔宜陽則上黨入於輿鬼或昨屬荆豫今隸
司克朝爲零桂之士夕爲廬九之民此因人事之變
而分野當改也若在分野之占亦有異同以人在地

上占星有南北之分星在天上現占有隱顯之殊其應災福亦隨以異即南北兩朝之占北國先見變而災重南國遲見變而災輕徵矣三才交變如此分野之說豈可泥於一定而無變通之術耶然人命與分野亦有相係人命之吉凶乃一人之禍福分野之吉凶乃一國之禍福也人之禍福實係於國所以長平之卒共刑而南陽之士咸貴抑何疑哉

會稽縣志曰古今志星分者無慮數十家皆以斗牛屬吳越又必系之曰揚州信矣然以天下之大而有揚州揚州而有吳越吳越而有浙之省浙之省而有

紹興郡其占驗繫於斗牛者不亦尠耶以緯乘經有善測者寸而析之不專於其星而於其辰則祥災可坐而得也豫章人占王氣王臨安雷煥占劍氣王豐城而鄭康成之註周禮亦曰州中諸國於星亦有分書卽是說也而惜其書亡矣今所謂清類者果盡得其旨耶說者又疑越東南而牛女北宿夫以數里之山松生其南而冬生其北彼枯此枯此榮彼榮精通之極也今玄黃抱負本不相間人以其所見清濁之景而自間之黃有盡而玄無窮如毬之浮一粟於其中人又以其所處一隅之小而遂欲定天地之南北

無怍其室而疑也僧一行之言日星之與土以精氣相屬而不係於方隅信矣

災祥　天　皇明嘉靖二十一年天裂有光如電四十一年夏天裂有光如電

日　漢高帝三年十月甲戌晦日有食之在斗二十度文帝二年十一月癸卯晦日有食之在女一度三年十月丁酉晦日有食之在斗二十二度武帝太始四年十月甲寅晦日有食之在斗十九度昭帝始元三年十一月壬辰朔日有食之在斗九度光武中元元年十一月甲子晦日有食之在斗二十八度明帝永

平八年十月壬寅晦日有食之既在斗十一度十八年十一月甲辰晦日有食之在斗二十一度晉明帝太寧三年十一月癸巳朔日有食之至斗唐高祖武德六年十二月壬寅日有食之在斗十九度中宗景龍元年十二月乙丑朔日有食之在斗二十八度玄宗開元二十二年十二月戊子朔日有食之在斗十三度二十三年閏十一月壬午朔日有食之在斗十一度武宗會昌六年十二月戊辰朔日有食之在斗十四度宋高宗紹興五年正月乙巳朔日食于女分十二年十二月癸未朔日食于牛三十二年正月戊

申朔日食于女元順帝至正十八年十二月乙丑朔日有食之二十七年十二月癸卯朔日有食之皇明洪武十九年十二月癸未朔日有食之弘治元年十二月甲申朔日有食之正德十年十二月癸丑朔日有食之嘉靖四年十二月乙卯朔日有食之元以後記日食多不著何度然以辰次求之凡十二月多斗度也書以備考焉以上日食

晉武帝太康元年正月巳丑朔五色氣貫日自卯至酉占曰丑爲斗牛主吳越陳文帝天嘉七年二月庚午日無光烏見占曰其日庚午吳楚之分野以上日變

月陳宣帝太建二年正月乙巳月暈有白虹長丈所

貫之而有两珥連接規北斗第四星八年十月巳未
庚申月連暈規昴畢五車及參唐肅宗大曆十年九
月戊申月暈五車中有黒氣乍合乍散十二月丙子
月出東方上有十餘道如疋練貫五車及畢觜觿參
東井輿鬼柳軒轅中夜散去以上月變
漢光武建武十八年十二月壬戌月犯木星吳景帝
永安三年春犯建星晉惠帝大安二年十一月庚辰
歲星入月中成帝咸和六年正月丙辰月入南斗八
年三月巳巳入南斗咸康五年四月辛未月犯歲星
乙未又犯穆帝永和三年正月壬午月犯南斗第五

星五月壬申犯第四星因入魁四年七月丁巳入南斗犯第二星六年六月丙子犯斗八年三月癸丑入南斗犯第二星九年二月乙巳入南斗犯第三星十一年四月庚寅犯牛宿南星十二年六月巳未犯越星八月癸酉奄建星升平二年閏三月犯嵗星三年七月戊子犯牽牛中央大星四年正月犯牽牛中央大星五年五月犯建星辛亥犯牽牛哀帝興寧三年七月犯南斗孝武帝寧康元年三月丙午奄南斗第五星太元十四年十二月犯嵗星十九年四月奄嵗星安帝隆安四年又奄元興二年六月奄斗第四星

義熙四年五月奄斗第二星六年三月巳巳奄斗第五星五月甲子又奄第五星八月丙戌犯斗第五星丁丑奄牽牛宿南星八年正月犯歲星十年五月壬寅犯牽牛南星十二年五月犯歲星十三年五月丁亥犯牽牛陳武帝永定三年九月入南斗文帝天嘉三年八月癸卯犯南斗丙午犯牽牛五年十月庚申犯牽牛廢帝光大二年正月奄歲星宣帝十二年十月戊午犯牽牛唐高祖武德二年七月戊寅高宗永徽三年正月壬戌又犯玄宗天寶十四載十二月食歲星代宗寶應二年四月巳丑奄歲星大曆九年六

月已卯奄南斗十二年七月庚戌入南斗德宗建中元年十一月食歲星憲宗元和二年二月壬申奄歲星十二年八月丙午入南斗魁中十四年正月癸卯犯南斗魁穆宗長慶元年二月丁亥犯歲星文宗大和四年四月庚申奄南斗杓次星六年七月辛丑又奄次星七年七月丙申奄南斗口第二星是歲入南斗者五九年六月庚寅奄歲星開成二年七月壬申入南斗四年二月丁卯奄歲星武宗會昌二年十月丙戌三年三月丙申又奄六年二月丙申奄牽牛南星遂犯歲星僖宗文德元年七月丙午入南斗後唐

明宗天成元年七月乙丑入南斗魁三年七月四年正月癸巳又入魁二月月及火土合于斗七月丁丑入南斗長興元年八月己亥犯南斗晉出帝開運元年七月壬午入南斗九月丙子十月癸卯又入漢高帝天福十二年十一月己卯犯南斗乾祐元年四月又犯乙未入南斗宋太祖建隆二年十一月癸未犯歲星太宗太平興國八年七月辛亥夌犯歲星九年九月丁未犯南斗魁端拱元年二月辛亥犯歲星淳化二年六月己丑五年十月己亥至道三年十二月癸丑又犯真宗咸平元年五月巳巳奄歲星二年正

月己卯入南斗魁三年十月乙卯犯五車五年二月癸巳犯歲星六年七月庚午又犯景德二年六月犯南斗大中祥符六年二月丙戌犯歲星四月甲辰犯南斗十九年五月己巳犯歲星天禧元年正月戊申又犯二年正月犯南斗距星三年九月己卯犯歲星仁宗乾興元年十一月犯五車天聖三年七月己未犯歲星戊申奄歲星景祐元年七月犯南斗三年八月又犯五年四月庚寅犯歲星寶元二年十月犯南斗慶曆六年三月丙申犯歲星七月乙酉皇祐元年七月丙午十二年十月己丑至和二年十月己酉皆又犯

十二月甲辰奄歲星三年閏三月癸巳又奄七月犯南斗嘉祐五年三月又犯距星八年七月犯牽牛壬戌奄歲星十一月辛亥又奄英宗治平二年十月犯牽牛中星四年八月癸酉奄歲星神宗熙寧元年四月壬子犯歲星十年九月庚午十二月壬辰又犯元豐元年四月庚申入南斗三年十二月癸未犯建西第三星八年六月丙子犯建第四星十一月戊戌犯歲星哲宗元祐二年三月犯建星三年十月壬辰犯歲星四年三月丙子紹聖三年九月戊戌又犯元符二年七月壬子月犯建西第三星八月壬辰犯歲星

十一月辛巳十二月戊申又犯徽宗建中靖國元年
八月丁酉犯建第二星大觀元年十二月丁未犯建
星四年七月戊午犯歲星政和元年正月己巳又犯
二月己卯犯南斗高宗紹興三年七月癸亥入南斗
行魁中七年三月辛巳犯牽牛西第一星五月丁丑
犯建星十九年二月甲戌入南斗六月癸亥八月戊
午二十一年八月乙亥二十二年三月癸丑皆又入
二十三年三月戊申犯南斗二十七年十一月乙丑
犯牽牛二十八年三月庚辰犯建星六月壬寅掩建
星十月癸巳掩牽牛距星二十九年三月乙亥犯建

星七月癸巳奄牽牛距星三十年七月戊子犯牽牛八月乙卯犯牽牛九月庚辰犯南斗三十一年四月戊子犯牽牛距星七月癸未三十二年四月癸未又犯孝宗乾道元年七月丁巳犯南斗五年五月庚午入南斗十月丁亥入南斗魁又奄第五星六年二月癸酉犯南斗三月庚午入南斗魁七月庚子犯五車十月壬戌七年正月甲申又犯六月乙卯犯南斗九月丁丑十二月戊寅又犯淳熙二年八月乙酉犯南斗入魁三年二月辛卯入南斗五月癸丑奄犯南斗四年正月辛未犯五車五月乙亥入南斗十一年七

月丁酉犯南斗十二年正月戊申入南斗五月丁亥
犯南斗十五年正月庚申入南斗魁六月丁丑九月
己亥十二月戊子入南斗十六年三月庚戌入南斗
魁寧宗開禧三年六月丁巳又入嘉定元年三月乙
亥犯五車五年正月己酉犯南斗十四年四月辛未
又犯十五年八月癸未入南斗理宗景定三年十月
丁卯犯五車元世祖至元十七年七月己酉犯南斗
二十年正月庚辰入南斗犯距星四月壬寅七月癸
亥犯南斗二十四年閏二月甲申犯牵牛七月戊戌
犯南斗辛丑犯牵牛十月壬戌又犯二十五年六月

丁丑犯歲星二十六年七月辛卯犯牽牛乙未犯歲星十月癸丑犯牽牛距星二十八年五月甲寅犯牽牛八月丙子犯牽牛二十九年正月戊申犯歲星七月辛未犯牽牛三十年二月庚戌犯牽牛七月甲子犯建星成宗元貞元年二月癸卯犯歲星五月丁亥犯南斗大德二年十二月己卯犯南斗三年五月丙申五年五月癸丑七年四月乙亥又犯八月甲午犯牽牛十年七月庚辰又犯十一年六月丙午犯南斗杓星武宗至大三年三月丙申犯南斗仁宗延祐七年三月癸卯犯南斗東星英宗至治二年十二月巳

丑犯建星西第二星順帝元統二年九月壬辰入南斗魁至元元年九月乙亥入魁犯南斗東南星閏十二月癸卯犯南斗魁東南星二年三月乙丑又犯三年六月壬午犯南斗魁尖星九月甲辰犯南斗魁第一星四年八月己亥犯南斗南第二星九月丙寅犯南斗距星十二月乙卯又犯五年五月壬申犯南斗第四星六年五月丁卯犯南斗第二星至正元年正月癸酉犯南斗北第二星九月庚辰犯建星二年十月癸卯犯建星北第三星八年犯建星西第一星九年二月甲申犯建星西第二星十一年七月己未犯

南斗東第三星十二年十月甲子犯歲星十四年六月甲辰入南斗十六年五月甲午又入十七年七月甲申犯南斗距星九月丙午犯南斗第三星十八年七月丁未又犯十九年五月丁未犯南斗北第二星十月壬申入南斗二十年五月癸卯犯建星西第二星閏五月戊戌犯建星西第三星二十一年正月庚申犯歲星十月甲申犯牽牛距星十一月庚戌犯建星西第四星二十二年五月辛酉又犯九月己酉犯南斗北第一星十月己卯犯牽牛距星二十五年八月乙未犯建星東第三星二十六年十二月甲戌犯

建星西第三星二十七年八月巳丑犯建星西第二
星　以上月凌犯

星　漢武帝元鼎中熒惑守南斗成帝建始元年七月
踰歲星居其東北半寸所如連李時歲星在關星西
四尺所熒惑初從畢口大星東東北往數日至往疾
去遲和帝永元五年九月太白在南斗魁中安帝元
初四年五月巳卯辰星犯歲星九月辛巳太白入南
斗口中順帝永和二年八月庚子熒惑犯南斗四年
七月入南斗犯第三星桓帝永壽元年九月癸巳犯
歲星延熹七年七月戊辰辰星犯歲星十二月乙丑

又犯靈帝熹平元年十月熒惑入南斗中烏大帝赤烏十三年夏五月日北至熒惑逆行入南斗秋七月犯魁第三星而東會稽王太平元年九月壬辰太白犯南斗晉惠帝永康元年五月熒惑入南斗永興元年九月太白入南斗懷帝永嘉六年七月火木土金聚于牛女之間愍帝建興三年填星久守南斗元帝太興元年七月太白犯南斗三年九月太白犯南斗成帝咸康二年九月庚子又犯穆帝永和三年九月庚寅犯南斗第五星六年八月辛卯晝見在南斗八年八月丙辰入南斗犯第四星升平四年入南斗口

犯第四星海西公太和二年八月戊午犯歲星簡文
帝咸安二年五月丁未歲星形色如太白孝武帝太
元元年四月丙戌熒惑犯南斗第三星丙申又奄第
四星十九年十月癸丑太白犯歲星安帝義熙元年
八月癸亥熒惑犯南斗第五星丁巳犯建星宋武帝
孝建二年五月乙未入南斗齊武帝永明元年八月
甲戌犯南斗第五星甲申太白犯南斗三年八月丁
未熒惑犯南斗十一年十二月壬辰太白犯南斗辛
丑犯建星梁武帝天監元年八月壬寅熒惑守南斗
十四年十月辛未太白犯南斗普通六年三月丙午

歲星入南斗中大通六年四月丁卯熒惑在南斗五月巳亥逆行奄南斗魁第二星大同三年三月歲星奄建星十一月熒惑犯歲星陳文帝天嘉二年五月巳酉歲星守南斗四年九月癸未太白入南斗陳宣帝太建十一年八月辛巳熒惑犯南斗第五星九月巳酉太白入南斗魁中隋煬帝大業三年三月熒惑逆行入南斗色赤如血如三斗器光芒震耀長七八尺於斗中句巳而行九年五月丁丑入南斗唐高祖武德八年冬太白入南斗高宗永徽三年正月壬戌犯牽牛五年二月甲午熒惑入南斗六月戊申復犯

之上元三年正月丁卯太白犯牽牛玄宗開元二十七年七月辛丑熒惑犯南斗代宗大曆二年九月乙丑又犯四年九月丁卯犯建星九年九月辛丑太白入南斗十月戊子歲星入南斗德宗貞元十九年三月熒惑入南斗色如血憲宗元和元年十月太白入南斗十二月復犯之四年九月癸亥又犯之九年七月入南斗至十月出乃晝見熒惑入南斗中因留犯之十三年三月入南斗因逆留至于七月在南斗中大如五升器色赤而怒乃東行敬宗寶曆元年七月癸未太白犯南斗文宗太和三年十月熒惑入于南

斗五年三月犯南斗杓次星七年九月癸酉太白入南斗開成元年正月甲辰彗建星三年十月辛卯犯南斗十四年十月戊午辰星入南斗魁中武宗會昌四年十月癸未太白與熒惑合遂入南斗僖宗乾符六年冬歲星入南斗魁中昭宗光化二年鎮星入南斗天復三年十一月丙戌太白在南斗去地五尺許色小而黃至明年正月乃高十丈光芒甚大後唐明宗天成四年三月歲星犯牛晉出帝開運元年八月甲辰熒惑入南斗十二年九月甲寅太白犯南斗魁宋太宗太平興國八年三月巳巳熒惑犯歲星四年十月

太白犯南斗魁宋真宗咸平二年十月丙午入南斗景德元年閏九月犯南斗大中祥符三年四月壬戌犯建星天禧元年二月鎮星犯建星三年五月塡星犯牽牛仁宗明道元年二月庚午太白犯五車二年十月犯南斗康定元年正月熒惑犯建星皇祐四年十月太白犯南斗嘉祐四年正月歲星犯建星神宗熙寧六年七月丙寅太白犯南斗距星元豐元年十二月壬戌犯建西第二星哲宗元符三年九月犯南斗西第二星徽宗崇寧四年十二月塡星犯建第二星宣和三年正月戊申熒惑犯南斗高宗建炎四年

正月癸亥太白犯建星紹興五年二月庚戌填星犯建星十九年七月戊申熒惑犯南斗寧宗嘉定四年八月壬辰又犯六年歲星留守建星十三年太白犯南斗理宗紹定元年七月戊戌熒惑犯南斗嘉熙元年五月庚午朔歲星留守建星淳祐十二年九月丙午太白犯南斗距星恭宗德祐元年八月戊午熒惑犯南斗元世祖至元二十一年九月癸巳太白犯南斗第四星二十四年九月壬子又犯二十五年九月癸卯熒惑犯南斗二十六年八月辛未歲星晝見二十七年正月庚戌太白犯牽牛二十八年三月乙卯

犯五車八月戊子犯歲星成宗大德二年二月辛酉
熒惑犯歲星十月壬戌太白犯牽牛十一月辛酉辰
星犯牽牛十二月乙丑太白犯歲星六年八月乙丑
熒惑犯歲星七年九月辛未犯南斗乙亥太白犯南
斗九年十一月丙寅歲星晝見十二月巳亥辰星犯
建星十年正月丁巳太白犯建星閏正月癸酉犯牽
牛十一年七月壬午熒惑犯南斗十一月辛卯辰星
犯歲星武宗至大元年十月辛丑太白犯南斗十二年
十二月癸亥辰星犯歲星仁宗延祐七年九月丙戌
熒惑犯南斗英宗至治二年正月庚辰太白犯建星

西第二星辛巳犯第三星丁酉犯牽牛南第一星十一月辛酉熒惑犯歲星十二月戊寅太白犯歲星泰定帝泰定元年十月丙寅犯南斗距星己巳入南斗魁二年正月丙戌辰星犯天鷄壬寅太白犯建星十二月乙酉辰星犯建星四年正月己酉太白犯牽牛順帝至元元年十月甲寅熒惑犯南斗西第二星丁卯太白犯南斗第三星四年九月己亥熒惑犯南斗西第二星四年正月癸卯太白犯建星甲辰犯建星西第三星己未犯牽牛九月庚寅犯南斗北第二星五年六月甲辰熒惑退入南斗魁内七月辛酉犯南

斗魁尖星六年六月辛亥太白犯歲星十月丁酉入
南斗魁己亥犯南斗中央東星至正三年二月甲辰
填星犯牵牛南第一星九年正月庚戌太白犯建星
東第三星十一年正月丙戌辰星犯牵牛西南星十
月乙酉太白犯南斗西第二星己丑熒惑犯歲星十
一月庚午歲星晝見十二年八月丁卯太白犯歲星
十四年正月乙丑熒惑犯歲星丁卯太白犯建星西
第二星十七年十月戊寅犯歲星十八年五月壬子
犯南斗東第三星十九年十月壬申入犯南斗南第
三星二十年正月丙辰熒惑犯牵牛東角星二十二

年正月戊申朔太白犯建星西第二星二十三年四月辛丑熒惑犯歲星八月辛酉太白犯歲星二十四年十月丙辰犯南斗西第二星二十五年正月甲戌犯建星西第四星十月己酉熒惑犯南斗杓西第二星閏十月戊辰太白辰星熒惑聚於南斗二十六年十一月甲辰太白犯歲星二十七年九月丁酉熒惑犯南斗西第二星十月丁卯歲星太白熒惑聚於南斗　皇明洪武十九年四月熒惑留南斗二十三年正月入南斗三十年十月犯南斗宣德六年九月八年八月又犯景泰四年五月丁丑歲星晝見六月甲

辰又晝見成化二年太白曳入南斗嘉靖十九年九月壬子熒惑入南斗十一年八月丁酉奄南斗二十三年六月犯南斗以上五緯凌犯

漢哀帝建平二年二月彗星出牽牛七十餘日明帝永平九年正月戊申客星出牽牛長八尺歷建星至房南見凡五十日章帝建章元年八月庚寅彗星出天市長二尺所稍行入牽牛三度積四十日順帝永建六年彗星出於斗牽牛滅於虛危吳大帝赤烏三年十月乙酉彗星見西方在尾長二丈拂牽牛犯太白會稽王五鳳元年十一月白氣出南斗側廣數丈

長竟天二年正月彗星見於吳楚分西北竟天晉武
帝太康八年九月星孛于南斗長數十丈十餘日滅
惠帝永康元年十二月彗星出牽牛之西指天市孝
武帝太元十一年三月客星在南斗至六月乃沒梁
武帝大同五年十月辛丑彗出南斗長一尺餘東南
指漸長一丈餘十一月乙卯至婁滅陳後主禎明二
年十月甲子有星孛于牽牛煬帝大業十二年九月
戊午有枉矢出北斗魁委曲蛇形注于南斗唐高宗
開耀元年九月丙申有彗星于天市中長五丈東行
至河鼓癸丑不見玄宗開元十八年有彗星于五車

代宗大曆五年四月己未有彗星于五車光芒遂勃
長三丈文宗開成二年三月丙午有彗星于危長七
尺餘西指南十戊申在危西南芒耀愈盛癸丑在虛
辛酉長丈餘西行稍南指壬戌在婺女長二丈餘廣
三尺癸亥愈長且闊三月甲子在南斗乙丑長五丈
其末兩岐一指氐一奄房丙寅長六丈無岐北指在
亢七度丁卯西北行東指己巳長八丈餘在張癸未
長三尺在軒轅右不見凡彗星晨出則西指夕出則
東指未有遍指四方變犯如此之甚者昭宗景福元
年十一月有星孛于斗牛後唐明宗天成三年十月

庚午彗出西南長丈餘東南指在牛宿五度至三夕不見宋真宗大中祥符四年正月丁丑客星見南斗魁前元順帝至正二十二年彗星見于紫薇垣測在牛二度九十分色白光芒約長尺餘東南指西南行戊子光芒掃上宰七月乙卯滅 皇明嘉靖三十八年七月壬申有枉矢起自貫索經天市至牽牛之西而滅以上彗孛客星

漢順帝漢安二年有星隕于諸曁縣東北二十里化爲石晉安帝隆安五年三月甲寅流星赤色衆多西行經牽牛虛危天津閣道貫太微紫宮唐睿宗景雲

元年八月己未有流星出五車至上台滅文宗太和八年六月辛巳夜中有流星出河鼓赤色有尾迹光燭地迸如散珠北行近天棓滅有聲如雷懿宗咸通元年夏六月有星隕于山陰光起丈餘狀如虵晉高祖天福三年三月壬申夜四鼓後東方有大流星狀如三升器其色白尾迹長二尺餘屈曲流出河鼓星東三尺東流丈餘滅周世宗顯德三年正月癸亥五鼓後有大星出南斗東北流丈餘滅宋太祖乾德六年有星出河鼓如升器慢行明燭地太宗端拱二年四月壬申有星出漸臺大如盌色赤東南急行奄左

旗過河鼓沒淳化四年五月乙未平明有星東南出南斗大如杯色青白西北行而沒至道二年六月巳卯有星出牽牛西歷狗國光芒丈餘墜東南及地無聲三年九月丁丑有星二隕于西南一出南斗一出牽牛有光三丈許真宗咸平五年三月丙午有星晝出心至南斗沒赤光丈餘九月戊戌有星千數入輿鬼至中台凡一大星偕小星數十隨之其間兩星如升器大至很星一至南斗沒大中祥符三年五月壬申有星出建星如升器入南斗沒赤黃有尾迹仁宗寶元二年三月癸丑星出右旗赤黃有尾迹向南速

行沒于建星明燭地皇祐元年六月己巳星出瓠瓜赤黄有尾迹向南速行至建星沒英宗治平二年星出河鼓大如醆色赤黄速行至天市垣内宗星沒哲宗元符二年十月辛丑星出女西北急流至牛西北沒紹聖元年六月星出人星南急流至牽牛沒徽宗崇寧二年九月辛巳星出牛西南慢流至徇國沒四年五月庚申星出河鼓西北急流入濁沒欽宗靖康二年正月乙未大星出建向西南急流至濁沒赤黄有尾迹照地明高宗紹興元年七月乙未朔流星出河鼓理宗淳祐八年星出河鼓大如太白開慶元年

六月巳亥星出南斗河鼓悉流向東南至濁沒赤黄色有音聲尾迹照地明大如太白四年六月丁卯星出河鼓五年五月甲午星出河鼓大星東南悉流向西北至濁沒赤黄有尾跡照地明大如太白度宗咸淳五年五月庚申星出南斗距星東北悉流向牛至濁沒六月庚寅星出南斗七月壬戌星出東南河鼓距星西北悉流至濁沒元成宗大德三年九月壬辰流星色赤尾長尺餘其光燭地起自河鼓沒于牽牛之西有聲如雷順帝至元四年九月癸酉奔星如酒盃大色白起自右旗之下西南行沒於近濁以上流星

星隕

雲　晉安帝義熙三年若耶山五色雲見

雹　宋高宗紹興元年二月會稽雨雹震電寧宗嘉定六年會稽六月寒雨雹害稼元元統某年春蕭山大雨雹壞廨舍　皇明正德十年三月餘姚雨雹大者如拳傷麥殺禽鳥嘉靖二十三年春諸暨清明日大雨雹有如斗者傷麥

風　宋仁宗天聖中夏夜會稽縣風震電而無雨空中有人馬聲終夜方息明日禹廟人言是夜二鼓殿門關鎖忽掣開風霆自殿中起直西南去遣人驗之百里間林木稼禾皆偃仆明道七年秋七月餘姚大風

雨海溢溺民害稼大饑哲宗元祐八年會稽大風海溢害稼高宗紹興五年秋七月會稽又海溢二十八年會稽諸暨大風水平江孝宗隆興元年八月山陰會稽大風水災乾道四年秋九月丁酉戊戌餘姚大風雨海溢溺死四十餘人光宗紹熙四年七月會稽大風驅海潮壞堤傷田稼夏無麥五年七月乙亥餘姚大風海溢決堤溺死人寧宗嘉定三年八月會稽大風壞攢宮陵殿宮墻六十餘所陵木三千餘章理宗寶慶二年秋餘姚大風海溢溺居民百十家度宗咸淳六年蕭山大風海溢新林被虐爲甚岍址蕩無

存者七年會稽餘姚大風拔木壞民居十年四月餘姚大風元成宗大德五年餘姚海溢順宗至元四年六月餘姚又海溢　皇明洪武二十年湯信公和持節發杭紹明台温五郡之民城沿海諸鎮時會稽王家堰夜大風雨水瀑至死者十四五水上有火萬炬咸以爲鬼詢于習海事者曰鹹水夜動則有光蓋海水爲風雨所擊故其光如火耳王子年拾遺記云東海之上有浮玉山山下有穴穴中有大水蕩滴火不滅爲陰火正此類也二十一年蕭山大風捍海塘壞潮抵于市二十六年閏六月山陰會稽大風海溢壞

田廬永樂二十一年宣德二年諸暨大風江潮至楓溪正統七年秋餘姚海溢天順八年七月餘姚又海溢成化七年蕭山風潮大作新林塘復壞九月餘姚大風海溢溺男女七百餘口八年七月十七日夜會稽大風雨拔木海溢漂廬舍傷苗瀕海男女溺死者其衆十二年春會稽大風雨雹大饑十三年夏六月山陰會稽大風海水溢害稼穡十八年諸暨江潮至楓溪弘治七年七月會稽餘姚海溢十五年七月餘姚大雷電雨以風海溢十七年諸暨江潮至楓溪正德二年山陰颶風大作海水漲溢頃刻高數丈許並

海居民漂沒男女枕藉以死者萬計苗穗淹溺七年會稽蕭山上虞海潮溢入壞民居濱海男女溺死者甚衆餘姚大風雨震雷大水山崩文廟壞海大溢堤盡決漂田廬溺人畜無筭夜燐火徧海有兵甲聲民驚大饑食草根樹皮十三年會稽颶風淫雨壞廬舍傷稼秋餘姚海溢十四年八月餘姚復海溢嘉靖十年三十四年諸暨江潮至楓溪十三年七月上虞颶風淫雨壞廬舍傷稼寡收隆慶二年元旦山陰會稽晝大風屋瓦爲震會稽縣墀折一巨柏城中數災七月二十九日嘌雨八月初一日北風大作至夜逆溪

流溢入城中怒濤吼衝西門城幷城樓俱坍倒平地水深一丈三尺凡一晝夜水涸萬曆三年六月初一日夜上虞餘姚大風雨北海水溢有火色漂沒田廬上虞乃衝入城河以器激之有火光見五行家謂之大沴水

地

晉武帝太康九年正月諸暨地震元帝大興九年三月丁酉諸暨地震安帝義熙三年山陰地陷方四丈有聲如雷唐宣宗大中十三年會稽地震元順帝至元十三年十二月已酉諸暨地震至正十四年十二月已酉會稽地震　皇明洪武三十二年二月初

九日會稽地震天順八年十二月會稽地震成化十一年諸暨巉坑地裂十八年山陰地震弘治十八年會稽蕭山餘姚地大震生白毛餘姚鷄雉皆鳴响有妖民驚晝夜禦之餘月乃息正德三年新昌地震嘉靖三年二月山陰地震大歉米斗一錢四分三十九年二月山陰地大震

山川 唐玄宗天寶五載張氏墓側出泉如醴德宗貞元二十一年夏鏡湖竭山崩二十二年鏡湖竭晉高祖天福二年治東二十五里文殊巖出泉如醴元順帝至正十六年卧龍山裂 皇明成化十三年春厎

山裂嘉靖二十年春駱駝山鳴隆慶元年諸暨鷄冠山石墮大如巨屋至地震爲池復躍過溪乃止浣江潭中石有文曰戊辰大旱是歲旱而不甚

有年　皇明弘治十年餘姚大有年嘉靖十五年餘姚有年自萬曆四年至七年新昌有年

水　晉愍帝建興元年冬十一月戊午巳巳庚午餘姚大雨震電元帝大興四年七月餘姚大雨饑唐太宗貞觀二十二年戊申會稽大水玄宗開元十七年八月丙寅會稽大水代宗大曆二年山陰水災憲宗元和十二年山陰會稽水害稼文宗大和二年會稽大

水景祐元年八月甲戌大水漂溺居民宋仁宗景祐四年八月山陰會稽大水壞民居嘉祐六年會稽淫雨哲宗元符二年冬十月朔餘姚江河水溢高丈餘有聲數日乃止徽宗宣和元年十一月山陰大水六年會稽大雨水溢民多流移高宗紹興三年山陰水害稼五年五月山陰諸暨水十八年山陰會稽餘姚大水二十年山陰大水漂廬舍淹沒者數百人二十七年諸暨大水孝宗乾道元年餘姚正月至四月淫雨蠶麥不登大饑大疫二年春夏會稽淫雨蠶麥不登三年秋會稽淫雨蟲生害稼五穀多腐四年七月

山陰會稽諸暨大水害稼詔湖田米折帛八年五月餘姚大雨水以風漂民居稼盡敗淳熙元年會稽海濤溪合激爲大水决江岍壞民廬溺死者甚衆三年五月會稽積雨損禾麥八年會稽大旱既而淫雨及諸暨俱大水流民舍敗堤岍腐禾稼十年會稽淫雨大水光宗紹熙三年會稽四月霖雨至于五月四年諸暨餘姚四月霖雨至于五月壞圩田害蠶麥蔬稑寧宗慶元元年嵊溪流湍暴城爲水所嚙存者纔二三尺二年會稽大水三年九月山陰諸暨水害稼五年會稽六月霖雨至八月嘉定二年山陰餘姚大水

漂民居五萬餘家壞民田十萬餘畝三年五六月會
稽諸暨大雨水溺死者衆圮田廬市郭首種皆腐五
年六月丁丑諸暨水壞田廬六年山陰水六月戊子
諸暨風雷大雨山湧暴作漂十鄉田廬溺死者尤多
九年山陰諸暨大水十五年衢婺徽嚴暴流與江濤
合汜濫於山陰會稽諸暨圮田廬害稼理宗淳祐二
年餘姚大水八年秋諸暨大水詔除湖田租賑被水
之家寶祐四年秋諸暨大水詔除田租景定五年會
稽大水度宗咸淳二年二月會稽大水七年五月甲
申諸暨大水漂廬舍詔免租三千八十石有奇八年

六月會稽水十年四月諸暨大水風拔木浙東安撫使常楙給二萬楮付縣折運民賴不乏食元世祖至元二十六年二月會稽諸暨大水二十九年六月諸暨大水成宗元貞二年會稽諸暨大水武宗至大三年七月餘姚大雨水害稼文宗至順元年會稽水

皇明洪武三十二年蕭山大水正統八年夏諸暨淫雨害稼十四年新昌大水景泰七年五月蕭山大水會稽霪雨傷苗是秋會稽復霪雨腐禾歲饑天順四年四月蕭山大水五年五月會稽霪雨傷苗成化七年夏秋諸暨大雨水害稼九年餘姚雙鴈鄉水溢壞

田廬十二年秋七月諸暨餘姚大雨害稼餘姚水稻沒石堰塲官壚數十萬引成化十四年新昌大水十七年十八年十九年餘姚俱大水弘治十一年夏六月餘姚境内水湧高三四尺猝平災饑正德四年餘姚俱大水七年秋諸暨大雨水害稼十一年冬餘姚大水無麥大饑米斗直銀一錢三分正德十四年蕭山西江塘圮大水嘉靖元年蕭山西江塘復圮二年諸暨水六年六月蕭山淫雨西江塘壞瀕塘民居咸漂沒人畜多溺死平原皆成巨浸餘姚大水無麥苗八年諸暨新昌水十年八月餘姚大水十三年七月

諸暨新昌嵊溪流漲入城中平地水深一丈新昌決東堤民死者衆十八年四月有魚涸于海際數十餘民採其肉啖之獲異物如黿狀不閲月大水衢婺嚴暴流與江濤合決堤灌于河倏入府城高丈餘並海居民淹没伏屍蔽野蕭山西江塘壞縣市可駕巨舟大饑會稽諸暨上虞俱大水十九年秋餘姚大水四十五年諸暨大水漂民居隆慶二年三年新昌俱大水五年新昌自秋雨至冬至始晴

旱　晉成帝咸康元年夏六月天下普旱餘姚特甚大饑米斗直五百文人相鬻唐文宗開成四年會稽大

旱宋仁宗嘉祐四年夏諸暨旱神宗熙寧八年會稽
旱高宗紹興五年會稽旱久大暑人多渴死孝宗乾
道七年夏餘姚大旱九年會稽餘姚旱種稑皆盡淳
熙元年秋餘姚大旱二年秋會稽旱三年諸暨旱七
年會稽蕭山諸暨大旱十四年秋諸暨大旱光宗紹
熙五年會稽冬旱鑑湖竭寧宗開禧元年夏諸暨大
旱嘉定十年會稽旱理宗嘉熙四年會稽旱淳祐二
年夏諸暨旱元成宗大德三年會稽旱六年夏會稽
旱餘姚五月不雨至于六月十一年夏五月一雨晴
即大旱秋八月八日方雨六種絶收人民餓死者十

八九盜賊四起人食人至不顧父子相食泰定帝泰定元年會稽旱順帝元統元年山陰會稽諸暨自正月不雨至于七月三年諸暨旱至正三年會稽旱

總管泰不華禱雨歌并序

至正三年余守越夏六月不雨率僚徧禱群望又不雨河流且竭歲將不登心甚憂之父老或進曰郡有楊道士者能以其術致雲雨盍請試之余信道不篤又以百姓故遂設壇長春宮禮致道上如父老言既而天果雨獲免於饑因作歌以紀其實復以報道士昭陽協洽紀歲曹祝融司權要赤條扶桑楊燎金流膏赤熛烜赫氣欝陶爍石焦土田莫薅暴眊奚盍衆口敖太守何憚徒步勞陵穴掣靈熬窳雲不雨屯西郊父老走白相呼號有物爲虐肆其饕晼晼隅目出頂㘭走行如風三尺高朱鬒鬣髬駊驕嶠覻狖天網孰敢撓道士楊姓衆所褎㬎攎褁物斃沆濠稽顙致之不敢慆相與導前茢左操斮鷄巽方䶐桂醪玄弋霆翳曳雲稍㒸繕怒口雷髴髶八靈效職屬鞬橐奎踞趠張飛棘桃毄蜮畢方

適爾遭批拉戟撮熾火炮耕父遠囚女魃稽殲殪罔象掀𩙪傈　泠神潢濤奔濤目察嘔㖡神遐遨擻仍五星鏘雲撤祕章宣奏緘　懵頊刻六合陰陽交枝閶少女風飈飂迅霆軒輘聲伐鼙鼕雷列缺激九皐霈澤霑足滌煎熬神情駭愕恍若醐醨離禾黍絕莠蒿歲書大有聲滔滔太守之責或可逃作歌以報慚緑袍至正十二年會稽諸暨旱十三年十八年十九年二十年二十三年餘姚俱旱　皇明永樂十三年會稽旱景泰七年夏餘姚旱天順元年會稽餘姚新昌旱二年三年五年餘姚俱旱成化二十二年嵊大旱二十三年諸暨餘姚大旱弘治七年餘姚冬十月至十二月不雨八年餘姚正月至三月不雨十二年春餘姚不雨十三年餘姚三月不雨至五月晦乃雨

正德元年夏餘姚上虞旱三年夏會稽蕭山諸暨餘姚新昌俱大旱十四年夏餘姚旱十五年夏餘姚旱大饑米斗直銀一錢嘉靖二年夏會稽餘姚上虞旱饑三年會稽上虞嵊大旱四年夏餘姚旱疫五年諸暨新昌大旱十八年餘姚旱二十三年二十四年合郡連年大旱湖盡涸爲赤地斗米銀二錢丐人饑死接踵鄉人挾糲一升夜歸即被刼殺於道郡縣於便民倉散穀賑饑饑民趨就食或死於道或至倉前死蓋待哺久緩不濟也三十三年諸暨旱

蝗蝝宋高宗建炎三年五月餘姚蝗暴至紹興二十

九年會稽旱蝗三十年會稽螟孝宗隆興元年秋諸
暨螟寧宗嘉泰二年會稽蝗嘉定九年會稽蝗理宗
景定三年會稽螟淳祐三年秋八月餘姚蝗元大德
十二年諸暨蝗及境皆抱竹死　皇明正統十二年
餘姚蝗弘治十四年餘姚蝗正德十二年嘉靖三年
餘姚俱螟六年諸暨蝗飛蔽天八年餘姚螟害麥夏
蝗害稼民禳之立秋日蕭山蝗飛入境十九年夏會
稽諸暨餘姚蝗餘姚禳之輒散新昌蝗飛蔽日嘉靖
二十年諸暨蝗
饑宋高宗紹興元年山陰諸暨餘姚大饑二年會稽

饑斗米千錢人食草木八年諸暨大饑民食糟糠草木殍死殆盡九年十年會稽水旱相仍民饑賑之不給死者過半十九年山陰諸暨餘姚大饑二十九年餘姚薦饑孝宗乾道元年淳熙九年諸暨饑寧宗慶元元年四年會稽饑開禧二年諸暨無麥嘉定十八年會稽饑理宗嘉熙四年諸暨餘姚薦饑元世宗至元十八年諸暨饑道殣相望成宗元貞六年六月諸暨饑大德十年諸暨大饑武宗至大元年春蝗饑餓死者人隨食之骷髏布地泰定帝泰定元年文宗天曆二年順帝元統三年諸暨俱饑至元三年會稽大

饑至正二十七年新昌大饑　皇明景泰七年新昌饑弘治元年會稽餘姚新昌大饑二年四年會稽餘姚新昌饑十五年餘姚無麥嘉靖十二年十三年餘姚饑米斗直銀一錢

疫宋高宗紹興元年孝宗乾道元年諸曁疫元世祖至元二十年山陰大疫成宗大德十年諸曁疫武宗至大元年會稽諸曁嵊疫順帝至正十年夏會稽大疫二十二年又大疫

寒宋孝宗乾道元年二三月會稽諸曁盛寒首種敗蠶麥損　皇明景泰五年會稽餘姚十二月大雪六

年二月乃霽弘治十二年十二月餘姚大寒姚江氷合正德十三年十二月至閏十二月餘姚大雪萬曆六年冬合郡大雪寒運河氷合

火　晉海西公大和元年六月火燒山陰倉米數百萬斛居民數千家宋高宗紹興元年冬十月郡城大火十二月火災復作時高宗駐驆于越部署文移多焚於火恭宗德祐二年春正月承宣使張世傑師至餘姚焚邑廟學俱燬元順帝至元二年餘姚文廟火

皇明弘治十三年四月餘姚江南災焚民居三千餘家傷百有八人火渡江焚靈緒山民居二百餘家嘉

靖十四年上虞火災東自城隍廟西及關王廟前至縣前延燒甚衆二十一年諸暨一士人家火自發四十二年諸暨一士人家火嘗自發三月餘自息隆慶二年正月朔山陰諸暨俱火是日山陰縣災諸暨城南延燒百餘間是月山陰民間凡數災三年正月諸暨長山夜火光數十丈四年諸暨大雨二男子偶語屋中雷火忽起屋焚二男子擊死一婦人無恙人謂二男子有隱惡云

血　宋高宗建炎三年六月餘姚雨血縣治沾衣　皇明成化十三年六月山陰福嚴夏瑄家庭中血濺地

上高可二尺廣二尋有司聞于　朝遣官致祭南鎮以禳之嘉靖三十一年春山陰村落有血濺于地高數尺是年倭夷入寇殺人海上以千計萬曆九年冬餘姚東門外居民蔣家樓下地出血流滿室中上濺樓板

人　皇明成化十二年十二月山陰蓬萊坊馬氏生子四手正德十三年諸暨十九都楊氏妻產一狐嘉靖二十年諸暨南隅張氏妻一產四子隆慶元年諸暨東隅袁氏妻一產三男四年諸暨豐江周氏妻一產三男

龍　皇明嘉靖元年夏龍晝見餘姚附子湖頭角具見壞民居拔木害稼秋龍復晝見餘姚孝義鄉鱗甲皆見

六畜　宋高宗紹興元年牛戴刀突入郡城中傷馬裂腹出腸時衛卒多犯禁屠牛牛受死而逸近牛禍也　皇明成化九年癸巳山陰柀橋村徐堅家牛生一犢两首两尾八足嘉靖二十一年諸暨泰南鄉徐氏牛一産三犢二十五年春山陰謝塢民家牛生一犢亦两首两尾八足以上牛

皇明嘉靖三十三年諸暨楓橋獲青羊以上羊

皇明成化間上虞葛用章家有母彘生七子未七日而母斃厥子鳴聲悲咽並有牸者聞往就乳之潼流而七子得長時慕陶吳子異其事爲之記士夫咸聲詩以嘉之嘉靖五年諸暨十二都孟氏豕產人一目有尾萬曆元年夏會稽民馬柱家產豕雙首行輒仆其明年秋丐家產豕六足而两爲人手以上豕

唐懿宗咸通元年會稽有狗生而不能吠擊之無聲按狗職吠以守禦其不能者象鎮守者不能禦寇之占也元順帝至正間諸暨吳銓家犬病踣子嚙食哺之及死埋山下有花開如白鳳仙人呼孝犬又名梔花犬楊維禎詩昔梔花孝犬聞天家今梔花生子在

吳家椏花子毋病蹄不起三子者累累苦悲啼有一子銜食哺毋毋食之始出馳一去復一來眠毋左右不一一離吳老人壽期順五葉孫班斕衣門前荊樹不分枝杜下並蒂生靈芝吳家孝慈及草木况爾椏花爲有知喔喔梟獍兒泥塗我宫室蕩裂我四維風俗日壞壞不支歌椏花作家慶吳家兒當執政椏花生牲化梟獍　以上犬

元順帝至正十八年三月諸暨孝彥城家一鷄伏五雛一雛有四足二足在翼下不數日死　皇明正德十四年諸暨西隅酈煖家毋鷄尾忽長二三尺如錦綬冠羽俱異人聚觀縱之長山聽其所之是年八月餘姚民言鷄爲妖盡殺之　以上鷄

鳥　唐懿宗咸通元年會稽有異鳥極大四目三足自

呼曰羅占者曰王國有兵人相食宋太宗至道元年會稽有白鸛鴿　皇明景泰七年秋諸暨白鸛鴿止縣舍萬曆三年新昌有錦鷄自南來止于儀門須臾飛入縣堂宿題名碑上爲守者所獲知縣田琯縱之去

獸

元成宗大德十一年諸暨虎暴入市三日死城隍廟後　皇明正德六年八月虎入餘姚治城三山司巡檢高寧射殺之嘉靖三十年秋虎暴入諸暨城隆慶二年春有虎入郡城中宿蕺山徙明真觀道士曉開戶攫傷之衆譁逐走千秋巷墮厠中爲諸丐所斃里巷作謡曲以歌好事者從而刪韻之曰市中虎隆慶

皇賀太平年辛未二月望猛虎入城從何方【一解】龐蹄大爪泥上沒行人誰信虎腳迹藏在此日何食偶【二解】幸得郭爺晏客三家山銅鼓振地火照天老畜避火下山去失所據明真觀吹道士驚千秋巧戶里跳過高牆攪街市撲行人墮溷廁千秋巷裡少年三十輩白棒鐵叉攢虎背攢得虎皮碎復碎與誰贓【三解】少年扛虎送官府四下官府賞米七八斗就教少年剁松下虎死魂魄上山去頭和皮送官府宰肉歸家飼妻與母【四解】古人言市有虎信之者足愚魯今若此云如何金波羅城中作窠凡百事儘有似他難信一邊　以上虎說話

皇明宣德七年諸暨大部鄉民家狐爲祟白晝火嘗自作狐震死始息嘉靖二十九年狐入諸暨縣衙變人形能語言知縣王陳策捉而磔之以上狐

【介屬】晉武帝太康四年壬辰郡境内蟹化爲鼠食稻

幾盡

蟲　皇明成化四年新昌東門外何鑑家蠶鳴正德十一年新昌俞應肅家蠶鳴隆慶三年諸暨珠嶺民邵氏養蠶力不能喂棄之山中後皆成繭

草木　唐中宗神龍二年諸暨治東五里木連理元時醴泉亭在𥘵塋白巖山下生連理木　皇明成化三年山陰村落間李生梔實是年冬諸暨梔李花十三年春山陰村落李樹生梔是歲隆興橋范家杏樹開花四種弘治十八年諸暨木氷正德二年冬諸暨梔李花有實者嘉靖間新昌呂光遷光新搆雲在堂紫

荆興枝合理三十三年上虞李樹生黄瓜 以上木

皇明景泰元年正月朔日新昌俞用貞庭前水上生

文成荷花數十朶枝莖亭亭青紅掩映久之乃糢糊

而散成化十二年丙申山陰芥生荷花 以上花

唐玄宗天寶三載乙酉山陰移風鄉產瑞瓜 後柳宗元因內

出瑞瓜爲作頌曰臣某等今日內出浙東觀察使賈

全所進越州山陰縣移風鄉產瑞瓜二實同蔕圖示

百僚者實祚維新嘉瑞來應式彰聖化克表天心臣

某等誠慶誠忭頓首頓首伏惟皇帝陛下保全太和

緝熙庶蔡馨香上達淳化旁行嘉瓜發瑞來自侯服

質惟同蔕見車書之示均地則移風知化育之方始

雖七月而食豳土歌王業之難五色稱珍東陵詠嘉

瓜之會未聞感通若斯昭著者也臣某等遭逢聖運

親仵祢圖忻蹈之誠倍 以上瓜

百恒品無任慶悅之至

唐玄宗天寶三載諸暨長山產靈芝五載諸暨張氏墓側產芝二本各九莖五季晉高祖天福二年諸暨治東南二十五里文殊巖產芝數本宋嘉定間新昌俞時中家產芝草白玉蟾爲記　皇明永樂十年諸暨學後小岡朱山產芝之一本七莖景泰七年春諸暨長山產芝之嘉靖九年冬新昌呂廷安墓產芝之五莖以上芝

宋真宗咸平二年三月山陰會稽諸暨竹生米如稻民饑采之充食

政和五年十一月山陰承天寺瑞竹一竿七枝枝幹

相同其葉圓細生花結實　皇明成化九年竹生米

以上竹

金錢　晉海西公太和三年山陰造縣倉得二大船船内並實以錢鑿者馳白官司暮遣人防守甚嚴旦發之船中竟空惟錢跡而已宋徽宗政和二年十一月會稽民拾生金

雜異　唐中宗神龍二年天雨毛

皇明洪武二十八年發夫修陂塘山陰天樂瀛湖塘掘得一物類小兒臂紅潤如生無有識者遂棄之或云此肉芝也食之延年

正德元年山陰民間驚爲有恠物夜入人家爲妖彌月
不止其實旱魃也
嘉靖三十四年會稽有物方長如一尺牘飛空中映
日作金色數鷹逐之時繫獄者名劉朝忠見之祝
曰如祥也則墮此已而漸近果墮獄中則吳之草蔕
也禁卒持白於官知縣古文炳命侃褫之
訛言　五季晉高祖天福中越地兒童聚戲率以趙字
爲語助如言得曰趙得可曰趙可相語無不然者未
趙延壽貴人將謂其應讖延壽敗謡言轉盛及宋太
祖代周人始悟焉宋高宗建炎三年秋餘姚民驚竄

徙村落紹興元年十二月諸暨民訛言相驚月幾望
當火柜寨院以軍法禁之乃定寧宗嘉泰四年越人
盛歌鐵彈子白塔湖曲冬果有盜金十一者號鐵彈
子起爲亂相傳鬬死白塔湖中後獲於諸暨始就戮
皇明成化十九年山陰會稽諸暨民訛言有黑青
至閭里晝夜驚逾月乃息弘治十三年訛言越中
詔選女子一時奔娶殆盡正德三年上虞民訛言黑
青出嘉靖初年諸暨童謡云雪落霏霏家家殺個年
豬蓋卒歲豐富之詞也末年不復聞三十二年諸暨
楓橋民訛言一夜走竄畧盡三十七年諸暨民間訛

言有青男女戒備夜不敢寢隆慶二年正月越地民訛言　詔選女子婚配畧盡如弘治時

紹興府志卷之十四

田賦志

戶口　貢　賦上

戶口　嘉泰志云舊經具錄兩漢地理郡國志晉地道記太康地志及宋齊隋唐戶口然領縣多寡與今不同是則前代戶口之數不可用於今也惟唐志載開元二十三年戶部帳可以較登耗其曰領縣七者新昌猶未置也今斷自唐始

唐開元二十三年越州戶九萬二百七十九口五十二萬九千五百八十九

北京師範大學圖書館

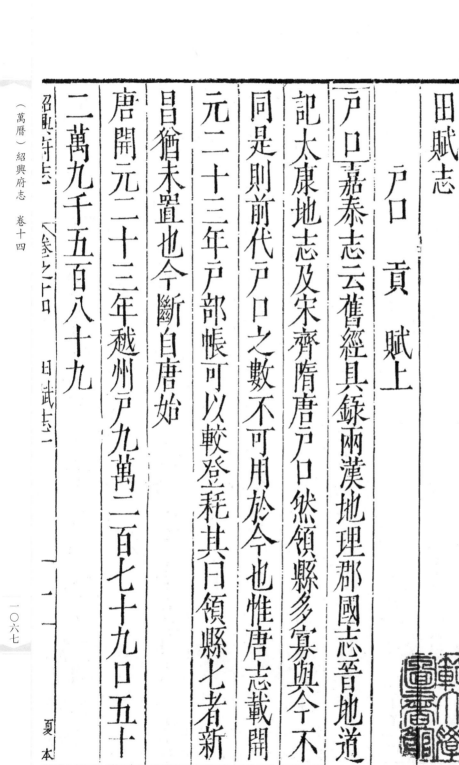

宋大中祥符四年越州戶一十八萬七千一百八十
丁三十二萬九千三百四十八
會稽戶三萬四千七十六丁三萬五千五百八十五
山陰戶二千一百七十一丁二千八百
剡戶三萬二千五百七十八丁五萬五千六
諸暨戶四萬九千六十二丁七萬七千五百六十七
蕭山戶二萬三千八十六丁三萬九千四百五十三
餘姚戶二萬一千六十三丁四萬一千九百一十三
上虞戶五千一百四十一丁二萬八千二百五十七
新昌戶二萬三丁四萬七千七百六十七

元豐九域志越州主戶一十五萬二千五百八十五
客戶三百三十七
嘉泰元年紹興府主客戶二十七萬三千三百四十
三丁三十三萬四千二十中小老幼殘疾不成丁一
十萬七千七十二
會稽戶三萬五千四百六丁四萬一千七百八十一
不成丁一萬四千三百四十八
山陰戶三萬六千六百五十二丁四萬六千二百二
十七不成丁一萬五千七百六十七
嵊戶三萬九千七百九十二丁五萬三千五百七十

七不成丁一萬七千四百七十八

諸暨戶四萬二千四百二十四丁五萬六千四百二十一不成丁一萬八千五百二十七

蕭山戶二萬九千六十丁三萬五千一百六十八不成丁九千四百七十五

餘姚戶三萬八百八十三丁三萬二千一百四十五不成丁一萬二百三十四

上虞戶三萬三百三丁三萬三千三百一十九不成丁四千四百五十八

新昌戶二萬八千八百二十丁三萬六千三百八十

二不成丁一萬一千七百五十五
元至元籍紹興路戶三十萬一百四十八口八十五
萬四千八百四十七
泰定籍紹興路戶二十二萬二千六百五十七口五
十四萬八千八百六十九
皇明洪武籍紹興府戶二十六萬七千七十四口一
百三萬八千五十九
山陰戶五萬三千九百四十六口二十萬四千五百
三
會稽戶三萬九千八百七十九口五萬九千四百三

十九
蕭山戶二萬一千五百四十八口九萬八千一百七
十四
諸暨戶三萬一千三十七口一十七萬九千六百四
十四
餘姚戶五萬一千一百八十八口二十三萬六千五
十四
上虞戶三萬三十七口一十三萬一千七百三十四
嵊戶二萬八千七百六十五口九萬三千六百九十
二

新昌戶七千三百六十三口二萬五千六百六十三

永樂籍紹興府戶二十七萬二千七百七口九十二萬五千六百九

山陰蕭山戶口與洪武籍同

會稽戶減七口減十

諸暨戶四萬一百四口一十六萬四千四百六十九

餘姚戶四萬四千口十四萬

上虞戶三萬四千一百一十九口八萬

嵊戶二萬二千三百八十五口七萬七

新昌戶增五百口同洪武

天順籍紹興府戶一十七萬九千八百八十七口六
十三萬二千二百五十八
山陰戶三萬三百六十四口一十一萬五千六百七
十四
會稽戶二萬三千四百一十八口七萬二千五百五
十九
蕭山戶一萬八千二百一十九口九萬一百四十二
諸暨缺
餘姚缺
上虞戶口同永樂籍

嵊戶一萬八百五口四萬九千五百三十九
新昌戶四千一百口一萬一千三
成化以後籍舊郡志不載各邑或具或不具缺有間
矣今述登萬曆籍者合郡戶共十六萬五千六百七
十八口共五十七萬五千六百五十一
山陰戶二萬九千一百四十二民之戶二萬三千二百二十七軍之戶三千五百三十二匠之戶五百五十八竈之戶九百五十六官之戶一百二十五生員之戶一百一十六力士校尉之戶二十二陰陽之戶二十五醫之戶一十五廚之戶三十二捕之戶九弓兵鋪兵皂隸之戶一百八十九水馬驛站驛夫之戶二百八十六僧之戶二十五道之戶二十五
口一十一萬五千四百九男八萬二千二百九十九婦三萬三千一百一十

會稽戶一萬八千六百八民之戶一萬四千八十七軍之戶一千六百一十二
匠之戶三百五十四竈之戶六百九十七官之戶百
九生員之戶二百七力士校尉之戶二十八陰陽之
戶十醫之戶三十七廚之戶三十五捕之戶十五弓
兵鋪兵之戶六十五水馬驛站鋪夫之戶二百六十
七僧之戶二十
八道之戶二十
口六萬二千四男四萬六百十三婦二
萬一千三百九十一
蕭山戶一萬九千四百三十一民之戶一萬五千七百
五十五軍之戶一千三
百八十一匠之戶二百八十五竈之戶一千二百七
十九官之戶二十九生員之戶四十力士之戶一醫
之戶五廚之戶五捕之戶四十七弓兵鋪兵皂隸之
戶百七十四水馬驛站夫之戶二百五十六外府縣
寄庄之戶九十八僧之
戶七十二道之戶三
口九萬三千一十四男六萬三千三百七十四
婦二萬九千六百四十

諸暨戶一萬八千四百一十民之戶一萬一千一百三軍之戶六百五十二官之戶二十生員之戶一百六十醫之戶五捕之戶三鋪兵之戶一十五雜役之戶三百八十四僧之戶六十四道之戶五

口三萬八千六百八十四男二萬三千七百九十六婦一萬四千八百八十八

餘姚戶四萬一千八百四十七民之戶三千六百二十三軍之戶四千三百五十八匠之戶二千五十竈之戶一千五百七十六官之戶三十一生員之戶四十儒之戶五力士校尉之戶五陰陽之戶五醫之戶十一尉之戶四捕之戶一百九弓兵鋪兵皂隸之戶一百一十八水馬驛站竈夫之戶一百一十二紙槽之戶一百一十二窯冶之戶十五僧之戶三十一道之戶三

口一十五萬八千三百九十二男一十一萬二千六百一十六婦四萬五千七百七十六

上虞戶一萬九千三百一十一民之戶一萬七千八百八十軍之戶九百四十匠之戶三百一竈之戶一百九十陰陽之戶五鋪之戶三儈之戶二十五道之戶三

口三萬五千六百三十八男二萬三千二百五十九婦一萬二千三百七十八

嵊戶一萬一千六百五民之戶九千九百八十五軍之戶一千二百七十一匠之戶二百二十九官之戶一十二生員之戶二十九醫之戶一十三鋪之戶四弓兵皂隸之戶三十三水馬夫之戶三十六僧道之戶三

口五萬八千七百一十七男四萬一千二百三婦一萬七千五百一十四

新昌戶七千三百四十五民之戶六千四百七軍之戶五百一十九匠之戶六十四官之戶三十三生員之戶二百三十四陰陽之戶五醫之戶五鋪之戶一十水馬驛站之戶三十僧之戶一十六樂人之戶一十二

口一萬三千三百一十六男八千八百婦四千五百一十六

貢會稽於禹貢屬揚州貢金三品金銀銅瑤琨石之美似王者篠材中於矢之笴簜材中於樂之管亦可爲符節齒象之齒革犀兕之革羽毛不知幾種鳥獸惟木櫄梓豫章之屬島夷卉服葛木綿之屬厥篚織貝錦名厥包橘柚錫貢周禮職方氏揚州其利金錫竹箭古揚州境兼今江浙福廣及南直隸淮安以南地所云金玉犀象之屬似出交廣惟竹箭則會稽産而織貝閒亦有之漢書地理志及東京以後諸史土貢雜物無登載建武時光武因陸閎所著越布單衣敕會稽郡常獻此則所謂錫貢者也舊志載唐貢十二種編

紋紗　輕容生縠花紗　寶花紋等羅　白編交梭
十樣花紋等綾　吳絹　冊砂　石　密橘　葛粉
瓷器　紙　筆　宋祥符圖經元豐九域志貢五
種　綾二十疋　排花紗十疋　輕容紗五疋　表
紙千張　瓷器五十事　南宋貢二種　輕容紗五
疋　越綾十疋　元貢有玉面貍　豹皮其餘不詳
皇明貢茶會稽三十斤路費銀二十兩每歲四月輪禮房
吏一人解京　嵊十八斤貼路費銀陸兩附會稽縣解　餘
姚茶先年亦有貢後以其味薄罷之
此外貢食味則有兎　鴈　鷓鴣　玉面貍　藥材

則有白术　茯苓　半夏　芍藥　乾木瓜　器用
雜料則有雜色皮　弓　箭　弦翎絲顔料畢備
曆日紙則有黃紙　白紙今食味久廢貢而藥材器
用等多類派入額辦銀内起解鮮以本色貢矣
櫻桃蕭山舊有貢正統八年中官來摘取重索賄知
縣蘇琳抗不與爲所訐　詔械繫至京琳辭直得宥
復任自後免貢
賦唐以前無所考錢氏有吳越時兩浙田稅畝三斗
宋太平興國中錢氏國除朝廷遣王贄均兩浙雜稅
贄悉令畝出一斗比還詔責其擅減稅額贄對曰畝

稅一斗者天下通法兩浙旣爲王民豈當復循僞國之法上從之自後畝稅一斗祥符籍土田山蕩合郡共六百一十二萬二千九百五十二畝七分八釐八毫而不載稅額施宿志成於嘉泰元年頗具稅額焉

夏戶人身丁錢舊管三萬六千七百六十五貫二百六十九文足今催五萬三千五百八十二貫六百六十八文省會稽四千六百一貫四百三十文今催六千二百二十四貫八百八十文山陰五千一百三十七貫八百一十三文今催六千三十八貫九百九十二文剡五千八百八十九貫八百五十文今嵊催七千四百一十二貫七百二十八文諸暨八千四百三十七貫一百五十文今催一萬三百一十四貫七百五十二文蕭山二千四百五十六貫六百六十六文今催二千九百三十三貫六百五十六文

餘姚三千三百三十一貫八百六十文今催五千四十七貫六百八十九文上虞三千二百九十八貫二百文今催五千一百二十六貫七百二十文新昌三千六百一十二貫三百文今催一萬四百七十三貫二百五十一文

紬舊管九千一百六十四疋三丈八尺四寸三分今催八千六百一疋三丈三尺四寸六分六釐會稽一千四百六十九疋二丈二尺一寸五分今催一千三百八十八疋一丈一尺一寸五分山陰一千八百二十八疋一丈三尺七寸今催一千七百九十四疋七尺五寸五分五釐剡九百二十疋二丈六尺三寸今嵊催九百二十九疋一丈四尺四寸一分諸暨一千四百五疋三丈八尺三寸今催一千一百六十六疋一丈四尺四寸一分一釐蕭山九百八十七疋一丈八尺八寸今催一千四疋二丈六尺二寸三分餘姚九百二十九疋一丈二尺五寸八分今催九百七十疋三丈五尺三寸八分上虞一千三百二十五疋三丈七尺

今催一千八十六疋一丈一尺四寸三分〔新昌〕二百八十七疋二丈九尺六寸今催二百六十一疋三丈二尺九寸

絹舊管九萬八千二百四十六疋四尺五寸今催九萬九千八百九疋二尺一寸九分四釐六毫〔會稽〕一萬一千一百六十六疋二尺七分今催一萬三千七百一十八疋二尺一寸五分五釐〔山陰〕一萬七千六百九十四疋三丈八尺九寸今催一萬七千二百四十七疋一丈九尺四寸〔剡〕一萬一千三百六十七疋三丈二尺六寸今〔嵊〕催一萬三千二百二十四疋八尺四寸四分三釐〔諸暨〕二萬八百二十疋二丈二尺今催一萬八千六疋二丈八尺六寸三分六毫〔蕭山〕一萬三十八疋四尺一寸七分今催一萬四百八十八疋三尺九寸一分三釐〔餘姚〕一萬一千八百一十疋三丈七尺今催一萬二千四百二十二疋一丈七尺五寸五分〔上虞〕一萬三千九十九疋二丈一尺今催一萬二千四百四十九疋一丈八尺一寸三分三釐〔新昌〕

二千二百四十八疋一丈六尺七寸六分今催二千二百五十二疋三丈三尺八寸七分

綿舊管五萬八千九百八十一屯四兩四錢八分九釐七毫五絲今催四十一萬二千二百五十二兩七錢一分七釐九毫五絲【會稽】七千七百四十二屯二兩五錢九釐七毫五絲今催五萬三千四百一十兩九錢二分九釐七毫五絲【山陰】九千一百二十二屯四兩三錢八分五釐今催六萬七千五百三十六兩一錢三分四釐七毫五絲【剡】五千九百七十七屯一兩六錢五分今嵊催四萬八千五百七十四兩五錢六分六釐二毫五絲【諸暨】一萬一千五百二十九屯三兩四錢八分今催八萬四千四百四十三兩一錢六分八釐七毫五絲【蕭山】五千九百二十九屯四兩二分今催四萬一千八百八十四兩四錢五分七釐八毫五絲【餘姚】六千六十八屯四兩今催五萬六千二百四十三兩七錢八分一釐二毫五絲【上虞】六千九百七十二屯二兩二錢五分五釐今催四萬六千一百九十七兩二錢五分五

釐三毫五絲新昌五千六百三十九乇一錢九分
今催一萬三千九百六十二兩四錢二分三釐
秋苗米舊管二十四萬九千二百二十石五斗六升
七合九勺今催二十五萬二百六十五石二升七合
七勺會稽額管三萬七千九百五十石七斗八升七
合四勺撥充職田學糧攅宫買過田免納石五
斗九升一合三勺坍江逃絕等九百一十石三斗三
升合催三萬五千六百四十二石八斗六升六合一
勺山陰額管四萬六千五百三十三石六斗六升五
合二勺撥充職田等二百五十六石一斗六升五合
九勺坍江逃絕七百四十五石八斗合催四萬五千
五百三十一石六斗九升九合三勺嵊額管二萬四
百三十五石一斗五升一合九勺坍溪五百七石七
斗三升合催一萬九千九百二十七石四斗一合九
勺諸暨額管三萬六千一百七十石一斗九升三
合一勺坍江逃絕等一千七百八十一石一斗三升
合催三萬四千二百九十七石六升三合一勺蕭山
額管三萬一千六百三十石五斗四升一合七勺撥

充職田學粮九百一十五石一斗一合坍江逃絕等四百七石六斗一升合催三萬三百七石八斗三升一合七勺餘姚額管三萬二千五百七十五石五斗一升七合坍江海移埭海塘等九百三石五斗一升合催二萬一千六百七十二石七勺上虞額管三萬七千八百九十七石六斗六升一合五勺合零就整三百三十四石二斗三升坍江等三千四十六石二斗四升合催三萬四千五百一十七石一斗九升一合五勺新昌額管七千六十三石五斗三升五合二勺合零就整等一百一十五石一斗七合七勺坍溪二百八十八石九斗一升合催六千六百五十九石五斗一升七合五勺

舊額之外創增和買寶慶續志云太宗時馬元方為三司判官建言方春民乏絕時預給官錢貸之至夏秋令輸絹於官故曰和買然在昔止是一時權宜措置至于一歲之間或行於一郡邑而已祥符中王旭

知穎州因歲饑出庫錢貸民約蠶熟人輸一縑其後李士衡行之陝西民以爲便至熙寧新法之行乃施之天下示爲准則是時會稽民繁而貧所貸最多後來錢既乏支所買之額不除遂以等戶資產物力而科配焉然會稽爲額獨重於他處大爲民病建炎三年九月二十四日御筆朕累下寬恤之詔而迫於經費未能悉如所懷今聞東南和預買絹其弊尤甚可下江浙減四分之一以寬民力紹興遂獲減免如詔旨紹興二年九月十七日守臣朱勝非又有請詔蠲免十分之一紹興八年二月二十八日以此郡和買

太重又減一萬匹其累減如此其數尚一十四萬六千九百三十八匹淳熙中提點刑獄張詔乞用畝頭均科奏狀云浙東七州歲發和買二十八萬匹紹興一府獨當一路之半詔不知此是累減之數向來何止當一面之半耶淳熙八年閏三月一日指揮除豁德壽宮延祥莊泰寧寺并兩攢宮及諸縣耕牛賃牛所科二千六百五十三匹三尺三寸淳熙十六年八月二十三日又特減四萬四千三百八十四匹三丈六尺七寸遂以十萬匹爲額內本色七萬九千三百八十一疋三尺九寸折帛二萬六百二千八疋三丈六尺一寸會稽一萬三千二百四十三疋九尺二寸山陰一萬四千七百四

十三疋二丈七尺九寸嵊一萬七千九十八疋二丈二尺五寸諸暨一萬八千八百五十五疋二丈二尺四寸蕭山一萬四千二百六十一疋八寸餘姚七千七百疋七尺上虞七千二百九十七疋三丈五尺八寸新昌六千七百九十九疋三丈四尺四寸

役錢一十六萬七千九百二十八貫九百五十文會稽一萬八千七百四十三貫八十八文山陰二萬二千一十三貫九十八文嵊二萬一千九百七貫七百三十文諸暨二萬六千三百七十八貫八十一文蕭山一萬三千九百一貫四百一十文餘姚三萬九千四十四貫五百七十七文上虞一萬三千九百五十一貫九百八十六文新昌一萬一千九百八十八貫九百八十文

水陸茶錢八千八貫二百三文會稽二千八百八十八貫六百五十八文山陰一千八百五十一貫三百一十六文嵊七百四十貫一百一十七文諸暨八百三十貫文蕭山三百

二十二貫三百三十三文餘姚二百九十二貫六百一十三文上虞八百五十二貫八百六十六文新昌二百三十一貫文

小綾二千五百疋折錢一萬五千四百二十二貫五百文會稽二百五十疋折一千五百四十二貫二百五十文山陰二百五十疋折一千五百四十二貫二百五十文嵊二百五十疋折一千五百四十二貫二百五十文諸暨六百疋折三千七百一貫四百文蕭山六百疋折三千七百一貫四百文餘姚二百疋折一千二百三十三貫八百文上虞二百疋折一千二百三十三貫八百文新昌一百五十疋折九百二十五貫三百五十文

湖田米六萬六千三石七斗四升三合一勺會稽二萬六千二百六十四石五升山陰三萬二千六百八十九石五升三合一勺諸暨四千二百一十石三斗二升蕭山二千八百四十石三斗二升

職田米一萬五千九百九十九石五斗會稽四千六百二十一石九斗四升山陰四千二百八十四石九斗嵊三百三十三石七斗諸暨一千四百一十一石五斗八升蕭山二千八百八十六石九斗七升餘姚一千八十五石四斗七升上虞一千三百七十四石九斗四升

折變錢會稽免先是紹興三十二年本府奏會稽縣十七十八十九都皆撥官所在請有以寬恤之詔會稽三都人戶二稅不得支移折變常賦外免其他差使至隆興二年本府又申浙東和買本府旣重而會稽視諸縣爲尤重欲乞用永安縣優卹舊例盡蠲一縣支移折變詔從之

折帛錢三十三萬四百三十二貫六百二十八文係

將人戶鹽稅紬綿絹丁鹽和買絹數內科折每紬一
疋折納一丈三尺三寸綿一兩折納五錢丁鹽稅絹
一疋折納八尺和買一疋折納一丈和買每疋折錢
六貫五百文他絹若紬每疋並折七貫文綿每兩并
耗折四百六十文山陰六萬四千一十五貫一百八十文嵊五萬三千五百三十四貫五百三十五文諸暨七萬五千五百三十七貫一百二十六文蕭山四萬三千六百六十八貫四百八十四文餘姚三萬五千五百七十六貫六百五文上虞三萬九千三百一十三貫八百文新昌一萬八千七百八十六貫八百九十八文
折紬綿四萬一千五百三十一兩每紬一疋數目折
納一丈三尺三寸以綿一十七兩折紬一疋惟山陰

以折帛之餘盡折爲綿不輸本色蓋會稽既免折變當時折紬之綿無自出又不欲偏科他邑故盡以歸山陰麥及糯米亦然故山陰折變視他邑爲重[山陰]一萬二百兩[嵊]五千二百一十九兩[諸暨]七千七百八十六兩[蕭山]五千七百四十六兩[餘姚]五千七百九十七兩[上虞]五千六百二十七兩[新昌]一千一百五十六兩

折稅絹麥六千六百九十九石三斗六升一合諸縣科數等第不同然皆以二石四斗一升折絹一疋[山陰]一千六百三十三石三斗四升[嵊]二百九石五斗[諸暨]七百二十石[蕭山]一千一百四石九斗九升[餘姚]一千六百四十二石七斗九升六合[上虞]一千二百八十九石九斗五升[新昌]九十七石七斗八升五合

折苗糯米一萬九千六百六十二石八斗三升八合

諸縣科數等第不同然皆以一石折苗一石一斗十一升山陰五千一百石一斗八升嵊四百八十三石四斗諸暨三千九百一十石六斗一升蕭山二千九百四十八石二斗八升九合餘姚三千三百三十石八斗八升六合上虞三千六百三十五石四斗七升三合新昌二百五十四石

課利都稅務祖額五萬四千八百三貫二百一十四文遞年六萬二千二百五十六貫九百五十九文嵊祖額二千五百九十三貫七百二十一文遞年趂到三千五百五十一貫六百七十七文諸暨祖額八千六百八十一貫二百一十五文遞年趂到四千八百一十八貫三百七十八文蕭山祖額三千五百七十一貫三百一十文遞年趂到五千七百九十五貫七百一十八文餘姚祖額四千九百七十三貫四百九十九文遞年趂到三千四百七十六貫九十五文上虞祖額四千六十一貫四百九十一文遞年趂到二千八百八貫二十六文新昌祖額二千五十一貫二百八十四文遞年趂到九百五十八貫四十四

文錢清塲租額七千六百六十九貫七百五十七文遍年趂到一千九百四十五貫五百三十八文曹娥塲租額五千六百七十三貫一百五十一文遍年趂到六千二百八十五貫五百一十六文三界塲租額三千四百八十六貫七百四十二文遍年趂到一千五百四十四貫二百八十四文皷井塲租額一千七百八十三貫一百二十六文遍年趂到一千七百四十三貫四百三十九文楓橋塲租額一千九百五十五貫六十七文遍年趂到三十九十貫五百六十九文新林塲租額一千三百一十貫七十六文遍年趂到一千一百三十九貫一百二十六文溪口塲租額四百八十三貫六百三十八文遍年趂到九百八十一貫二百一十七文漁浦務租額二千六百七十三貫五百八文遍年趂到四千九百一十九貫四百二十八文

鹽四塲每歲買納錢清五千一百一十九石九斗八升曹娥一萬七千八十三石四斗一升三江二萬二千五百五十五石八斗二升石堰六萬三千四百二十三石六斗

八縣每歲住買會稽二千二百五十斤山陰二千二百五十斤嵊二萬四百斤諸暨八萬二千五百斤蕭山二千七百斤餘姚二千七百斤上虞八千七百斤新昌四千八百斤

茶八縣每歲批發住賣會稽批發二萬三千三百二十斤住賣九百二十斤山陰批發七千七百斤住賣六千四百一十斤嵊批發二百斤住賣五千四十斤諸暨批發無住賣六千一百三十斤蕭山批發一百斤住賣六千八百五十斤餘姚批發一萬四千六百斤住賣三百斤上虞批發六百斤住賣六百斤新昌批發無住賣四百五十斤

酒都務祖額二萬五千三百三十四貫七百八十七文比較務祖額一萬五千五十六貫一百六十一文瞻軍務祖額二萬五千二十七貫八十文和旨樓祖額六千三百三十三貫六百九十八文嵊祖額一萬二千七百七十四貫九百二文遞年趂到四千五百八十六貫六百六十六文諸暨今屬户部蕭山祖額一萬七千二百九十六貫五百十九文遞年趂到九千五百四十一貫二百四十文餘姚祖額一萬九

千七百二十四貫七百二十文遞年趂到四千五百三十四貫七百五十文上虞祖額九千六十六貫三百七十文遞年趂到五千五貫五十三文新昌祖額六千五百二十一貫二百二十一文遞年趂到二千七十三貫八百三十九文滻浦祖額一萬五千二百九十五貫六百一十九文遞年趂到五千四百九十四貫四十九文

經總制錢始於宣和三年發運使經制兩浙東南財賦陳遘乞於東南諸州權添賣酒賣糟幷典賣田宅稅契錢幷添收樓店務白地三分錢官員添給頭子錢並充經制及建炎初總制使翁彥國乞將諸州酒稅牙契官錢分隸入總制司而發運判官霍蠡請置一云戶部郎官王敦書請置未詳紹興十年詔委遂

州通判專一主管經總制錢如監司州縣擅行兑借
拘截取撥侵移互用不以赦降原減
經總制立額之初一切趣辦所至困於太重淳熙十
六年因言者有請上命臺諫及戶部長貳參詳減額
且命諸路監司取十年增虧數開申是年八月有旨
紹興府經總制錢各減三萬貫後額即其已減者若總制則
得十之四猶有可取名數經制雖多方科取僅得十
之六歉歲又不能及此宮陵園廟營繕等費及有班
宗室忠順官等俸皆仰以給當以時辦至於起發降
本七萬貫當不能足蓋高額實無所收而七萬餘貫

蠲減不盡雖歲以聞於朝未報也

經制錢一十九萬七千八百一十九貫一百文

總制錢二十一萬一千四百一十貫一十四文

添收頭子錢二萬七千二百六十四貫六百二十三文先是正錢一貫收頭子錢一十五文并直逬綱頭子錢一十五文既而增收頭子錢一十二文凡四十三文以二十八文五釐爲經制錢七文爲總制錢五文五分爲移用錢一文九分五釐爲州公使錢五分爲提刑司公使錢乾道中又增頭子錢一十三文皆入總制此其所謂分隸之數也

增收朱墨勘合錢四千九百二十七貫八百二十二文二項係乾道元年十月二年九月增添毎年附總制帳起發

元至元籍田地山蕩紹興路共六百二十五萬七千七百四十畝五分四釐七毫

泰定籍夏税鈔一萬九千六百七十貫九文五分九釐

秋糧米一十三萬四千六百三十一石三斗六升七合五勺

租鈔六百七十五貫六十五文三分九釐

酒醋課鈔二萬七千三十五貫五文七分九釐

税課鈔四萬七千六十五貫三文二分七釐

茶課鈔四千一百四十貫三十四文一分一釐

曆日鈔四千一百九十貫八十三文五分

店地鈔一萬五千六百一十貫三十二文四分七釐

鹽課數缺

皇明洪武籍合府田地山蕩池塘漊共六萬五千一百七十一頃五十五畝四分三釐四毫

山陰田地山蕩池塘漊共一萬四千四百九十頃二十七畝二分三釐三絲一忽

田五千八百二十四頃六十畝七分四釐二毫四絲九忽

地八百四十五頃八畝五分七毫七絲三忽

山七千七百八十五頃九十九畝三分一釐一毫八
絲九忽
蕩二十頃八十一畝八分二釐四毫
池二頃二十八畝六分五釐五毫五絲
塘一十頃四十七畝九分九釐八毫七絲
漊一分九釐
夏稅麥一千七百九石二斗四升六合八勺鈔一千
六百五十一貫八百八十七文獎帛絹一疋
秋糧米一十一萬二千五百八十二石租鈔二萬三
千五十三貫五百八十九文官房賃鈔一百八貫四

百三十文

農桑七千一百五十七株該絲二十三斤一十四兩

每絲一斤二兩折絹一疋共絹二十一疋

會稽田地山蕩池塘溇共七千三百五十二頃五十

二畝二分二釐

析分畝數及兩稅農桑額數俱缺

蕭山田地山蕩浜瀝港溇共五千八百二十二頃九

十四畝五分九毫六絲

析分畝數缺

夏稅麥一千五百七十七石九斗九升八合六勺稅

鈔一千二百七十八貫四百九十四文
秋糧米三萬九千一百三十石九斗六升六勺
諸暨田地山蕩塘共一萬五百四十六頃五十一畝
六釐七毫
析分畝數缺
夏稅麥二千一百九石五斗一升一合五勺鈔六千
五百四十貫三十文一分荒絲五百三十四兩
秋糧米三萬三千二百七十二石七斗九升八合二
勺租鈔七百九十一貫九百二十六文賃錢三百八
十三貫三百三十文

餘姚田地山蕩共八千五百四頃四十一畝四分一釐八毫六絲

田五千八百二十五頃七十七畝九分五釐七毫三絲

地七百七十二頃一畝三分五釐一毫三絲

山一千九百四頃七十五畝一分八釐

池七十一畝七分二釐六毫

蕩一頃一十五畝二分四毫

夏稅麥二千九百四石九升二合八勺鈔五千九百七十四貫五十七文

秋糧米五萬六千三百三十五石九斗一升四合二
勺鈔四千二百四十貫一百一十三文
上虞田地山蕩池塘共八千九百八頃四分一釐
田三千九百一十九頃二十一畝二分九釐一毫
地八百四十六頃九十畝六釐二毫
山四千一百二十八頃一十四畝四分七釐五毫
池九頃一十七畝一分五釐
蕩三頃六十二畝九分二釐五毫
塘九十四畝五分七毫
夏税麥五百四十三石四斗九升五合一勺鈔二千

四百二十四貫三百三十文麥苗一千二百七十五
石三斗五升六合九勺
秋糧米三萬九千六十四石六斗九升八合九勺租
鈔一萬二千四十九貫一十三文賃房鈔一百三十
七貫九百六十三文
嵊田地山塘共六千四百八十八頃一十六畝五分
七毫
田四千一百一十六頃五十二畝六分八釐六毫
地一千五百五十三頃九十三畝六分六釐八毫
山九百六十一頃七十三畝七分四毫

塘五十五頃九十六畝四分四釐四毫
夏稅麥三百九十二石七斗六升九合四勺苗麥四百二十八石六斗二升四合八勺鈔七百九十一貫一百九十三文
秋糧米一萬七千七百八十石八升二合九勺租鈔七千四百三十九貫五百一十九文賃房鈔一百一十四貫三百二十五文
新昌田地山塘共二千九百九十九頃六十八畝四分三釐
田一千九百四十五頃九十三畝四分三釐

地五百五十五頃八十一畝零

山四百九十七頃八十三畝零

塘一十一畝零

兩稅額數缺

以上田數稅額俱本舊郡邑志所具者錄之條例頗不一總數亦不甚合具大略使觀盈縮者有考云爾永樂以後益參差多牴牾今畧不載載登萬曆之籍者以十三年爲準

合府田地山蕩池塘漊浜瀝港共六萬七千二百六十三頃九十九畝九分三釐三毫九絲一忽

田三萬八千七百二十六頃一十五畝六分八毫八絲六忽

地六千二百二十一頃九十一畝六分四釐一絲九忽

山二萬一千二百一十頃四十畝四分四釐九毫六忽

蕩六百一頃二十二畝七分八釐六毫

池一百三十七頃八十六畝六分三釐四毫三絲

漊六畝七分二釐四毫

塘三百一十六頃一十一畝二分一釐二毫

浜二十頃七十八畝九分六釐五毫

瀝一十八頃三十六畝五分一釐四毫五絲

港一頃九畝四分

山陰縣田地山蕩池共一萬五千七十一頃四十一畝三分八釐六毫

田六千二百一十七頃四十七畝二分七釐四毫内萬曆十年丈出田三十七頃二十四畝三分四釐清出田八十七畝四分三釐一毫夏稅麥每畝二升七合三抄稅鈔三文秋糧米鑑湖鄉田一千二百四十九頃八十四畝六分八釐八毫每畝一斗五升六合中水鄉均田二千九百一頃七十八畝四分二釐九毫每畝一斗二升七合八勺中水鄉下則均田三百五十二頃三十五畝三分五釐二毫每畝一斗二升六合沿山鄉田二百三十九頃三十三畝四分二釐四

毫每畝一斗二升四合江北鄉田九百二十七頃一十七畝三分一釐一毫每畝九升六合天樂鄉田五百四十六頃四十畝六釐九毫每畝六升六合內沿山鄉田泒北折六升七合八勺一抄其餘田本色輕重折俱一槩均泒兵餉每畝五釐不分腴瘠八縣俱同折丁鹽湖等鄉熟田俱十畝一丁江北鄉十五畝天樂鄉二十畝又學田五十八畝每畝科麥七合八勺二抄鈔六百五十文七分米二升九合九勺八抄送學支用

不入經費

地五百二十七頃五十七畝五分九釐七毫內萬曆十年丈出地一十五頃七十八畝六分四釐六毫清查出四頃七十四畝一分三釐七毫秋糧米湖中鄉地三百三十八頃七十六畝五分九釐九毫每畝一斗二升六合沿山鄉地七十頃五十七畝一分三釐九毫每畝一斗二升四合江北鄉地四十九頃九畝三分三釐三毫每畝九升一合天樂鄉地六十九頃一十四畝五分二釐六毫每畝四升三合俱北折兵餉三釐八縣同折丁五十畝

山七千七百七十九頃八十八畝六分九釐二毫内萬曆十年丈出一十二頃七十三畝二分一釐七毫外改正虛糧劃去山一頃三十五畝六分六釐六毫官山一十二頃六十畝八釐五毫秋租鈔每畝三十五文二分兵餉一釐八緊同折丁百畝

蕩五百九頃三畝九分五毫内萬曆十年丈出一十五頃九十二畝三分三釐三毫清出二十八畝八分二釐八毫麗公池官蕩二十九畝一釐二毫歷課鈔銀每畝四釐折丁百畝

池三十七頃四十三畝九分一釐八毫内萬曆十年丈出池四頃六十一畝七分二釐三毫一絲清出池一頃七十三畝五釐九毫秋糧米湖中鄉池一十五頃九十四畝七分七釐四毫每畝一斗二升六合沿山鄉池五十七畝四分六釐每畝一斗二升四合江北鄉池四頃六十四畝八分一釐三毫每畝九升一合天樂鄉池一十六頃二十六畝八分七釐一毫每畝四升三合俱北折折丁五十畝

會稽縣田地山蕩池塘漊共七千二十五頃四十五畝二分七釐三毫

田四千三百七十八頃七十九畝八分八釐五毫內嘉靖二十六年十月六日知縣張鑑丈量田內取會稽田之在嵊界者歸於嵊凡九百九十六畝七分三釐四毫外取嵊田之在會稽界者歸於會稽凡五千畝視舊增四千三畝二分六釐六毫時爲田四十萬一千四百二十八畝五分四釐七毫七絲一忽訖量復於嵊界所歸田五千畝中得隱田七百一十一畝九分四釐於縣田中得隱田二萬六千二百九十九畝七分五釐一毫三絲九忽於墾地中得新田九千二百三十三畝一分四釐八毫九絲萬曆十年文文出田一十八頃六十七畝八分八毫首出田一十九畝五分一釐淤出田一十七頃九十八畝七分四釐四毫外奉文剷去虛粮田二十五頃二十七畝復還學田三十六畝剷復成地田一十七頃九十五畝二分八釐攺蕩一頃二十六畝五分七釐九毫攺池九十八

畝七分五釐三毫壅塞成山五畝九分九釐八毫【夏稅麥】二合二勺【稅鈔】三文七分【秋糧米】每畝均科一斗一升八合八勺内水田三千一百四十八頃八十一畝一分四釐俱徵本色二升比折田一百一十四頃八畝一分二釐一毫二升上比折田一十四頃一十一畝一分一釐三毫三升比折田一十三頃一十三畝八分六毫四升比折田八頃九十一畝五分一釐四升上比折田五十五頃三十五畝九分一釐五毫五升比折田九十八頃三十六畝四分二釐五毫七升比折田二十五頃七十八畝五分除合得準輕折之外其剩數俱照水田派徵本色及諸重折山鄉全折田七百四十五頃八十五畝三釐六毫海患全折田八十七頃六十三畝三分二釐一毫俱準輕折九湖山患全折田六十六頃七十五畝三分每畝三升二合亦準輕折【折丁】水田十畝二升等折并山鄉田俱十三畝湖患田二十畝海患田十五畝又學田九十六畝每畝科麥貳合貳勺鈔三文七分米一斗一升八合八勺

地三百八十七頃三十四畝七分四釐五毫 内嘉靖二十六

年收歸嵊地二百五十八畝九分二釐二毫萬曆十年丈出地一十八頃一十二畝九分一釐七毫田剗復成地一十七頃九十五畝二分八釐首出地三十七畝五分八釐五毫淤出地三頃二十四畝九分九釐五毫外剗去虛糧地三頃八十六畝一分六釐三毫改山六十八畝三分一釐四毫改池二畝六分五釐〔夏稅麥〕每畝一合二勺六抄〔稅鈔〕七十五文〔秋糧米〕水地二百六頃二十四畝一分九釐四毫每畝六升七合五勺山地一百七十四頃三十六畝七分三釐一毫每畝一升三合二勺全荒地六頃九畝每畝二升三合五勺五抄〔折丁〕水地五十畝全荒地八十畝山地七十畝又開元寺等地六十四畝八分二釐〔租鈔〕每畝三百七十六文

山二千二百四十三頃五十七畝一釐五毫(内嘉靖四十四)年丈出五頃一十畝田壅塞成山五畝九分九釐八毫地剗復成山六十八畝三分二釐四毫外剗去虛糧山五頃三十八畝八分〔租鈔〕每畝三十九文二分三釐〔折丁〕百畝

蕩九頃八十五畝一分八釐四毫內萬曆十年田剷復成蕩一頃二十六畝五分七釐九毫秋糧米每畝二升七合稅鈔五十六文折丁幷池塘漊俱五十畝

池四頃五十七畝六分七釐七毫內萬曆十一年丈出七十七畝六分六釐九毫田剷復成池九十八畝七分五釐三毫地剷復成池二畝六分五釐秋糧米幷塘漊每畝俱二升一合租鈔眞五十六文

塘一頃二十四畝四釐四毫內萬曆十年丈出塘六十八畝五分六釐一毫

漊六畝七分二釐四毫內萬曆十年丈出四畝八分二釐七毫

蕭山田地山蕩池浜瀝港共五千九百七十頃八十五畝一分六釐六毫

田三千八百六十三頃九十一畝五釐四毫內萬曆十年丈

出田一百三頃六十八畝九釐五毫淤出田九十畝四分七釐六毫外剷復成地三頃四十八畝二分五釐九毫【夏稅麥】每畝均科四合九抄【秋糧米】由化昭名等鄉田一千二百九十四頃二畝四分八釐九毫新義鄉田一百三十頃七十三畝一分一釐三毫每畝俱九升三合五勺六抄內由化等全徵本色新義折色三升五合苧蘿鄉田六十八頃五十八畝二分八釐七毫九升二合六抄內折色三升五合安養鳳儀鄉田四百六十七頃一十一畝三分一釐八毫里仁鄉田三百九十二頃四十六畝八分三釐七毫俱九升五勺六抄內安養等全徵本色里仁折色二升六合七勺六抄塘外沙田一百二十頃八十畝九分四釐八毫九升二勺五抄全徵本色許孝等鄉田三百七十七頃六十一畝九分六釐四毫新苧鄉田三百七十九頃七十一畝九分九釐一毫桃源等鄉折色田四百四十三頃九十三畝三分四釐四毫俱八升八合五勺六抄內許孝等全徵本色新苧折色三升五合桃源等全折色長山鄉折田一百八十八頃九十畝七分六釐三毫每畝六升二合五勺六抄全徵本色【折丁】各鄉田俱十畝桃源及塘外沙田十四

畝

地二百八十六頃八十二畝六分五釐五毫內萬曆十年丈出地七頃六畝五分五釐淤出地四十七畝一分五釐八毫陞科自實地二頃四十八畝一分六毫田剷復成地三頃四十八畝二分五釐九毫【秋糧米】每畝科四升八合八勺二抄【折丁】幷花山俱五十畝

山一千六百六十五頃二十七畝六分五絲【夏稅鈔】每畝七文八分一釐八毫【秋租】鈔二十文五分九毫

蕩四十一頃三十畝九分三釐二毫內萬曆十年丈出三頃六十四畝五分七釐自實陞科二十二畝二分七釐五毫【秋糧米】每畝折色三升二合八勺

池七十五頃七十二畝四分八釐七毫內萬曆十年丈出一十一頃五十二畝三分一釐九毫自實陞科三十八畝五分【秋糧米】每畝比折三升二合八勺

浜二十頃七十八畝九分六釐五毫内萬曆十年丈出二頃九十一畝六分四釐八毫秋糧米每畝北折三升二合八勺

瀝一十五頃九十二畝七釐五毫内萬曆十年丈出二頃四十六畝三分六釐秋糧米每畝北折三升二合八勺

港一頃九畝四分秋糧米每畝折色三升二合八勺

諸暨田地山蕩塘瀝共一萬一千三百八十七頃七十畝八分六釐七毫

田七千九百九十頃九畝四分九釐内萬曆十年丈出開墾田一百一十七頃七十畝二分淤出田四百一十二頃七十五畝七釐五毫究出零星隱田四十四頃六十七畝一分一釐三毫秋糧米一則田七千五百七十七頃三十四畝四分一釐三毫每畝四升三合二勺八抄

沙湖上則田一百一十頃二十五畝三分三釐六毫每畝一升五合沙湖中則田一百九十五頃七十八畝一分三釐九毫每畝一升二合沙湖下則田一百六頃七十一畝六分每畝七合〔折丁〕一則田十畝沙湖田無

地一千四百三十頃二十二畝四釐八毫内萬曆十年丈出一頃五畝四分五釐〔夏稅〕則每畝一升四合七勺

山一千六百八十一頃四十九畝八分五釐六毫〔荒絲〕每畝三釐一毫

蕩三十二頃五十七畝四分〔夏稅鈔〕每畝二百二十八文八分〔秋租鈔〕四十二文二分

塘二百五十頃九十二畝七分七釐五毫内萬曆十年丈出二

十六頃六十九畝五分九釐四毫夏稅鈔每畝
二百二十八文八分秋租鈔四十二文二分

瀝二頃三十九畝三分夏稅鈔每畝二百二十八文
八分秋租鈔四十二文二分

餘姚田地山蕩共八千六百七十頃七十四畝九分
五釐九毫

田五千九百七十二頃一十六畝六分五釐三毫內萬
曆十年丈出田二十頃四畝四分九釐八毫首出田
二十畝五分一毫淤出田四十頃三畝九分三釐二
毫外二次改正剗去虛糧田二十四頃九十一畝四
釐八毫夏稅麥每畝四合二勺八抄稅鈔三文秋糧
米每畝七升九合五勺
三抄折丁併地俱十畝

地七百九十二頃六十五畝六分四釐五毫內萬曆
十年丈
出六十八畝九分首出地四畝一分淤出地三百二
十七畝五分陞科人額地六畝五分八釐九毫夏稅

麥每畝二合五勺一抄稅鈔六十二文七分
秋糧米四升三合六勺八抄租鈔五文八分
山一千九百一頃四十八畝六分一釐內萬曆十年陞科山五畝
七分三釐秋租鈔每畝二十四文二分又
學田七十三畝六釐六毫每畝三升三合
蕩三頃七十畝九分八釐四毫內萬曆十年陞科蕩
一頃八十二畝九釐
九毫秋糧米每畝
三升一合九抄
上虞田地山蕩池塘瀝共八千八百八十三頃六十
四畝四分九釐八毫
田三千九百四十六頃二十六畝八分七釐二毫內萬
曆十年丈出田一十六頃四十畝六分四釐四毫淤
出田五頃五畝四分八釐四毫外剷復竈戶田八十
七畝九分二釐九毫外剷去虛粮西溪古湖田一十
六頃四十五畝四釐二毫熟田二千八百一頃四十

一畡七釐二毫中患田七百三頃一十三畝六分五釐七毫上患田三百七十九頃四十四畝一分四釐俱均科夏稅麥每畝四合一勺稅鈔三文二分秋糧米八升九合二勺內中患田北折二合五勺上患田北折五合租鈔一十五文竈田六十二頃二十八畝七毫米麥同上均科但例不起耗折丁并蕩池塘瀝俱十畝

地七百七十七頃五十六畝九分九釐五毫外萬曆十年剷復竈戶竈地四十五頃九十五畝五分五釐夏稅麥每畝一合五勺六抄秋鈔三文一分秋糧米一升二合九勺三抄租鈔一十四文折丁五十畝

山四千一百二十九頃七十二畝五分三釐七毫夏秋鈔每畝二文二分租鈔一十三文七分折丁一百畝

蕩四頃七十四畝三分八釐一毫內萬曆十年丈出一頃二十七畝一

分四釐五毫夏稅鈔每畝三文七分秋糧
米八升九合二勺租鈔一十二文八分
池二十頃一十二畝五分五釐二毫內萬曆十年丈出池九頃八十
二畝五分一釐二毫外剗復竈戶池一十畝四分四
釐一毫夏稅鈔每畝三文二分秋糧米八升九合二
勺租鈔一
十五文
塘五頃一十六畝二釐一毫內萬曆十年丈出塘四
十二畝五分八毫夏稅
鈔每畝三文二分秋糧米八
升九合二勺租鈔一十五文
瀝五畝一分三釐九毫內萬曆十年丈出瀝四畝五
分二釐一毫夏稅鈔每畝三
文二分秋糧米八升九
合二勺租鈔一十五文
孰池塘瀝一十七頃二畝二分四釐七毫
中惠塘瀝四頃八十六畝三分六釐二毫

下患池塘瀝三頃四十五畝一分三釐五毫三頃俱照前例均科內中患北折米二合五勺下患北折五勺

嵊田地山塘共七千一百六十頃四十六畝五分四釐五毫

田四千三百八十三頃三十七畝三分六釐五毫內萬曆十年丈出田一十一頃七十三畝二分六釐一田二千三百七十二頃八十三畝一分三釐三毫遊謝鄉田八十頃九十四畝七分四釐五毫四田一千七百七十五頃五十五畝七釐八毫遊謝長樂鄉田一百五十四頃四畝五分九毫秋糧米每畝俱均科四升四合一勺三抄但四田及遊謝一四并長樂鄉田北折二升一合九勺九抄折丁俱十畝

地一千四百三十七頃一十五畝五分四釐六毫內萬

（曆十年丈出地四頃六十五畝二毫夏稅麥每畝六合七抄秋糧米一合二勺五抄折丁五十畝）

山一千二百八十一頃二十七畝二分五釐二毫（夏稅鈔每畝六文七分秋租鈔六十五文三分折丁一百畝）

塘五十八頃六十六畝三分八釐二毫（內萬曆十年丈出塘九十二畝二分五釐九毫秋租鈔每畝九文六分）

新昌田地山塘共三千九十三頃七十一畝二分三釐六毫

田一千九百七十四頃七畝一釐七毫（內萬曆十年丈出田三十五頃二十一畝五分九釐五毫腴田一千一百七十二頃九十九畝六分四釐春田八百一頃七畝二分七釐七毫夏稅麥每畝二合八勺九抄秋糧米每畝俱三升五合九勺二抄但春田北折一升九合一勺）

三抄

地五百八十二頃五十六畝四分九毫〔夏稅麥〕每畝八合四勺

山五百三十六頃九十五畝八分二釐〔夏稅鈔〕每畝一十八文一分〔秋租鈔〕九文五分

塘一十一畝九分九釐〔秋租鈔〕每畝六十文

嘉靖二十六年某月日會稽縣知縣張鑑申巡攔田糧課鈔水利鄉兵五事其均田糧一事竊以糧由田起未有無糧之田無田之糧也自國初任土作貢法至精詳柰何時久弊生名實混亂以會稽之田言之自當時抄沒佃種而言有官田或科九斗或九斗四

升二合或九斗三升六合或八斗或八斗一升九勺
或七斗或七斗三升七合七勺或七斗五升七合或
六斗或六斗一升三合或六斗三升八合或六斗四
升或六斗六升或五斗或五斗二升或五斗二升三
合或五斗三升或五斗四升或五斗六升或五斗九
升或四斗或四斗三升八合或四斗四升或四斗八
升或三斗或三斗三升或三斗五升或二斗或二斗
三合或二斗三升或二斗五升或二斗七升或二十
八升或二斗九升或一斗或一斗九升或三升七合
計官田九等凡三十七則自民家買受而言有民田

與站田或三斗或二斗或名附餘田二斗三升或二斗六升或名改科田二斗七升或名湖田科二斗五合五勺或二斗三升七合或二斗五升或二斗九升或一斗或一斗九合或一斗二升三合或一斗三升或一斗六升四合或一斗五合五勺或四升三合或五升或五升二合或五升五合或六升二合或六升五合或六升或六升八合或七升或七升八合山鄉之田又有二升八合三升二合三升三合三勺計民田凡四等凡二十七則共該六十四則則數繁多奸弊易出賣田者隱重則以邀高價而摘糧在戶買田

者圖輕則以便收納而貽患他人事久人亡考究無法摘粮遂號無挨之糧矣于是里書遇造册之年受富戶之賄飛入貧戶受勢豪之囑加與愚善先界無無挨之糧而今界忽有數斗今界止有數斗無挨之糧而後界忽加數石有一戶而無挨田糧數十石有一里一都而無挨田糧數百石者里長派之遍年遍年派之甲首典妻鬻子傾産蕩業代與賠當産盡而逃遂名絕戶一戶逃則九戶賠二戶逃則八戶賠絕戶無証虛糧益添遂至槩縣無挨之田一萬四千三十九畝七分五毫無挨之糧一千六百五五石七斗五

升六合八勺而生民之害至此極矣故有田者或捏爲坍江海患名色或寄入竈匠患田地方以冒圖優免巧者種無糧之田而愚者納無田之糧冤抑日聞訐訴無已此皆等則之多以啓之也卑職自受任以來每遇詞訟内告及前件者務與根究明白別置號簿類編備開以俟後來查考然大江決隄寸土無益竊以爲田有高下勢所必然然一望之間未必遽分爲五六十等且此除彼收前免後換田土坐落已非原處實既更改名亦難憑合無將前項等則盡行革去止以山鄉水鄉海鄉三者定爲三等坐落山鄉者

收成最薄納糧宜輕則查山鄉之田數幷其糧數即以山鄉之田均攤山鄉之糧每畝一槩若干斗升坐落海鄉者收成畧厚則查海鄉之田數幷其糧數即以海鄉之田均攤海鄉之糧每畝一槩若干斗升坐落水鄉者收成最豐則查水鄉之田數幷其糧數即以水鄉之田均攤水鄉之糧每畝一槩若干斗升三處各分三樣字號以便稽查以槩縣之田受槩縣之糧而無無挨之田以槩縣之糧撒入槩縣之田而無無挨之糧奸巧者用計不行貧愚者生全有日絕戸者當有承受而逃流者或可回還矣此地方倒懸之

患而生靈之所以延頸切望者也未知可否乞賜照裁具申巡按察院下紹興府府議以爲田糧之弊莫弊於紹興有田連阡陌而戶之輸者止於升斗之徵地無立錐而糧之倍者反有十百之積問其田則曰無挨田問其糧則曰無挨糧豈真無挨者哉紹人立此名以愚官府之不知者耳知縣張鑑謂糧由田起未有無糧之田無田之糧端有見也即其爲弊之端有四一則詭糧絕戶蓋其戶本無田無糧也奸人賄書忽寄升斗於上明年倍之後年又倍之積至歲深存者不下十百多則不知其所自來矣二一則產去糧

存盖賣田者利於重價將官作民將湖作站摘糧代辦故則不知其所去矣三則三轉一關如趙甲之田本無賣出買入也冊時故爲推收一推於錢乙再推於孫丙更轉於李丁而復還本户或於孫丙而摘糧改多改少或於李丁而摘糧改官改民去者無求而來者無辨矣四則借名脱實如本户田糧本無故也忽揑坍毁積荒誣詞告官勘量遍借别處坍塍廢址冒認巳業賄勘者揑數回官賄奸書推糧存里始則滕倍終則規脱矣至於詭寄籠户詭寄權貴巧避百計皆飛詭爲之也弊極民困該縣討究其由而歸罪

於等則之繁瑣是以欲爲三則各以其糧山則攤山海則攤海水則攤水以釐革其飛詭之多端不可不謂救時之急計也但其間有未盡之意本府同是斯民之責所關利害八縣相同豈止會稽敢不殫知盡言以俟採擇照得均糧之法稽諸郡縣之已行者如蘇州湖州廬陵等處皆嘗均之未有不謂斯民造福而同聲稱善者但均一之法非徒總筭均攤可以集其事而定其業也必須先之以清查夫所謂清查者按圩圖流水以立其本參黃册實徵以稽其弊有不明者加之丈量以覈其實本職躬覩蘇州府知府王

嘗用是道建議於巡撫歐公舉一郡之糧而均之其名曰均耗而不曰均糧蓋以成憲未敢更移也其登黃冊之則其額如故而造實徵之數其糧則均分高卑肥瘠山海川原通攤一則是以賦役均平萬世永賴刊行文冊班可考也切今會稽欲均三則意非不僉以愚籌之若不清查究其飛詭之糧悉還本根之土則前所謂無糧之田仍舊無糧無田之糧仍舊無田況三等之則猶足以滋奸書之出入奸書之出入既久則夫三則者猶夫六十四則云耳弊能免哉本職竊謂均惟一則乃為至當不易之規而後可以盡

革諸則之弊何也糧止一則愚夫愚婦有若干之田
就可以知若干之糧書雖神奸無所容其出入之巧
矣夫該縣之欲爲三則者特以山田海田不可與膏
腴水田爲等也不知折色輕齎豈不可爲之劑量調
停者乎如山陰天樂一鄉全以折色畀之法可推也
又均糧之法豈獨會稽可行筭得各縣如山陰每畝
得一斗三升六合零會稽得一斗三升三合零蕭山
得九升九合零諸暨得四升六合七勺零餘姚得五
升七合零上虞得九升二合零嵊縣得四升四合零
新昌得三升六合零此則按其原額之數而通融積

筭應得其則如此其間新開新漲告佃者皆未與焉使將其告佃未科者盡行查出則其糧之均平多少不止於斯也近年以來本府通判葉山陰知縣劉因見本地並無坍江坍海積荒之田而虛糧日增者不可勝計百姓日以無挨糧田告擾備由申蒙管糧道批允丈量清查俱有端緒冊頗可稽惜其不從圩圖流水以立其本是以未得釐奸訂正之實而卒亦莫之行焉本職到任以來即爲致意每求其圖冊以爲之按先爲惡其妨已者所偷毁而今豈敢輕謂清查之易易也哉竊照會稽無挨田一萬四千三十九畝

零而無挨糧一千六百五石七斗零惟此田被奸人所朦隱故此糧無所歸着不免累倍於無辜之愚民其在山陰諸暨餘姚無挨之田無挨之糧比之會稽爲尤甚皆如是之飛詭耳非此田之外别有此糧也苟不清查改正而遽以三則均之不知此田此糧當復置之於何等之則也是以敢謂所議三則不如一則之公且易也如一則而不先之以清查則如前所陳山陰八縣照前數而均之無勞旦夕而可責成其就緒然但可以爲救偏補隙之圖而非所以爲拔本塞源之政也故愚曰必清查丈量而後可迂腐之見

未識時宜倘以清查之說爲可行其間稽察體要尚須序列條件以上陳磨勘工程亦須寬假歲月而後舉況事于東始未必斯民之樂從所碍頗多難免權豪之聚怨若非主畫一之議者堅執而不撓總彌成之權者相信而無二則當局者期惟願於及瓜勤事者心猶懼於投杼此本職所以未敢信其功之必可成也且一方之利害匪輕百年之因革甚大予奪之命合取上裁非本府所敢專擅也類行逐款覆議開申轉詳巡按察院未批示其月日會稽縣第九都耆民李鳳呈本縣麥糧弘治初年亦如今之税糧輕重

均派弊出不一隨冢一槩均平每畝二合三勺到今五十餘年里書纖毫不能生弊斯恩斯德萬古不朽伏望設立奇法若得挨都挿旗丈量魚鱗字號爲數各鄉豪佔無挨田土焉能藏隱摘糧逃絕事故不究自改且如本縣額米五萬三千石爲率每山每地一畝生薪出木不勞民力利倍於田止派一升不爲重矣餘盡均在田每畝不滿一斗磽确之鄉許納全折每畝不過納銀二分如此豈有不害下民咸頌一則均平爲快庶使永久差無官民之弊糧無斗則之分窮民感戴更生之福孤兒寡婦之戶易曉輸納之糧

孩童赤子之門亦免書筭之患爭田告糧之訟從此屛息而三代之隆豈外乎此呈會稽縣申糧儲道下紹興府府議以均耗一則端爲紹興一府民瘼之計將以利之非以害之也但事大而關國稅之稽筭者甚難情重而係民心之休戚者更切即今府縣所據止以鄉達都民之言爲信似於民瘼頗切分蠒竊念更革者大事也苟一毫之檢點者未盡適以啓他日爭優之端寸土之經理者未周反以貽八縣分更之釁若不廣詢博採不無輕聽妄行此督糧道之所以必欲集衆思者誠體國恤民之至計也爲此合行刋

布詳諭合郡士民各鄉耆舊即將所議前項均一之法公相計議各竭圖維果否有益於民是否不悖於法果何如而可以合郡受福果何如而可以百世常行有何摘弊釐奸有何訏謀遠見凡可以爲紹民裨益者幸勿深諱倘其間事有不便始或可舉終當阻撓小或有裨大嗣流禍在我鄉達戚里相關尤宜諄切開示其一應士民耆里人等限五日内各具應否事宜赴府縣呈遞以憑詳採酌議施行於是各縣遂寢畝清丈然均爲一則之說卒未行焉

呂光洵敘太守沈侯德政

吴越皆在大江之南其地相近也其風氣謠俗相通也畊稼畋漁之業相同也其不同者吴之地多水越

之地多山吳有三江百瀆之流具區金嵎之浸薄海際天皆水也其可田而畊者不過十三越東有會稽禹穴西有四明秦望天姥沃洲積石叢林皆山也其可田而耕者不過十二而纖儉潟鹵越地爲尤甚上者不可以井授下者不可以遂分而其制賦之低昂與地力之厚薄寔文相盭至倍蓰十百糾錯叢脞而不可考唯吳越之人習知之其他莫能辨也姑蘇江村沈先生治越之明年民用諴和乃屬吳縣大夫宋侯而告之曰吾與子皆吳人幸知越之利病吾將與之更始唯清疇而平賦則治過半矣乃詢謀耆獻爰諮舊章溯源既得衆志用孚始定爲簡書稽察考驗之法悉有次第於是下縣亟行之吾縣大夫受牒唯謹戒日警衆身與出入山林畎畮樹表引繩度而正之閱月乃盡得墾定之數已又按籍考賦調其輕重而均之俾協于中盡極意通變以盡時宜而槩於先生簡受之法毫髮無異焉以是復於先生先生以爲舍下其法他縣他縣行之皆準不俟期月而吾鄉數十年深痼之敝祛洗盡矣非通乎謠俗惡能神明若此哉雖然洵嘗吏於吳矣吳父老以洵越人也宜吾知其故凡墾田水利賦役鹽米之事往往爲詢言其

便不便洵嘗攬轡而聽之察其利害大者上言於
朝輒下州縣行之曠月期歲竟無成績比洵之還
朝也諸父老皆遮道責洵言便事無驗洵惟唯唯下
車慰謝而已夫以洵之不肖其無當於吏民無怪也
吾越之士同事吳中者蓋數人焉皆一時之選也然
卒未有助余者洵於是深感夫成事之難也而先生
行之獨易先生之才蓋有大過人者矣豈獨謠俗之
相近哉

太僕張公天復山陰量田記

明典籍山陰
田爲畝億者五萬者八千者二百者四且奇山比於
田三倍於億而田之則多至百有十六稅輕重視其
則山無則稅止視其畝初籍甚核也久之守業者轉
相折貿田更籍緣里胥爲奸令田互其則詭其稅山
則互其畝數以利黠者而病愚氓甚或沒其數今盡
利黠者至於今既二百年籍屢更機詐益百出討所
沒田之畝爲千者四百者九且奇稅視之沒山之畝
爲億者三萬者二千者七百者六且奇視田倍蓰過
之莫可爲詰而弊極矣嘉靖癸亥泰興何侯璿始履
畝簡則以括稅遂核黠者所沒田令盡復故額稅視
之民稱便閱數年倭奴犯海徼田若山盡榷饟給戍
士田有秋輒辦山瘠而虛賦者多民嗷嗷不聊生吏

亦諉諉懼嘉靖乙丑江寧楊令、侯山陰遂採羣議遍履山數核黠者所沒盡今復故額釀如其數省舊十之五頌聲視何爲甚乃山所核故數中尚缺千九百有奇又核民所新墾地若田當其數遂取以補山釀於是海上釀給而民不敝於供權又行一條鞭法逐歲標示民雖童稚莫或欺焉翁大立餘姚量田記餘姚田一畝歲可入一鍾蓋稱沃土頃乃公家雜輸悉從田出貧者鬻券富人率以田爲質久乃沒入之猶或匿去糧存或故損其額貧者利其售去即以重糧書輕券存糧在籍身徙與鄉貽累他人不顧也乃富人有田懼出錢佐縣官故陰賂胥吏詭寄優復之家里胥互爲姦利則又增損糧額蠱愚鄉氓輸賦者不得覈稽贏縮飛洒實田虛懸絕戶按籍者不得考鏡存戶或有墾山捍圩既成田矣初未陞科册江壅沙徙存糧矣不以除額民始以田爲累往往走　闕下白于傅相南渠呂公會言官上書戶部覆議咸曰覈田爲急適邑侯伯谷周君領符出宰公曰祛蠹與利莫如丈田或謂官田糧重僧寺田次之民田糧輕不宜一則者然官田有折銀無力役民田有重役無輕賚以此較之無甚差別不如一則便矣君至遂自下撫按守巡群公並可之乃下令十有一條與民經始旣授其法田長里正矣復躬親覆覈風雨渴饑上下嵓險凡再閱歲事始竣君又慮歲久爲姦立石縣庭登其賦額自爲革記復屬予言之予聞周公經野晝邑以井均之法辨五物九等以均人掌力政後世曰均田曰均輸曰均徭者並以均名今君是舉蓋師周公之意以紓閭閻之急可謂均無貧矣矧賦額簡明則輸委便田土並役則征徭平質劑無譌則獄訟息虛糧盡去則流徙歸四利興諸弊絕不朽之功其在是哉

萬曆十二年五月内山陰縣申據里老張琳等呈田畝懇同會蕭一則又據里遞麗訓呈五鄉糧折合仍舊則具申巡撫都察院批分守道覆議下府行縣拘里遞張琳麗訓王文禮等到府審據湖鄉中鄉相去不遠湖鄉固亦有下下者中鄉亦有上上者今以湖

鄉爲上則而中鄉爲次所以不平諸具呈人各爲其私勿論而交虔劑量令其平均亦吾輩事也行縣審定隨據湖鄉里遞沈明吳綸賀春安等結稱本縣田土先年分爲五則其沿山確确江北邊海天樂低窪故輕糧稅宜矣惟中鄉俱上等肥田三十餘萬無磽确無低窪每畝止科糧一斗二升六合其湖鄉田自十九都至三十二都坐連刑塘對里河塔項里雄山離渚婁公木柵西巫等埠貼輔山鄉稍旱則爲赤地下有秋湖沸石九里寺後等坂極係低窪小水即遭淹沒歷年減收每畝反科一斗五升六合獨此不均

懇將二鄉均爲一則又據中鄉里遞黄德昭袁汝用徐濤松等呈稱洪武定則秤土科糧湖鄉土厚每畝科米一斗八升中鄉土瘠每畝止科五升六合準古宜今萬世無弊嘉靖三十年何知縣因見摘糧賣田禍由官站致里賠敗傾家據申清理分作五鄉今纔三十餘年詎意湖鄉狡猾又欲變亂成規且第三四五六都坐近沿海亦爲中鄉先年潮患不可歷舉見今萬曆三年風潮突入捲腐禾苗實一方之獨苦較之湖鄉亘古安居粒食不啻天淵竊附江北鄉尚覬困中求甦豈堪重上加重伏乞遵守成規以杜紛爭

又行准會稽縣關稱查得本縣田畝槩科一斗一升七合九勺零內分山海田止派輕齎北備北折科米九升七合六勺零備折米二升水田亦分高下低者科北折二升又低者北折三升次者科北折四升及有十六都康家謝愢等坂田科輕齎北折米五升及至七升餘科南折存改等折知縣張鶴鳴議得本縣田以五則起科遵行已久即今沿山江北天樂難以更變所可通融者定惟湖鄉中鄉迺人互執有詞及查會稽縣雖係一則起科却中間以田土厚薄定北折多寡尚不止於五則今若援彼爲例須槩縣創新

更定一番等則益多弊孔愈叢欲以省事而反以擾事似不若仍舊徵輸法久咸知信從事熟頊難作弊中府訪得中鄉湖鄉攤爲一則中鄉所增每畝不過數釐而湖鄉所減則多古人云害少利多則爲之民不可與慮始而可與樂成人情安能盡徇行縣細加酌議縣查得丈實湖鄉田一十四萬一千四百五十九畝七分二釐八毫每畝科米一斗五升六合共米二萬二千六十七石七斗一升八合中鄉田三十萬八千九百一十畝五分四釐三毫每畝科米一斗二升六合共米三萬八千九百二十二石七斗二升八

合湖中二鄉共田四十五萬三百七十畝二分七釐一毫共米六萬九百九十石四斗四升六合今均爲一則每畝該米一斗三升五合四勺二抄二撮九圭内本色米三升一合五勺一抄一撮米折銀五分六釐九毫九絲比之原派湖鄉田每畝減本色米五合四勺六抄九撮減米折銀八釐九毫六絲中鄉田每畝增本色米二合五勺四抄增米折銀四釐一毫一絲丈實湖鄉地池一萬三百六十二畝六分五釐七毫每畝科折色米一斗四升七合八勺共米一千五百三十一石六斗七勺四撮六圭中鄉地池二萬五

千一百一十三畝六分六釐四毫每畝科折色米一斗一升九合共米二千九百八十八石五斗二升六合一抄六撮湖中二鄉共地池三萬五千四百七十六畝三分二釐一毫共米四千五百二十石一斗二升六合七勺三抄六圭今均爲一則每畝科折色米一斗二升七合四勺一抄二撮五圭該銀三分一釐八毫五絲三忽一微二塵五渺比之原派湖鄉地池每畝減銀五釐九絲六忽八微七塵五渺中鄉地池每畝增銀二釐一毫三忽一微二塵五渺爲照湖鄉雖有山田實在中鄉之中中鄉田雖近城其城北一

帶近海彼時未有大閘緣多潮湧又地土稍較瘠薄故糧則泒湖鄉獨重中鄉稍輕今自建閘以來中鄉悉成膏腴而湖鄉反有近山瘠薄者實可通融適均但中鄉里遞人等又多告擾今再三酌量將此二鄉均攤於中鄉既不加多而於湖鄉斯不偏重田土既均是亦政事公平之體其沿山鄉江北鄉天樂鄉仍照舊庶公議協人情服申府具由轉申分守道下府行縣拘集各鄉里老沈明駱元相并原呈里遞張琳黄德昭等到府重覆面審咸稱損益得宜人心允服無詞申司道轉申巡撫都察院批司覆詳除江北等

三鄉照舊則其湖中二鄉田地均攤一則奉都院批
准照議各攤派行繳下府行縣均派徵收已具規則
十三年七月山陰中鄉里老王元徐等復呈巡撫部
院乞遵祖制以慰輿情批仰縣掌印官拘集湖中二
鄉父老并各原呈里遞人等親詣各鄉看驗如果仍
舊爲便不必從新若新則爲是亦要就中酌處妥當
作速議報下司道下府行縣該知縣張鶴鳴督率里
老張琳王元徐等遍歷各鄉都看驗等則明白議得
湖鄉中鄉誠各有上中下之等但以二鄉大勢較之
俱足相當故先酌議均爲一則及詳中鄉民所告緣

礽時湖鄉之下者不甘心額重於中鄉今中鄉之下者又不甘心均重於湖鄉故也今親歷鄉都再三詳酌遵將湖鄉之上者與中鄉之下者各仍其舊止攤湖鄉之稍下者今與中鄉同則總名爲中鄉復減湖鄉之下者攤之中鄉今與中鄉之下者同則總名爲中鄉下則計湖鄉下田每畝減銀一分三釐七絲零米八合五勺四抄零稍下者每畝減銀一分二釐三毫零米八合五抄零中鄉田每畝增銀七毫四絲零米四勺八抄零額則仍舊高下適均彼此無不允服再照田之肥瘠雖異至於各地則有造成房屋葺爲

園圃原無收成分數者內中如天樂江北沿山偏在一隅似當仍舊其他地勢相望似無差別且中鄉係城郭市井所在豈容派糧反輕合將二鄉地池俱攤一則尤屬均平申府轉申司道批據詳減湖鄉之下田加中鄉之上田裒益合宜眾志恊矣第糧則可更鄉名難改若將下田總名中鄉恐疆界既殊不容遽變且以二鄉地池俱作一則是否民心稱便仰府覆議行縣查得本縣第十五等都計一十四里俱無湖中二鄉田地其各田坂原以字號分界並無混亂況鄉則分別原爲派徵今湖鄉稍下田旣與中鄉同則

湖鄉下田既與中鄉下田同則泒徵開欵止曰湖鄉曰中鄉曰中鄉下則庶易於查筭今將湖鄉之下者改爲中鄉或改爲中鄉下則比照第十五等都各里似亦無碍其二鄉地池原應一則今告者止以田爲辭各地池並無異議申府轉申分守道呈撫按再行布政司覆議呈兩院七月奉撫院批十二月奉按縣批俱如議行繳知府蕭良榦曰中鄉之田自來有之卽古稱鑑湖所灌溉九千頃者也湖鄉則湖淤而成田者也以其廢湖所成多出白佃故其糧重非以肥瘠定糧重輕也該縣原申尚未審所自迨後遍歷細訪乃始知之而未釐正耳

國初山賦甚輕每畝科鈔五文而徭則以百畝僅準

爲一丁故山常無定畝即私貿易者亦多不清核諺
曰呼山喝水言但以目力具大約也歷百七十年有
司丈量皆不及至嘉靖二十五年會稽知縣張鑑實
始丈田因并及山沿海老人其乘此謂山利頗厚始
請改五十畝爲一丁實則未經覆度也迨軍興用缺
兵食歲增派田照丁派山照畝則一丁之山視田幾
加二倍而山之不足畝者始重困矣嘉靖四十四年
知縣張進思至復議核之令民自報則山額視舊減
十四邑人季本移書爲陳核法且請復輕賦如舊而
進思以擢去莊國楨繼之亦將履山隱山者不利其

履畝以難阻時本巳歿會有持書草以白者國禎從之定制仍百畝準一丁而鈌額則每畝槩增以取盈焉雖數未盡核徵未盡均然準丁一事民頗便之於時山陰知縣楊家相亦量山陰山其鈌數亦以其地及償焉諸邑無量者季本書伏聞查理境內虛山此百姓之至願也但逐畝丈量於勢難行恐無成功則只作一場話説矣緣山深者險峻蒙阻雜以虎豹非人力可到而亦非弓尺可施故有千萬僅掛一二於籍者惟水鄉之山平夷莫掩或有以一二而冐十九者其利害爲大相懸絶耳凡以洪武初年各里坐都舊額爲主責令排年里長就於本都山内查合此數以都管都不逾月而可定矣自成化以前山畝有稅而無差故人戶中載山多者不以爲意至天順以後以山計丁始有飛詭隱匿之弊然猶以百畝當一丁也至張石洲丈量田畝懼科之重有十二都老人某者起分糧於山以輕田科之議

因而需索有山之家不得則以山五十畝爲一丁以戴官聽而誤從之故山差比舊加倍而溷者又增單餉科派皆與田同其困愈甚且各縣皆以百畝爲丁而獨會稽以五十畝此豈均平之政哉如某老人者誑上行私不顧後民膏血之流禍此古之所謂民賊也豈可容於堯舜之世哉況即一邑而言之有山之家多致隱瞞而額闕無山之戶或以飛詭而數增其不均抑又甚矣今遇賢明父母在上不早爲民釐正則小民之困苦無休息之日矣飛詭之弊在近界者書其扺冊傳之子孫固有存者然亦或各去戶虛增之山而實山之九有欺隱者雖舊存底冊亦無可稽也必須按里清查乃始得實此去思廟食之所繫萬望留神不爲浮議所奪小民幸甚

山陰量山法　山有高危險峻尖峯平岡凸凹深灣遠塢一槩量肙以致奸弊易生隱鈌無計今開示量山遞年將山分作金木水火土五形明立五般筭法則行筭無差弓步可核如金形山法當三不等量筭木形山法當橫直丈量水形山中廣幾處火形山一直量至山峯橫量山脚折筭積實見數土形山或量中廣或分二段半月形量筭或四不等亦可一灣一塢統作一號者內公

一側一面一隴查照形式分量逐段填寫弓步一號之内大約凸凹者務要中廣方得實數又着民趙德仁等呈量山不比量田俱是斜尖凹凸不等號大則弊多號小則弊少凡百畝以上定有彎隴不能盡量入冊務須分號方無遺漏或以三直三横法量搜弊始盡今呈數法乞令逓年量山每號就註某山名某形某以某法量之如此開造冊報臨撞易知若山如船形者内有彎凹疵形者中起高隴如兩傍牽量便是作弊必須當心直量中澗處横量以梭形準之方爲無弊

紹興府志卷之十四